Sonja Günther, **Das deutsche Heim**

Zu diesem Buch:

In den neuen Lebensverhältnissen nach Beginn der Industrialisierung spielten die Veränderungen des Wohnens und der Wohnungseinrichtung eine wichtige Rolle. Die Einführung von Maschinen erlaubte bald die Herstellung von Möbeln aller Stilarten und zu Preisen, die zumindest für Bürger und Kleinbürger erschwinglich waren; die Oberklassen leisteten sich handwerklich aufwendige Luxusmöbel zur Präsentation ihres Wohlstandes. Die entstehende Arbeiterklasse geriet allmählich ins Blickfeld von Sozialreformern und Produzenten, die proletarischen Massen erschienen als zukünftiger Markt. Freilich sah die soziale Wirklichkeit lange anders aus – die Arbeiterfamilien lebten meist auf engstem Raum in Selbstgezimmertem. Und auch die ihnen von Reformern und modernen Entwerfern nach 1900 zugedachten einfachen Maschinenmöbel waren noch zu teuer und fanden eher Eingang in die Wohnungen der fortschrittlichen Intelligenz und aufgeklärten Bürger.

Sonja Günther rekonstruiert in ihrem Buch anhand von Ausstellungsberichten, -katalogen und Material aus Firmenarchiven diese Entwicklung, in die neben den Fabrikanten auch kunstpolitische Organisationen wie der 1907 gegründete „Deutsche Werkbund" und später das „Bauhaus" eingriffen. Interessanterweise hat sich jedoch in Massenangebot und Massengeschmack nie die „neue Sachlichkeit" durchsetzen können. Dies erklärt sich nicht nur aus der funktional gewordenen Arbeitswelt, die als Wunschbasis quasi den ‚sinnlichen' Reichtum des Historismus oder die Schnörkel des Gründerstils evoziert. Die soziale Bedeutung der Wohnungseinrichtung ist ebenso wichtig: man wohnt, wenn auch in billigen Surrogaten, symbolisch stets eine Klasse über der eigenen.

Als der ‚herrschende Geschmack' schließlich im NS-Staat den deutschen Arbeitern die Schlichtheit auferlegte, entwickelten die Repräsentanten des Regimes einen aufwendigen Stil. Zum Zuge kam eine kleinbürgerliche Vision gehobenen Wohnens, die ihre Vorbilder aus den Luxus-Ausstattungen der großen Passagierschiffe bezog.

Sonja Günther

DAS DEUTSCHE HEIM

Luxusinterieurs und Arbeitermöbel
von der Gründerzeit bis zum
„Dritten Reich“

Werkbund-Archiv 12

anabas

Werkbund Archiv Band 12

Werkbund-Archiv e.V.
Schloßstraße 1
1000 Berlin 19
Tel. 030/3221061

1. Auflage 1984
Anabas-Verlag Günter Kämpf KG
Unterer Hardthof 25
6300 Gießen

Satz und Layout: Anabas-Verlag
Druck und Bindung: Joh. Aug. Koch, Marburg

Umschlaggestaltung: Jürgen Holtfreter

Lektorat: Günter Kämpf und Eckhard Siepmann

CIP-Kurztitelaufnahme der Deutschen Bibliothek:

Günther, Sonja: Das deutsche Heim : Luxusinterieurs u. Arbeitermöbel von d. Gründerzeit bis zum Dritten Reich /
Sonja Günther. – 1. Aufl. – Giessen : Anabas, 1984.

(Werkbund-Archiv ; Bd. 12)
ISBN 3-87038-109-4

NE: Werkbund-Archiv <Berlin, West> Werkbund-Archiv

INHALT

Einleitung

Die Einrichtung und die Ausgestaltung einer Wohnung stehen in einem engen Zusammenhang mit zwei wichtigen Faktoren menschlicher Existenz:

Zunächst sind es die durch Kindheit und Elternhaus bestimmten Erfahrungen, mit denen die Wohnumwelt begriffen und verstanden wird. Das Kind – eben erst des Sehens und des Tastens mächtig – wird in seiner ersten aktiven Wahrnehmungsphase in der Regel die Gegenstände der elterlichen Wohnung berühren und betrachten. Diese Umgebung wird als Selbstverständlichkeit hingenommen und so für das Kind zum Archetypus von Wohnung schlechthin. In diese in frühester Kindheit unbewußt aufgenommenen Wohnerlebnisse wirkt ein weiterer – für das Kind zunächst weder wahrnehmbarer noch interpretierbarer – Faktor hinein: Die Wohnumwelt des Kindes wird bestimmt durch die soziale Situation der Eltern. Diese beziehen sich in den Kriterien der Innenraumgestaltung auf die ökonomischen Möglichkeiten und die ästhetischen Normen ihrer Einkommensschicht (1).

Die Wohnungseinrichtung wäre demnach ein wesentliches schichtspezifisches Merkmal. Dennoch ist es nicht ohne weiteres möglich, einer gesellschaftlichen Schicht ihre spezielle Wohnungseinrichtung zuzuordnen (2).

So kann zum Beispiel die Wohnung des Proletariats nicht mit einem einheitlichen Begriff definiert werden. Mit der Entstehung der Arbeiterklasse ging die sogenannte „Arbeiterwohnungsfrage" parallel. Eine Reihe von internationalen und nationalen Ausstellungen befaßte sich damit – man denke nur an die ersten Arbeiterhäuser auf der Londoner Weltausstellung des Jahres 1851 – und eine Vielzahl von Publikationen wurde diesem Thema gewidmet. Trotz einer lebhaften Diskussion in den Kreisen oftmals namhafter Entwerfer über Kosten und Aussehen der Arbeitermöbel blieb bis heute die Möbelindustrie alleinbestimmend. Ratenzahlungen waren die einzigen „Erleichterungen", wechselnde Modeströmungen sollten gleichzeitig ständig neue Kaufanreize schaffen (3).

Ein großer Teil der Arbeiterklasse war aber zu Beginn der Industrialisierung auch vom Angebot der Möbelindustrie ausgeschlossen. Er mußte sich auf das Notdürftigste, meist auf das Selbstgezimmerte, beschränken. Er blieb auch nahezu unberücksichtigt in der in Büchern und Schriften aufgeworfenen Frage nach dem jeweiligen Stil. Die Sammlungen in Museen und Galerien beschränken sich größtenteils auf alte, handwerklich gefertigte Möblierungen für das städtische und ländliche Großbürgertum und neuere, industriell hergestellte Möbel, deren Entwürfe aus dem Gedankenvorrat einer intellektuellen Elite stammten. Die Geschichte des Arbeitermöbels — zu ihr sei innerhalb der vorliegenden Arbeit ein Beitrag geleistet — ist bis heute nicht geschrieben worden. Wohl existiert eine Fülle zeitgenössischer Berichte aus der Zeit des neunzehnten und des beginnenden zwanzigsten Jahrhunderts. Ihre Autoren aber haben — mit Ausnahme einiger Mediziner, Theologen oder Sozialpfleger — die Wohnungen von Arbeitern wohl nie betreten.

Eine Reihe von bedeutenden Entwerfern setzte sich kurz nach der Jahrhundertwende mit der maschinellen Herstellung auseinander, nachdem sie in Ablehnung der industriellen Produktion zunächst eine Rückbesinnung auf das Handwerk vorgeschlagen hatte. Richard Riemerschmid zum Beispiel entwarf bereits im Jahre 1906 sein sensationelles Maschinenmöbelprogramm. Die neuen Industrietechniken garantierten zwar eine Preissenkung, aber keine so große, um auch dem schlecht verdienenden Arbeiter den Erwerb einer Wohnungseinrichtung zu ermöglichen, die zudem die intellektuelle Bereitschaft zur Anerkennung der neuen Formen vorausgesetzt hätte. So fanden die neuen Stilerkenntnisse der Jahrhundertwende nur in Wohnungseinrichtungen der relativ kleinen Schicht von Gebildeten ihren Eingang. Die Arbeiter kauften nach wie vor — sofern sie es sich leisten konnten — in den Magazinen die mit maschinellen Imitationen sämtlicher Stilarten, mit genagelten und geleimten Aufsätzen und mit Schnörkelwerk verzierten Möbel der Gründerzeit. Die meisten Käufer dieser Möbelstücke entstammten den Berufsgruppen der Facharbeiter oder Werkmeister, aber auch den Kreisen der Beamten, Angestellten und Kleinunternehmer.

Der Historismus hatte im neunzehnten Jahrhundert seinen Siegeszug begonnen, dessen Auswirkungen bis heute verfolgt werden können. Die Stilimitation prägte nicht nur das Aussehen der Wohnungen von gut verdienenden Arbeitern und Kleinbürgern, vielmehr noch war sie in den Kreisen der Großbourgoisie zuhause, wo das handwerklich hergestellte Einzelstück Wohlhabenheit symbolisieren sollte. Die Nachahmung, die Nachempfindung und die Vermischung historischer Stile wurden im Bereich des Luxusinterieurs meisterhaft beherrscht. Arbeiter und Kleinbürger orientierten sich mit ihrer Wohnungseinrichtung am Stil der ihnen jeweils übergeordneten Schicht, sie borgten sich damit Symbole der höheren Klasse.

Der maschinellen Stilnachahmung waren keine Grenzen gesetzt. Allerdings verschwand etwa mit Beendigung des ersten Weltkrieges die historische Imitation aus der Arbeiterwohnung und wurde von neuen, verhältnismäßig schlichten Entwürfen abgelöst, welche einesteils auf sparsame Ornamentik nicht ganz verzichteten, andererseits den Möglichkeiten ihrer maschinellen Herstellung entgegenkamen (4). Etwa um dieselbe Zeit erfuhr auch das Luxusinterieur eine Veränderung, welche auf Einflüsse der durch den Werkbund vertretenen Positionen zurückgeführt werden kann, dem sich selbst die Entwerfer im Dienste der gesellschaftlichen Oberschicht nicht entziehen konnten.

In diesem Buch werden zu den Luxusinterieurs die teuren, handwerklich hergestellten Inneneinrichtungen für wenige, bestverdienende Angehörige der Gesellschaft gerechnet. Mit Arbeitermöbeln werden alle diejenigen, maschinell hergestellten Möbel bezeichnet, die der breiten Masse der Bevölkerung zugedacht waren.

Die Entwicklung zeigt Einschnitte durch die Jahre 1900 und 1933 – einerseits durch die Reformen der Jugendstilzeit, andererseits durch den Anfang der Kunstpolitik des „Dritten Reiches". Beginn und Abschluß der vorliegenden Arbeit sind die Jahre 1851 und 1945 – die Londoner Weltausstellung mit der ersten Präsentation von Arbeiterwohnungen auf internationaler Ebene und das Ende des zweiten Weltkrieges. Da die Pariser Weltausstellung des Jahres 1900 keine wesentlichen Erzeugnisse an Arbeitermöbeln präsentierte, wurde ihr kein eigenes Kapitel gewidmet. Die Begriffe „Luxusinterieurs" und „Arbeitermöbel" dienen als obere und untere Begrenzung der schichtspezifischen Besonderheiten der Wohnungseinrichtung.

Im ersten Teil des vorliegenden Textes werden, eines besseren Vergleiches wegen, Luxuseinrichtungen und Arbeitermöbel auf Ausstellungen behandelt. Die Bemühungen um die Arbeiterwohnung auf internationalen und nationalen Ausstellungen waren zahlreich, wurden jedoch weit überboten durch die Präsentation von Luxusinterieurs.

Der Inhalt des zweiten Teiles wird wesentlich bestimmt durch das Wirken der Jugendstilkünstler, deren Ideen ihren Niederschlag nicht nur in einem neuartigen Design um die Jahrhundertwende fanden, sondern auch durch die späteren Gründungen von Werkbund und Bauhaus institutionalisiert wurden. Der theoretische Anspruch beinhaltete ursprünglich die Schaffung von Möbeln und Hausgerät ohne Bindung an eine soziale Klasse: Alle sollten das praktische und materialgerecht produzierte Interieur nutzen können. Die Realität aber war anders. Das Luxusinterieur existierte weiterhin (5). Sehen wir ab vom Luxus der Jugendstil- und auch der Bauhausentwürfe, so finden wir es in der reinsten Form in den Luxus- und Kaiserkabinen der großen Passagierschiffe, wo man die besonders hohen Reisekosten symbolisch durch Kostbarkeit der Ausstattung zum Ausdruck brachte. Die Idee von der Nivellierung der Inneneinrichtung auf die anthropologische Ebene gleicher Grundbedürfnisse aller Menschen hätte naturgemäß die Einteilung der Schiffspassagierräume in differenzierte Preisklassen aufheben müssen. Nach wenigen sparsamen Versuchen, auch die Luxus-Schiffskabinen bei bestehenden Spitzenreisekosten in ihrer Innenraumgestaltung zu reformieren, kehrten die Schiffahrtsgesellschaften größtenteils schon bald zum Historismus zurück, welcher den Preis der Reise bildhaft am besten darzustellen schien.

Das historisierende Luxusinterieur auf Schiffen der zwanziger Jahre wurde im „Dritten Reich" zum Vorbild für die Wohnungseinrichtungen seiner Repräsentanten. Den nationalsozialistischen Machthabern, die zumeist dem Kleinbürgertum entstammten, ging es darum, wie man eine Wohnung den Kriterien der Oberschicht entsprechend ausstattete. Die Veränderung des Blickwinkels ist bezeichnend: In den beiden vorausgegangenen Jahrzehnten war – besonders bei den Diskussionen der Werkbundmitglieder – um die Ablehnung einer Klassenzuweisung innerhalb der Wohnungseinrichtung gekämpft worden.

Während die Herrschenden einerseits pompös eingerichtet waren, wählten sie für ihre Landsitze einen Innenraumstil, dessen ‚Schlichtheit' an Operndekorationen erinnerte. Den breiten Volksschichten – den Arbeitern und den Angestellten – wurde dagegen im „Dritten Reich" die Einfachheit staatlich verordnet. Dabei handelte es sich um einen seines Inhaltes beraubten Funktionalismus der zwanziger Jahre. Diesen Auseinandersetzungen ist der dritte Teil des Buches gewidmet (6), während im Schlußteil versucht wird, die Fremdbestimmung der Wohnungseinrichtung über den gewählten Zeitraum hinweg historisch zusammenzufassen.

Die vorliegende Darstellung kann keine Antwort auf die Frage geben, wie das Interieur der Zukunft auszusehen habe. Sie soll aber als Grundlage dienen, diese Frage zu erörtern. Es werden mannigfache Ansätze für weitere wissenschaftliche Betätigung geliefert, aus der in gemeinsamer Arbeit die Wohnumwelt begriffen werden kann.

Produktion von Luxusmöbeln als Präsentation deutschen Wohlstandes und Schwierigkeiten bei der Versorgung mit Konsumgütern für alle — Wohnungen von 1844 — 1900

Luxusinterieurs auf deutschen Ausstellungen des Kunstgewerbes und der Kunstindustrie

Vorbild für den gesamten Möbelentwurf in der zweiten Hälfte des neunzehnten Jahrhunderts war das Luxusmöbel. Es war handwerklich gearbeitet, seine Formen schwelgten in Stilimitation. Auch wenn es mir nicht möglich ist, eine umfassende Darstellung dieser Solitäre des Handwerks zu liefern, bietet doch die Gegensätzlichkeit der Wertung von Arbeiterhausgerät und Exklusivinterieur einen wichtigen Anhaltspunkt für die Erforschung von Wohnungseinrichtungen. Proletarisches Wohnen wurde im Zusammenhang mit der Medizin, der Theologie oder den Sozialwissenschaften gesehen. Das Wohnproblem des Einzelnen wurde in das Gesamtproblem der breiten Masse eingefügt und wiederum als Teilgebiet der verschiedenen wissenschaftlichen Forschungsbereiche vom intellektuellen Standpunkt betrachtet.

Anders verhielt es sich mit den Luxusmöbeln. Diese wurden als handwerkliche Einzelstücke im Hinblick auf eine einzelne Person geschaffen, oder ihre Fertigung diente als Referenz für eine Firma, die damit etwa auf Ausstellungen um die nach den Kriterien des Handwerkerstandes oder der Manufaktur beste Arbeit mit anderen zu konkurrieren gedachte.

Die Anzahl solcher reiner Ausstellungsstücke war groß. In ihrer Gestaltung dominierte oftmals üppiges Dekor. Nicht nur das Nebeneinander verschiedener Stilrichtungen mochte die damaligen Betrachter beeindruckt oder auch verwirrt haben, es waren auch die Materialien, von denen die kostbarsten nebeneinander und übereinander verwendet wurden. Die bloße Verarbeitung hochglanzpolierter Edelhölzer zu Möbelstücken schien noch zu bescheiden. So wurden Einlagen oder Besatzstücke aus Gold und Silber, aus Edelsteinen und Perlmutter gewählt, ja das Vergolden und Versilbern ganzer Stühle, Tische oder Betten war für Luxusinterieurs keine Seltenheit. Die Möbelbezüge waren aus wertvollen Textilien — aus Samt, aus Seide — sie waren gerafft, gebauscht, gerüscht wie es die jeweilige Stilrichtung vorschrieb, die es zu imitieren galt. Verwirrend flimmernd, glitzernd überladen war die große Zahl der Luxusstücke auf den Ausstellungen; märchenhaft klingen die Erläuterungen der zeitgenössischen Betrachter.

Entsprechend den Werken der Architektur waren die Stilformen, beziehungsweise deren Mischung, auf den Möbelbau übertragen worden. Die Ratlosigkeit der Formensprache in der zweiten Hälfte des neunzehnten Jahrhunderts machte sich auch im Interieur geltend. Da die reinen Luxusstücke wohl kaum mehr als Wohnungseinrichtungen nutzbar waren, führten sie ein Dasein auf Ausstel-

Abb. 1: „Rococo-Salon" 1888. Entwurf Anton Pössenbacher, Malerei und Vergoldungen Joseph Wagner

Abb. 2: „Rococo-Möbel" 1890. Entwurf Anton Pössenbacher

lungen, wurden zum Teil nur noch für Ausstellungen entworfen, oder sie wurden für Angehörige des Adels hergestellt, für den das repräsentative Wohnen zur Lebensform gehörte.

Im Folgenden wird versucht, anhand der Beschreibungen in zeitgenössischen Aufsätzen und Katalogen einen Eindruck vom Aussehen der Luxusinterieurs zu vermitteln. Es wurden vorwiegend solche Stücke ausgewählt, deren Herstellerfirmen mehrfach auftraten oder für die besondere Auftraggeber vermerkt waren — wie etwa Angehörige des Hochadels — oder, was seltener der Fall war, für die namhafte Künstler die Entwürfe geliefert hatten (7).

„Allgemeine Deutsche Gewerbe-Ausstellung" Berlin 1844

Als erste sei die „Allgemeine Deutsche Gewerbe-Ausstellung" des Jahres 1844 in Berlin genannt. Das Sortiment an ausgestellten Möbeln war reich. Wie wir dem „Amtlichen Bericht" entnehmen, galt es, das Ausstellungsstück hinsichtlich seiner Ästhetik, Funktion und seiner Herstellungsart zu prüfen (8). In der Vorbemerkung des Katalogs erfahren wir:

„Da jedes Erzeugniß seinen absoluten Werth, d.h. für sich allein und ohne Hinblick auf andere gleichartige Gegenstände und seinen relativen Werth, d.h.

unter vergleichender Berücksichtigung des Werths ähnlicher ausgestellter Erzeugnisse hat, so wurde eine Prüfung in beiderlei Beziehung gewünscht. Außer dem in diesen Beziehungen genau bestimmten Werthe des Erzeugnisses sollten auch die besonderen Leistungen des Erzeugers zur Erörterung gelangen."

Neben Verarbeitungsart, Funktion und ästhetischen Merkmalen eines jeden ausgestellten Gegenstandes sollte auch der jeweilige Verkaufspreis Berücksichtigung finden. Außerdem sollten die Geschäftsbedingungen der herstellenden Betriebe untersucht werden; die „staatswirthschaftliche" Wichtigkeit — wie es hieß — sollte für jedes Produkt beachtet werden, womit unter anderem Bedürfnisbefriedigung und Absatzverhältnisse gemeint waren.

Die Ausstellungsstücke waren weniger im Hinblick auf den Nutzer geschaffen worden. Wer solche Möbel aber kaufte, gehörte einem exklusiven Käuferkreis an. So erwarb Friedrich Wilhelm IV. die folgenden Stücke: einen Tisch in Palisander-Holz mit Metalleinlagen, einen „gothischen Armstuhl, auf dessen Rückenlehne die Burg Stolzenfels in metallner Einlegung prangt" und eine Kassette. Die Stücke hatte der einzige, in der Möbelbranche ausstellende Münchener, der Kunstschreinermeister Franz Fortner, hergestellt, aus dessen Werkstatt die Möbel für Hohenschwangau stammten und der 1840 auf der bayerischen Industrie-Ausstellung mit einer „Silbernen Preis-Medaille" für seine Arbeiten ausgezeichnet worden war.

Friedrich Wilhelm IV. erwarb außerdem einen „Polisander-Damenschreibtisch" der Firma Wichmann in Berlin, von Erner aus Köln einen „Schreibspinde", dessen Tischlerarbeit allerdings getadelt wurde, einen Tisch von Bahrt in Würzburg, dessen Preis als „sehr hoch" angegeben wurde, sowie einen Nähtisch der Firma Heininger in Mainz; außerdem kaufte er einen Schreibsekretär von Dreuske in Neu-Ruppin, einen weiteren Tisch, den Balk in Aachen hergestellt hatte und einen großen „Mahagoni-Bücherschrank im Renaissancestyl" der Firma Bembé in Mainz.

Erwähnenswert auf der Berliner Ausstellung von 1844 sind noch verschiedene „Polisander-Möbel" der Firma Gebrüder Gropius in Berlin, da hier „Tischler- und Bildhauerarbeiten" — wie es hieß — „größtentheils trefflich ausgeführt" waren. Einige Ausstellungsstücke anderer Firmen wurden als „unbequem" oder „mittelmäßig" bezeichnet, über Bettstelle und Stuhl des Berliner Tischlermeisters J. Weygand lesen wir, daß sie „von gewöhnlicher Form und ganz gewöhnlicher Arbeit" gewesen seien.

Offensichtlich erhielten einfachere Möbel weniger Lob, wenngleich im „Amtlichen Bericht" die Stücke bisweilen auf ihre Funktion hin beurteilt wurden. Wichtig war auch an der Produktion von Luxusartikeln, daß dadurch Arbeitsplätze geschaffen wurden. So hieß es in der Zeitschrift „Kunst und Gewerbe" des Jahres 1867:

„Fällt bei dem Gewerbe der Hauptaccent auf den praktischen Zweck, bei der Kunst auf die schöne Form, so findet in der Kunstindustrie eine gewisse Gleichberechtigung und Verschmelzung des Zweckmäßigen mit dem Schönen statt, ... Aber nicht bloß eine kulturhistorische Berechtigung hat der Luxus, sondern auch eine sociale ..., und gerade Diejenigen, welche am meisten gegen den Luxus zu eifern berechtigt zu sein glauben, die ungeheure Mehrzahl der Arbeiter, welche oft mit neidischen Blicken die Verschwendung der Reichen und den Prunk mit kostbaren Dingen aller Art, die sie, die Arbeiter, selber geschaffen, betrachten, sollten bedenken, dass ihre ganze Thätigkeit, ihre gesammte Existenz auf der Voraussetzung dieser von ihnen geschmähten Luxusentfaltung beruht" (9).

„Allgemeine Industrie-Ausstellung für das Gesammtgebiet des Hauswesens in Cassel" 1870

Auch die „Allgemeine Industrie-Ausstellung für das Gesammtgebiet des Hauswesens in Cassel" im Jahre 1870 präsentierte entgegen ihrem thematischen Anspruch vorwiegend Mobiliar zu Höchstpreisen. Im Führer durch die Ausstellung lesen wir:

„Besondere Aufmerksamkeit verdient das von der bekannten Firma R. Macks in Berlin hergerichtete lauschige Plätzchen, verziert mit allen der Bequemlichkeit und dem Luxus dienenden Möbeln und Tapisserie-Arbeiten. Nicht minder erwähnenswerth sind die Rosenholzmöbel im Rococostyl der Firma Hoffmeister & Co in Coburg und Gotha und manches Andere" (10).

Die Firma Macks zeigte vier der teuersten Stücke der Ausstellung: Einen „Salon-Schrank in schwarzem Holz mit reicher Schnitzerei" zum Preis von 350 Talern, ein „halbrundes Pfeilersopha mit Spiegel und Blumenkorb, lakkirt und vergoldet, gründseidener Damastbezug" zu 375 Talern, einen „schwarzen Sophatisch mit reicher Bildhauerarbeit und gravirter Platte", dessen Preis 350 Taler betrug, und eine „blauseidene Ripsgardine mit Medaillon" zu 550 Talern.

Von der erwähnten Firma Hoffmeister in Coburg war ausgestellt: ein „Cylinder-Schreibtisch, Rosenholz fournirt mit ächt vergoldeten Bronce-Verzierungen im Style Louis XVI.". Er kostete 250 Taler. Der Preis für den dazu passenden Stuhl „mit rothem Seidenbezug" betrug 25 Taler. Ein anderer Stuhl mit „Goldfillet" nach Renaissancevorlagen kostete ebenfalls 25 Taler. Komplette Zimmereinrichtungen hatten geliefert: Die Firma Neitemayer in Mainz, die „Renaissance" Commanditgesellschaft für Holzschnitzkunst in Berlin und die Firma Stoevesandt und Kolmar in Karlsruhe. Vom zuletzt genannten Betrieb waren zu einer „Herren-Arbeitszimmer-Einrichtung" kombiniert worden: Ein Tisch in imitiertem Renaissancestil, Lackmöbel nach Vorbildern aus der Zeit Ludwigs XVI. und ein Stuhl, der nach Vorlagen aus der Mitte des fünfzehnten Jahrhunderts gearbeitet worden war. Die Einrichtung sollte 2000 fl kosten (11).

In einem Artikel der Zeitschrift „Kunst und Gewerbe" wurden die vorteilhafte Anordnung auf der Ausstellung sowie die präzise Ausführung der Möbel gelobt:

„Die Aufstellung von Macks in Berlin, Reitmeyer in Mainz, Blaue und Koppel in Kassel, Hoffmeister in Koburg, Tscheitscher in Brünn, Pelcot in Paris u.a. sind die Belege dafür, wobei der erste von den genannten besonders rühmend hervorzuheben ist wegen der eleganten und geschmackvollen Einrichtung. In Bezug auf die Massenhaftigkeit der ausgestellten Gegenstände verdient auch der Ausstellungsraum der Gebrüder Thonet in Wien mit Möbel(n) aus gebogenem Holz angeführt zu werden" (12).

Demnach waren die Erzeugnisse von Thonet nicht schichtspezifisch gebunden. Galt das Hauptinteresse der Firma dem Bedürfnis der bürgerlichen Mittelschicht, so versuchte sie für ihre Erzeugnisse auch Eingang zu finden im proletarischen Haushalt und im Luxusinterieur (13). In Kassel 1870 hatte sie ihre bekannten Stühle, Fauteuils, Canapees und Schaukelstühle ausgestellt, die in oben erwähnter Zeitschrift als „in Form und Technik vorzüglich" gelobt wurden.

„Kunst- und Kunstindustrie-Ausstellung" München 1876

Wenden wir uns der „Kunst- und Kunstindustrie-Ausstellung" von 1876 im Münchener Glaspalast zu, so stellen wir fest, daß auch hier die Luxusmöbel dominierten. Man hatte im Gegensatz zu bisherigen Ausstellungen, wo die einzelnen Möbel mehr oder weniger wahllos nebeneinander aufgestellt waren, versucht, hinsichtlich Farbe, Stil und Bestimmung die Ausstellungsstücke zu einheitlichen Raumgruppen zusammenzufassen, wozu Friedrich von Pecht lobend Stellung bezog:

„Überaus wohlthuend ist die große Einheit des Geschmacks, der sich bei sonst denkbar größter Mannigfaltigkeit vom Handwerkerstübchen bis zum Kaisersalon überall ausspricht ... Hat sich das einzelne Stück also mit der Zimmerarchitektur in Übereinstimmung zu setzen, so hat es aber auch den Forderungen des Materials, aus dem es besteht, welches, wenn es Holz ist, stärkere Ausladungen, feinere Profilirungen und Gliederungen erlaubt, endlich der Bestimmung, der es dient zu gehorchen, letztere mit Sicherheit und Schönheit auszusprechen" (14).

Hier wird, was historisch wichtig ist, bereits der Wunsch nach Materialgerechtigkeit als ästhetische Kategorie angedeutet. Allerdings orientierte man sich um so strenger an überkommenen Stilarten, wie man derartige Forderungen so zu erfüllen glaubte.

So hatte Anton Pössenbacher ,,... das Cabinet Nr. 90 zu einem fürstlichen Kloset aus der Zeit des 16. Jahrhunderts umgewandelt und mit herrlichen Bronzen von Friedrich von Miller von München und großen Majolikavasen von (Paul) Utzschneider in Saargemünd ausgestattet''.

Für den Münchener Hofmöbelfabrikanten Pössenbacher hatte dessen Firmenarchitekt Otto Fritzsche den Entwurf gefertigt.

Zu erwähnen ist ferner eine ,,Prachthimmelbettstatt mit vergoldeter Schnitzerei, goldgesticktem Purpursammt und gemalten Ornamenten'' von Moriz Ballin aus München; von Wenzel Till, ebenfalls aus München, sah man ein Büffet und von der Münchener Firma Rau einen Eckschrank mit Amoretten von Georg Hirth.

,,Deutsch-nationale Kunstgewerbe-Ausstellung'' München 1888

Auf die ,,Berliner Gewerbe-Ausstellung'' im Jahre 1879 soll in einem der folgenden Kapitel eingegangen werden, weil es sich bei den dort ausgestellten Stücken mehr um Einrichtungsgegenstände für breitere Schichten handelte, weniger um individuell entworfene Einzelanfertigungen (15). Hingegen gab es auf der ,,Deutsch-nationalen Kunstgewerbe-Ausstellung'' des Jahres 1888 in München in verschwenderischer Fülle Prunk- und Prachtmöbel zu bewundern, da — wie Leopold von Gmelin schrieb — ,,durch das Programm gerade das nahezu ausgeschlossen war, was anderen ähnlichen Veranstaltungen ihr Gepräge verleiht: die Fabrikwaare'' (16).

Unter anderem sah man ,,Gegenstände aus dem Nachlaß König Ludwigs II.'', darunter das Prachtbett, dessen Schreinerarbeiten von Pössenbacher stammten, und den Schlitten. Georg Voss tadelte den ,,Formentaumel des Rokoko'', in welchem man auf der Ausstellung schwelgte, und war auch mit der Fassade des Ausstellungsgebäudes im Zopfstil nach Plänen von Emanuel Seidl nicht zufrieden. Er sprach von einer ,,Scheinarchitektur, die den Eindruck eines Steinpalastes erwecken soll''. Weiter meinte er: ,,Die Gelegenheit, in der Fassade einen natürlichen, durch das Baumaterial gebotenen Holzstil auszubilden, hat man sich leider entgehen lassen''.

Emanuel Seidl hatte für die Ausstellung mit der Stuttgarter Firma Schiedmayer ein Pianino entworfen, das von Ehret in München hergestellt worden war. Ein Zimmer von Fritzsche wurde als eine ,,in der Farbe zart gehaltene Ausstattung'' bezeichnet. Die hellgelben Wände waren mit Goldleisten, geschnitzter Ornamentik, mit Spiegeln und mit Gobelin-Imitationen belebt. Besonders beachtet wurden die — wie es hieß — ,,im Holzwerk ganz vergoldeten

Möbel mit absichtlicher Vermeidung alles den Gebrauch behindernden Schnörkelwerkes"; hingegen soll ein Rokoko-Salon, den Pössenbacher zusammen mit einem Dekorationsmaler geschaffen hatte, „strotzend von Farbe und Gold" gewesen sein; „... das tiefbraunrothe Holz der von leicht gemalten Seidenpanneaux und Spiegeln unterbrochenen Wände, die dunkelgrünen Damastvorhänge und -Möbel, die farbensatten Deckenbilder u.s.w., das Alles in seiner verschwenderischen reichen Vergoldung gibt dem Raum etwas ungemein Prunkvolles" (17).

Wurde schon allenthalben die Stilimitation kritisiert, so wurde auch tadelnd erwähnt, daß die lediglich für Ausstellungen angefertigten Luxusmöbel vielfach unverkauft blieben.

„Ausstellung von Wohnungs-Einrichtungen und damit verwandter Gewerbe" Berlin 1892

Mit der „Ausstellung von Wohnungs-Einrichtungen und damit verwandter Gewerbe" im Jahre 1892 in Berlin wurde der Anspruch erhoben, dem Bedarf an Hausgerät einer breiten Käuferschicht gerecht zu werden, was aber für eine Reihe ausgestellter Interieurs nicht zutraf. So gab es zum Beispiel das „Arbeitszimmer für Seine Majestät den Kaiser auf Sr. Maj. Aviso ‚Hohenzollern', in Ahornholz mit Rosenholz-Einlage" zu sehen; ein „Atelier für unvergängliche Blumen- und Pflanzenarrangements in künstlicher Ausführung" stellte „Präparirte Naturpalmen verschiedener Art in ihrer Anwendung für die vornehme Innendekoration" aus. Eine andere Firma präsentierte ein „großes Glasgemälde, darstellend: ‚Die Geburt der Venus' (passend für Badezimmer)". „Wahre Muster von törichtem Architektur- statt Mobiliarstil sind die vom kritiklosen Publikum in Verzückung angestaunten Protzenmöbel von J. Groschkus", schrieb Schliepmann (18).

„Berliner Gewerbe-Ausstellung" 1896

Von dieser Firma waren auch auf der „Berliner Gewerbe-Ausstellung" 1896 fünf Räume zu sehen gewesen, über die Gmelin wie folgt urteilte:

„... jeder in anderm Stilcharakter aber einer kostbarer und üppiger als der andere, — ... aber schade um das wunderbare Material und die überaus glänzende Technik! Zum körperlichen und seelischen Behagen tragen solche rauschenden Fanfaren Nichts bei — es sei denn, daß jemand seine größte Befriedigung darin findet, dem Nachbarn oder Nebenbuhler sagen zu können: da schau her, was meine ‚Mittel' mir Alles erlauben! Daneben erscheinen selbst

Zimmer von Hermann Gerson meist verhältnismäßig einfach, wenigstens unaufdringlicher und harmonischer" (19).

Die Abbildungen eines Schlafzimmers im „Styl English Empire" und eines Salons im „Styl Régence" der erwähnten Firma Gerson in Berlin zeigen zwei sehr kleine, mit Möbeln überladene Räume. Im einen bauschten sich dichte Stoffbahnen über Fensteröffnung und Bett: im anderen standen konditorhaft verzierte Möbelstücke wie zufällig umher.

An Luxusmöbeln auf der Berliner Ausstellung des Jahres 1896 seien hier noch die von Julius Zwiener für Kaiser Wilhelm II. gefertigten erwähnt. Die Interieurs waren im Stil Louis XIV. und Louis XVI. gehalten, aus Mahagoniholz, Ebenholz und Rosenholz hergestellt und ließen „mit der vorzüglichen Broncegarnierung. . . nach Form und Farbe ganz vergessen, daß man es hier mit neuen Arbeiten zu thun hat" (20).

Obwohl nach Gmelin auf der Ausstellung von 1896 „das Pseudo-Rococo wahre Giftbäume von Schnitzwerk und Vergoldung" hervorbrachte, so nannte

Abb. 3: „Salon im Styl Régence" auf der Berliner Gewerbe-Ausstellung 1896. Entwurf Hermann Gerson

er doch „Die Berliner Möbelindustrie ... neben der Pariser, Wiener und amerikanischen die wichtigste der Welt". Wesentlich erscheint im Rahmen der hier vorliegenden Arbeit, daß – wie es im „Illustrirten Amtlichen Führer" heißt – „... die Berliner Möbel-Industrie in allen Arten von Zimmereinrichtungen und dekorativen Zimmerausstattungen von dem elegantesten und vornehmsten bis zum einfachsten Genre hervorragend vertreten" war (21). Demnach kann man die zitierte Beschreibung von Interieurs auf der „Berliner Gewerbe-Ausstellung" des Jahres 1896 auf den größten Teil der im ausgehenden neunzehnten Jahrhundert produzierten Möbel beziehen. Ausgenommen freilich die Arbeitermöbel, an denen wohl überflüssige Ornamentik aus Kostengründen fehlte.

„Es finden sich hier Zimmereinrichtungen in sämtlichen Stilarten und kostbarer Ausführung; der Rococo-, Renaissance- (Früh- und Spätrenaissance), Régence-, Empirestil ist in kunstgerechter Durchführung ebenso zu finden, wie der Barock-, der Chippendale-, der altenglische und der ganz moderne Stil; Eiche, Nußbaum, Mahagoni, Polisander, Ebenholz, Bambus u.a. Holzarten sind in den verschiedensten Formen verwandt".

Friedrich Naumann stellte anläßlich der Berliner Ausstellung von 1896 fest:

„In der Ausstellung denkt man nicht an den Arbeiter. Er ist der Untergrund, aber er wird verdeckt. Hin und wieder steht ein Arbeiter und bedient vor dem Publikum seine Maschine, aber der Arbeiter im ganzen ist – glänzend vergessen! Es ist eigentlich unerhört, daß man auf einer Gewerbeausstellung sich so wenig um den Arbeiter kümmert wie in Berlin. Kein einziges Geschäft gibt auch nur die Zahl, die Arbeitszeit und den Lohndurchschnitt seiner Arbeiter an! Man hat Augen für alles, aber nicht für die Menschen. In dieser Hinsicht ist die Berliner Ausstellung grausam wie der ganze Kapitalismus ... Man konnte durch die ganze Berliner Ausstellung gehen, ohne an die Macht der Arbeiterschaft erinnert zu werden".

Vorschläge einzelner Fachgruppen zur Änderung der Wohnsituation breiter Volksschichten – Wohnungen und Hausgerät für Arbeiter auf den großen internationalen Ausstellungen und die realen Verhältnisse

Erfindung und Einsatz von Maschinen im neunzehnten Jahrhundert schufen neue Möglichkeiten zur Verwendung menschlicher Arbeitskraft: Der industrielle Produktionsablauf wurde in Arbeitsabschnitte zerlegt und diese auf die Ausführenden so verteilt, daß der Einzelne routinemäßig arbeitete. Die Produkte kleiner Handwerksbetriebe konnten mit der Fabrikware bald nicht mehr konkurrieren.

„Die bisherige feudale oder zünftige Betriebsweise der Industrie reichte nicht mehr aus für den mit neuen Märkten anwachsenden Bedarf. Die Manufaktur trat an ihre Stelle. Die Zunftmeister wurden verdrängt durch den industriellen Mittelstand; die Teilung der Arbeit zwischen den verschiedenen Korporationen verschwand vor der Teilung der Arbeit in der einzelnen Werkstatt selbst.

Aber immer wuchsen die Märkte, immer stieg der Bedarf. Auch die Manufaktur reichte nicht mehr aus. Da revolutionierte(n) der Dampf und die Maschinerie die industrielle Produktion. An die Stelle der Manufaktur trat die große moderne Industrie, an die Stelle des industriellen Mittelstandes traten die industriellen Millionäre, die Chefs ganzer industrieller Armeen, die modernen Bourgois" (22).

Dem Handwerkerstand drohte der Verlust der Existenz (23). Kleine Werkstätten sahen sich gezwungen zu schließen, sofern ihnen die Umstellung auf

Maschinenarbeit nicht gelang. Die am härtesten von den betrieblichen Veränderungen betroffenen Handwerksgesellen wurden zu Fabrikarbeitern, sanken auf das Niveau des Proletariats herab (24). Sie mußten vom Dorf oder der Kleinstadt in die Nähe des neuen Arbeitsplatzes, der Fabrik, übersiedeln. Als Ballungsgebiete des Proletariats entstanden die Großstädte. Hier waren hohe Grundstückspreise die Ursache der Wohnungsknappheit. Diese wurde verschärft durch den Abriß ganzer Straßenzüge, die großzügigen städtebaulichen Anlagen Platz machen mußten (25). Es entstanden die Slums von Berlin, Wien, London und Manchester. Von Manchester berichtete Friedrich Engels, daß sich dort „... eine Menge zerlumpter Kinder und Weiber ... ebenso schmutzig wie die Schweine" umhergetrieben habe, „daß dreihundertfünfzigtausend Arbeiter von Manchester und seinen Vorstädten fast alle in schlechten, feuchten und schmutzigen Cottages wohnen, daß die Straßen, die sie einnehmen, meist in dem schlechtesten und unreinsten Zustande sich befinden und ohne alle Rücksicht auf Ventilation, bloß mit Rücksicht auf den dem Erbauer zufliessenden Gewinn angelegt worden sind — mit einem Wort, daß in den Arbeiterwohnungen von Manchester keine Reinlichkeit, keine Bequemlichkeit, also auch keine Häuslichkeit möglich ist" (26).

Um die Wohnverhältnisse der Arbeiter zu ändern, um dem — wie man es nannte — „Wohnungselend" ein Ende zu bereiten, wurden in verschiedenen Ländern Maßnahmen eingeleitet (27). In England, wo der mächtige Aufschwung der Industrialisierung begonnen hatte, lebten die Proletarier auf engstem Raum in den Wohnvierteln der großen Städte; die Wohnungsnot war hier am größten. Hier wurden daher auch die ersten Vorschläge zur Besserung der Situation gemacht.

Weltausstellung London 1851

Auf der ersten Weltausstellung in London waren Arbeiterhäuser ausgestellt — im offiziellen Katalog der „Great Exhibition of the Works of Industry of all Nations" als „Labourers Cottages" bezeichnet. Es handelte sich um englische Entwürfe sowie um Modelle und Pläne zu den in England bereits ausgeführten Objekten (28). So hatte neben anderen James Holmes aus Essex „Two cottages in one, designed for the convenience, economy, and comfort of the poorer class of labourers" entworfen; von John Elliott aus Southhampton war ein „Model of cottages for labourers" ausgestellt; nach Entwürfen von William Bardwell zeigte man Modelle „of the Labourers' friend Society's cottages".

Zu den interessantesten Exponanten der Weltausstellung gehörten jedoch „His Royal Highness Prince Albert's model houses for four families, erected at the Hyde Park Barracks opposite the Exhibition Building". Am erwähnten

Standpunkt hatte man ein zweigeschossiges Doppelhaus in Hohlblockbauweise errichtet. Eine Abbildung zeigt in der Vorderansicht ein Gebäude im Kolonialstil (29). Die Kamine waren als eine Art Ecktürmchen ausgebildet. Besonders hervorgehoben im Katalog wurde die praktische und preiswerte Bauweise; über die Möbilierung wurde nichts ausgesagt. Aussteller war die ,,Society for Improving the Condition of the Labouring Classes''. Die im Jahre 1844 gegründete Gesellschaft zeigte zusätzlich das Planmaterial einer Reihe von ausgeführten Wohnhäusern für Familien, für alleinstehende und für alte Menschen.

Prinz Albert wurde im offiziellen Katalog der Londoner Weltausstellung im Zusammenhang mit dieser Gesellschaft genannt. Seiner Tätigkeit im Rahmen der ,,Londoner Gesellschaft zur Hebung der Künste und Gewerbe (Society of Arts)'', deren Vorsitz er 1850 führte, kommt jedoch größere Bedeutung zu (30). Ein Jahr nach der Ausstellung von 1851 – zu einem Zeitpunkt, als Prinz Albert vermutlich noch Vorsitzender war – erstattete der Engländer

Abb. 4: Arbeiterwohnhaus auf der Weltausstellung London 1851

T. Twining der Gesellschaft einen Bericht, in dem er wohl erstmalig Gedanken über den Hausrat für Arbeiter vortrug und „das Resultat langjähriger Beobachtung des Zustandes dieser Klassen in Deutschland und England ausführlich entwickelte. Er machte hiebei aufmerksam, wie in so vielen Fällen der sich selbst überlassene Arbeiter aus Unkenntniß des Vorhandenen nicht in die Lage kömmt, sich so Manches anzuschaffen, was ihm zuträglich wäre" (31).

Twining hatte zunächst vorgeschlagen, öffentliche Sammlungen von Möbeln und Hausgerät, Kleidung und Nahrungsmitteln durchzuführen, „die mit Sorgfalt ausgewählt, klassifizirt und mit Gebrauchsanweisung versehen, populäre Belehrung zum Zwecke hätten". Weiter schrieb er 1855 an den damaligen Präsidenten der „Society of Arts", den Viscount of Ebrington, man solle in einem Museum die den Arbeitern zugedachten Gegenstände wie „Hausgeräte, Kleidungsstücke, Nahrungsmittel, Brennmaterial" ausstellen und mit Zetteln versehen, welche Auskunft geben sollten „in Bezug auf kommerzielle Bewandniß, Preis, Adresse behufs Beschaffung". Außerdem forderte er, „die gegenwärtige Lage der arbeitenden Klassen in den verschiedenen Welttheilen veranschaulichend" darzustellen sowie den betreffenden Museen angeschlossene Bibliotheken einzurichten; denn „es giebt Vieles in der physischen Lage der arbeitenden Klassen, das weniger durch Ausstellung von Artikeln, als durch Einziehung und Bekanntmachung authentischer, statistischer und medizinischer Dokumente verbessert werden kann" (32).

„Allgemeine Pariser Ausstellung" 1855

Am 28. März 1855 stimmte die „Society of Arts" dem Plane Twinings zu und forderte ihn auf, „mit amtlicher Unterstützung von Seiten der Gesellschaft die Vorbereitungen zur Ausführung desselben zu besorgen" (33). Twining brachte seine Vorschläge noch im selben Jahr zunächst bei der „Réunion internationale de charité" zur Sprache, dann bot die „Allgemeine Pariser Ausstellung" des Jahres 1855 willkommenen Anlaß zur Verbreitung der neuen Ideen. „Es wurde eine eigene Ausstellung der Haushaltungsgegenstände veranstaltet und der großen Ausstellung als XXXI. Klasse unter dem Titel ‚Galerie d'économie domestique' angereiht" (34). Im „Amtlichen Bericht, ... erstattet unter Mitwirkung der Herren Preisrichter und Berichterstatter der Deutschen Staatsregierungen durch Dr. G. von Viebahn, Königl. Preuß. Geh. Ober-Finanzrath und Kommissar bei der Pariser Ausstellung und Dr. Schubarth, Königl. Preuß. Geh. Regierungsrath und Professor an der Universität und Bauakademie zu Berlin" heißt es, daß der Gedanke „auf die Anregung der Londoner Gesellschaft leider zu spät zur Ausführung" gelangte, „als daß ihm diejenige Sorgfalt, derjenige Aufwand an Kosten hätte gewidmet werden können..., hätte man von solchem Plane früher Kenntniß gehabt" (35).

Zu den ausstellenden Ländern der „Galerie d'économie domestique" gehörten England, Frankreich, Deutschland, Belgien, Österreich, Portugal, Sardinien und Amerika. Die niedrigen Preise der französischen Artikel wurde im oben erwähnten Bericht besonders hervorgehoben:

„Fertige Pariser Korsette (Schnürleiber) zu 1 Fr. das Stück; Pariser Zeugstiefel zu 1 Fr. 50 Cent. das Paar; eine gut gearbeitete Kommode von Mahagoni, inwendig mit Eichenholz, vierschublädig, zu 86 Fr.; ein Nachttisch von Mahagoni mit Marmorplatte und inwendig mit Eichenholz zu 24 Fr.; Stühle von Mahagoni mit Rohr zu 12 Fr. das Stück; ein runder Tisch von Mahagoni, einfach, aber – wie alle hier genannten Tischlerarbeiten – gut und solide gearbeitet, zu 33 Fr."

Twining konnte demnach auf der Weltausstellung in Paris immerhin den Erfolg verzeichnen, daß seine Vorschläge an die Öffentlichkeit kamen. Mit viel Spürsinn für die reale Situation wollte er sowohl Spekulanten wie Arbeiter von dem für die damalige Zeit neuen Vorhaben unterrichten:

„Dennoch ist es immer klarer geworden, daß Mustergebäude für die arbeitenden Klassen nicht eher zum allgemeinen Vorbilde genommen werden, als bis man den Bauherren und Spekulanten die Mittel in die Hand gegeben hat, sie beinahe so einträglich zu machen, als dies bei den Wohnungen des alten Stiles der Fall ist. Um dies zu bewirken, muß man jede wohlfeile Verbesserung in Hinsicht auf Material, Einrichtung, Möblirung etc. zusammensuchen und in einem leicht zugänglichen Lokale aufstellen... Ehe wir unsern Erfindern neue Leistungen abfordern, müssen wir uns vollkommen mit dem Vorhaben bekannt machen und andererseits muß der Arbeiter eines jeden Landes, der seine häusliche Lage vollkommen schätzen lernen will, sich einigermaßen mit der Lage seiner fremden Brüder bekannt machen" (36).

Ein Jahr nach der Pariser Ausstellung wurde das Modell von 1855 als „Exposition d'économie domestique" in Brüssel anläßlich der internationalen Kongresse für Wohltätigkeit und Zollreform wiederholt; 1857 wurde „in Wien bei der 50jährigen Jubelfeier der K.K. Landwirthschafts-Gesellschaft die Idee Twining's auf die Gegenstände der häuslichen Ökonomie des kleinen Land- und Forstwirths praktisch angewendet" (37).

Weltausstellung Paris 1867

Ein erneuter Versuch, die der Arbeiterklasse zugedachte häusliche Umgebung öffentlich zu präsentieren, wurde auf der Weltausstellung in Paris 1867 gemacht. Karl Marx hatte im selben Jahr den ersten Band seines Hauptwerkes „Das Kapital" in Hamburg publiziert. Victor Böhmert, Mitherausgeber der Zeitschrift „Der Arbeiterfreund", schrieb über die Pariser Ausstellung rückblickend, daß sie sich „besonders durch die der Arbeiterfürsorge gewidmeten Darstellungen und Berichte" ausgezeichnet habe (38).

Ausgestellt waren in der 91. Klasse „Hausgeräthe, Kleidungsstücke und Nahrungsmittel aller Art, die sich durch ihre nützlichen Eigenschaften in Verbindung mit der Billigkeit des Preises auszeichnen", und in der 93. Klasse „Proben von Wohnungen, die sich durch Billigkeit in Verbindung mit den Bedingungen für Gesundheit und Behaglichkeit charakterisieren" (39). Über die zuletzt genannte Abteilung lesen wir in den Berichten der „für Preußen und die Norddeutschen Staaten ernannten Mitglieder der internationalen Jury", daß „ein Wohnhaus für ländliche Taglöhner, von einem preußischen Aussteller ausgestellt, vom Kammerherrn Freiherr von Behr auf Vargatz in Neuvorpommern" preisgekrönt wurde. Häuser für Landarbeiter gab es außerdem in der irischen und in der belgischen Ausstellung zu sehen. Andere Nationen hatten Häuser für Bergwerksarbeiter ausgestellt. Englische Arbeiterwohnungen für Fabrikstädte mittlerer Größe fehlten.

„Wie sich erst später ... herausgestellt hat, waren eine ganze Anzahl eingesandter Modelle aus einem Versehen des Kommissariats gar nicht ausgepackt worden, was wohl auf die Gewohnheit zu schieben sei, daß englische Aussteller persönlich für ihre Ausstellung zu sorgen pflegen, in dieser Klasse, bei der jedes Geschäftsinteresse fern lag, es aber nicht für nötig gehalten hatten".

Höchstes Lob erhielten die Häuser der „Mühlhausener Gesellschaft für Beschaffung von Wohnungen, Bädern, Lesezimmern u.s.w. für die arbeitenden Klassen". Hier näherte man sich wie auch bei den Projekten der „Uhrenfabrikanten Gebrüder Japy aus der Franche Comté" den realen Wohnverhältnissen der Arbeiter.

Über die 91. Klasse schrieb der in Hamburg und London tätige Stabsarzt Hugo Senftleben enttäuscht:

„In Bezug auf Möbel und Hausgeräth für die Wohnungen kleiner, armer Leute hat die Pariser Ausstellung ... keineswegs den Erwartungen und dem heutigen Stand der Industrie entsprochen" (40).

Franz Migerka, Sekretär der Handelskammer in Brünn, war der Ansicht:

„England, das der Gegenstände, welche die beiden Merkmale der Wohlfeilheit und Nützlichkeit an sich tragen, unzweifelhaft viele aufzuweisen hat, war — das Modell eines gleichzeitig als Bett verwendbaren Speiseschrankes und eine Messerputz- und Schleifvorrichtung ausgenommen — gar nicht, Deutschland sehr schwach, Österreich durch Metallsärge, durch Küchengeschirr, Jalousien, Löffel, hölzerne Pfeifen, Italien durch Thonwaren, Canada durch einige Möbel vertreten. Im Ganzen und Großen machte die Ausstellung in dieser Classe seitens Frankreich den Eindruck, durch höhere oder rein geschäftliche Rücksichten veranlaßt worden zu sein, seitens der anderen Staaten aber den eines Lückenbüssers des Systems; hatten ja manche Artikel als einzigen Aufnahmetitel den aufzuweisen, von den anderen Classen zurückgewiesen worden zu sein" (41).

Aus Österreich kamen noch die „wohlbekannten Stühle von gebogenem Holz", wie der Bildhauer Friedrich Lage schrieb (42); „... die billigen, nicht polierten, sondern nur mit Glaspapier geglätteten Fabrikate Kanada's haben einen hervorragenden Platz eingenommen", meinte Senftleben. Über die belgischen und französischen Erzeugnisse urteilte er:

„In der Klasse 91 ist von Ruelens ... in Brüssel ein eisernes Bettgestell mit Eisenband-Geflecht ausgestellt gewesen, dessen Preis für deutsche Verhältnisse allerdings immer noch zu hoch erscheint ... Massé in Paris hat in derselben Klasse eine Springfeder-Matratze ausgestellt, die zusammengelegt und am Tage bei Seite gestellt werden kann. Für zahlreiche Familien werden solche eiserne Klappbetten äußerst praktisch sein und sich ebenso für beschränkte Einzelwohnungen trefflich eignen".

Zu erwähnen wäre noch die umfangreiche Schau der „Societé du palais bonne nouvelle, bekannt unter dem Namen â la bonne ménagère", wo „auf 3 Etagen mit 24 Sektionen und 100 Kategorien ... alles zur Wohnungseinrichtung im weitesten Sinne Gehörige" ausgestellt war. Senftleben war der Ansicht, daß hier die Qualität gut, die Preise niedrig waren.

„Internationale Ausstellung von Gegenständen für den häuslichen und gewerblichen Bedarf der arbeitenden Klasse" Amsterdam 1869

Zwei Jahre nach der Pariser Ausstellung des Jahres 1867 wurden in Amsterdam „Gegenstände für den häuslichen und gewerblichen Bedarf der arbeitenden Klasse" auf einer drei Monate dauernden, internationalen Schau präsentiert (43). Die Anregung stammte vom „Verein zur Förderung von Fabrik- und Gewerbeindustrie in den Niederlanden". In einer Aufforderung des Vereins und des Ausstellungskomitées an die Aussteller hieß es unter anderem:

„Der Verein beabsichtigt mit dieser Ausstellung besonders, dem Arbeiter zu zeigen, was ihm zur Ersparung an Haushaltungsmaterial, Arbeitsgeräthen, Kleidungs-, Ernährungs- und Erziehungskosten von der Industrie in verschiedenen Ländern angeboten wird, und es ist also bei dieser Ausstellung Wohlfeilheit, Einfachheit, Brauchbarkeit und Haltbarkeit Hauptsache, — Zierlichkeit und neue Erfindung dagegen nur Nebensache".

Hermann Grothe, ehemals Vertrauensmann der Weber für die Weltausstellung Paris 1867, veröffentlichte in der Zeitschrift „Der Arbeiterfreund" des Jahrganges 1870 einen Ausstellungsbericht, der als eine der umfangreichsten Beschreibungen von Arbeitermöbeln im neunzehnten Jahrhundert gelten kann. Die Zahl der ausstellenden Länder in Amsterdam war groß, die Abteilung „Haushaltungsmaterial" am reichsten beschickt. Hier wurden die Möbel der beiden Kopenhagener Fabrikanten Severin und Andreas Jensen besonders gelobt, „indem sie bei gutem Holze sauber und ansehnlich gearbeitet waren. Die Stühle ... waren lackirt und wohlgeformt".

„Die Mobilien einer Arbeiterwohnung", schreibt Grothe, „können je nach der mehr oder weniger herabgedrückten Lage des Arbeiters schlechter oder besser sein. Durchweg aber sind sie von roherer Form, von schlechterem Material und dienen ihrem Zwecke ebenhin".

Auf der Amsterdamer Ausstellung fielen ferner „eiserne Bettstellen" aus Norddeutschland auf; österreichische Stühle aus gebogenem Holz mit Rohrsitz „fanden gerechte Anerkennung, wenn man sich auch sagen muß, daß sie nur dem schon besser situierten Arbeiter zu Gute kommen könnten".

Für die Arbeiter mit geringem Einkommen hatte man eine Vielzahl von Betten, meist schon aus Metall, und Matratzen ausgestellt:

„An Stelle der Holzmöbel ist man in England und Frankreich zumal bestrebt, eiserne Möbel auch in den Arbeiterwohnungen einzubringen", meinte Grothe, der in seinem Bericht außerdem auf eine erstaunlich billige, „vollständige aber weniger gut gearbeitete Einrichtung einer Arbeiterwohnung" einer belgischen Firma hinwies (44).

Weltausstellung Wien 1873

Auf der Wiener Weltausstellung 1873 war „die Arbeiterfürsorge in umfangreichen Berichten und Wohlfahrtseinrichtungen zur Anschauung gebracht. Ferner waren besondere Ausstellungen der Frauenarbeit, der Hausindustrie, der Blindenarbeit und andere sog. additionelle Ausstellungen vorgeführt, in denen auch das Arbeiterwohl umfassende Berücksichtigung gefunden hatte" (45).

Im „Offizellen General-Catalog" finden wir Arbeiterwohnungen und Arbeiterhausgerät der Gruppe XIX „Bürgerliches Wohnhaus" zugeordnet. Hier war als englischer Beitrag ein „Eisernes transportables Wohnhaus für Arbeiter, möblirt" angeführt. Aussteller war Edwin Lloyd aus Grantham, Lincolnshire (46). Böhmert nannte in einem im Jahr der Weltausstellung in der Zeitschrift „Der Arbeiterfreund" publizierten Aufsatz über die „Arbeiterfürsorge" und die „Arbeiterwohnungsfrage" in Wien 1873 den österreichischen Beitrag an „Plänen für Arbeiterwohnungen" den umfangreichsten (47). Im Katalog finden sich, ebenfalls unter der Gruppe „Bürgerliches Wohnhaus", auch Vermerke über ein „möblirtes Zimmer für Arbeiterhäuser", über Pläne, Beschreibungen und Modelle von Arbeiterhäusern (48).

Über die deutschen Ausstellungsstücke schrieb Böhmert im oben genannten Artikel:

„Unter den Privatwerken und Actiengesellschaften hatten namentlich Krupp in Essen, die Gebrüder Stumm in Saarbrücken, die Vereinigungsgesellschaft für Steinkohlenbau im Wurm-Revier zu Kohlscheid bei Aachen, ferner die Georg-Marienhütte bei Osnabrück und endlich der Verein zur Wahrung der berg- und hüttenmännischen Interessen im Regierungsbezirk Aachen Modelle und Zeichnungen oder wenigstens eingehende Mittheilungen über die Wohnungsverhältnisse ihrer Arbeiter geliefert".

Hausrat und Möbel für Arbeiter waren auf der Wiener Weltausstellung des Jahres 1873 nicht zu einer eigenen Gruppe gefaßt. Wie bereits erwähnt, hatte man auch sie der Abteilung „Bürgerliches Wohnhaus" beigeordnet. Hier können einige eiserne Bettstellen – sie gehörten der französischen Ausstellung an – sowie ein „ökonomischer Ofen" aus Österreich zu den Einrichtungen für Arbeiterwohnungen gerechnet werden.

Weltausstellung Paris 1889

Auf der Weltausstellung in Paris des Jahres 1878 war dem Arbeiterhausrat keine eigene Abteilung zugedacht (49). Einen um so wichtigeren Anhaltspunkt zur Entwicklung der Arbeiterwohnungen und des Arbeiterhausgeräts bot die Weltausstellung des Jahres 1889. Wir lesen dazu im „Sozialpolitischen Zentralblatt" des Jahrgangs 1892/93:

„Im Jahre 1889 wurde auf der Weltausstellung auf der Esplanade des Invalides eine Abtheilung für Sozialökonomie organisiert, an der sich nicht nur die großen Fabrikanten und Industriellen sondern auch Korporativ-Genossenschaften, Arbeitersyndikate, Hygiene-Gesellschaften u.s.w. betheiligten. Das Ergebnis übertraf alle Erwartungen. Die Aussteller waren so zahlreich, dass man die Gruppe in 16 Sektionen abtheilen mußte, die 40 Säle füllten. Neben zahlreichen statistischen und graphischen Plänen und Tabellen fand man hier u.A. Modelle von Arbeiterwohnungen in natürlicher Größe, von Kinderbewahranstalten etc. und eine große Reihe von Apparaten zur Verhütung von Unfällen in den Fabriken. Nach Schliessung der Ausstellung hatte Léon Say zuerst den Gedanken, die interessanten Materialien in einem Museum dauernd aufzubewahren. Der Idee wurde allgemein zugestimmt, und alle Aussteller beschlossen, ihre Gegenstände für diesen Zweck dem Komité des geplanten Museums zu überlassen" (50).

Das Museum erhielt den Namen „Musée-bibliothèque de la participation aux bénéfices, des associations coopératives de production et des syndicats professionels". Es wurde im Jahre 1892 eröffnet. Hervorgegangen war es aus der Groupe II „Education et Enseignement. Materiel et procédés des Arts libéraux" und der Groupe III „Mobilier et accessoires" der Pariser Weltausstellung von 1889. Die Institution befaßte sich unter anderem mit der „Beschaffung billiger Wohnungen ... Der Schwerpunkt der Thätigkeit dieser nützlichen Anstalt liegt in dem Auskunfts- und Raterteilungsdienst" (51).

Vermutlich ebenfalls angeregt durch die Weltausstellung in Paris 1889 war die im gleichen Jahr erfolgte Gründung des „Gewerbehygienischen Museums" in Wien. Auch „in Amsterdam wurde vom Sekretär der Gewerbeinspektion Landré 1889 die Errichtung eines Unfallverhütungsmuseums angeregt ... Es scheint jedoch die Eröffnung dieses Museums nicht zustande gekommen zu sein, ..." (52), erst 1899 wurde das „Musée social" gegründet.

Die Weltausstellung in Chicago 1893 präsentierte in der Abteilung „Furniture of Interiors, Upholstery and Artistic Decorations" ein reiches Sortiment lediglich amerikanischer Möbel, von deren schlichtem Äußeren Wilhelm Bode begeistert war. In der „Hausfrauen-Zeitung" lesen wir im Jahrgang der Weltausstellung, daß ein „Comité für Haus- und Volkswirtschaft der Frauenabteilung der Columbia-Weltausstellung" anregte, es solle eine „vergleichende Statistik der Bedürfnisse der verschiedenen Völker angebahnt werden durch Vergleich der Ausgaben an Miete, Nahrungsmittel, Kleidung, Feuerung, Löhne u.a.m., und deren Verhältnis zu den Einnahmen" (53).

Das Wohnen breiter Volksschichten in Deutschland

Wie die vorausgegangenen Erläuterungen gezeigt haben, betrachtete man in der zweiten Hälfte des neunzehnten Jahrhunderts Wohnungen und Wohnungseinrichtungen für Arbeiter nicht als eigenständige Gebiete von Architektur und Design, sondern sah die beiden Begriffe im Zusammenhang mit Unfallverhütung am Arbeitsplatz oder caritativer Armenpflege auf der einen und einzelnen Bereichen der Medizin wie Hygiene und Ernährung auf der anderen Seite. Das Hauptaugenmerk wurde zunächst auf Erhaltung und Pflege der Arbeitskraft gerichtet; die Sanierung der Slums schien demnach eine Notwendigkeit, um die Seuchengefahr zu bannen und der Trunksucht Einhalt zu gebieten, das heißt den physischen und psychischen Verfall der Arbeiter zu verhindern. „Gewerbe-hygienische Museen", „Unfallverhütungs-Museen" und „Arbeiterwohlfahrts-Museen" wurden gegründet (54).

Der „Arbeiterwohnungsfrage" wurde — wie es die Vielzahl an Publikationen zum betreffenden Thema beweist — innerhalb der genannten Institutionen umfassende Beachtung geschenkt (55). Die Möblierung der Wohnungen blieb zunächst bei den Umfragen und Besichtigungen im Hintergrund. Vorrangig betrachtet wurden Größe und sanitärer Zustand.

Im Folgenden versuche ich, anhand von Beschreibungen in zeitgenössischen Berichten ein Bild der Arbeiterwohnungen zu geben. Daneben gehe ich auf Vorschläge von Fachgruppen ein, die eine Änderung der Wohnverhältnisse für breite Volksschichten herbeizuführen wünschten. Es handelt sich dabei zunächst um die Wohnungseinrichtung der Ärmsten unter den Arbeitern. Für die besser Verdienenden — die Facharbeiter, Werkmeister, die kleinen Angestellten und Beamten und die Kleinunternehmer — gab es zur Gestaltung der Wohnung eine Reihe von Entwurfsvorschlägen, welche zumeist auf Ausstellungen präsentiert wurden.

Beschreibungen von Arbeiterhausgerät wie Betten, Schränke, Tische, Stühle und so weiter wurden kaum überliefert. Es kann angenommen werden, daß die Berichterstatter die Wohnungen nicht betreten haben — sofern es sich nicht um praktizierende Ärzte oder Theologen handelte — oder daß die Situationsschilderungen die Möblierung jeweils miteinbezogen, indem die Wohnungen in ihrer Gesamterscheinung beschrieben wurden.

Berlin war im neunzehnten Jahrhundert eines der Hauptballungsgebiete des Proletariats. Deshalb verwundert es nicht, daß von diesem Gebiet die Mehrzahl der Aktivitäten ausging, daß im Raum Berlin die Ortsbesichtigungen durchgeführt und hier Kongresse und Ausstellungen abgehalten wurden.

Die deutschen Beiträge an Wohnungen und Hausgerät für Arbeiter auf den großen internationalen Ausstellungen wurden bereits erwähnt. Innerhalb Deutschlands hatte man dem Arbeiterwohnen auf den kunsthandwerklichen Ausstellungen und denjenigen der Kunstindustrie noch keinen eigenen Platz eingeräumt. So zeigte man auf der „Allgemeinen Deutschen Gewerbe-Ausstellung" in Berlin des Jahres 1844 überwiegend teure Luxusmöbel. Einige wenige Stücke waren wohl etwas preiswerter gehalten, doch wurden Möbelstücke eigens für die Arbeiterklasse nicht erwähnt. Ebenfalls ohne Aussagen über proletarischen Hausrat sind die Berichte und Kataloge der Ausstellungen in Kassel 1870, in München 1876 und 1888 und in Berlin in den Jahren 1879 und 1892 (56).

Blicken wir zunächst auf die Arbeiterwohnungen, so ist bekannt, daß Twinings Vorschläge, benannt „Ökonomisches Museum für die arbeitenden Klassen", bereits im Jahre 1856 in der in Heidelberg erschienenen Zeitschrift „Germania", einem „Centralblatt für die volkswirtschaftlichen und gesellschaftlichen Interessen Deutschlands", publiziert worden waren (57). In Berlin hatte man schon 1847 eine „gemeinnützige Baugesellschaft" gegründet. Hier herrschte seit den zwanziger Jahren des neunzehnten Jahrhunderts Wohnungsnot. In den fünfziger und sechziger Jahren befaßten sich der „Volkswirtschaftliche Kongreß" und der 1844 gegründete „Central-Verein in Preussen für das Wohl der arbeitenden Klassen" mit den Wohnproblemen des Proletariats (58).

Theodor Freiherr von der Goltz, Domänenadministrator in Waldau, hatte in den Jahren 1865 und 1868 Verbesserungsvorschläge für ländliche Arbeiterwohnungen gemacht. Bei den Untersuchungen hatte man notiert:

„Es fehlt diesen Etablissements vor Allem in der Regel an dem nöthigen Raum. Jedes derselben pflegt aus einer Stube und einer Kammer zu bestehen, von welchen erstere zugleich zum Wohnen, zum Schlafen und zum Kochen benutzt wird... Dabei kann die Kammer zum Wohnraum eigentlich gar nicht mitgerechnet werden, weil sie nicht heizbar ist und in Ermangelung eines Kellers vorzugsweise als Vorrathsraum benutzt werden muß... Am grellsten treten die Mißstände natürlich dort hervor, wo mehrere Arbeiter mit ihren Angehörigen in einer Wohnung zusammengepfercht leben müssen. Zu aller übrigen Noth kommt hier noch ein beständiger Zank und Streit unter den erwachsenen und nicht erwachsenen Gliedern der einzelnen Familien hinzu, wodurch das Haus statt zu einem Sitze des Friedens und der Ruhe oft zu einem wilden Schauplatze gemacht wird, wo Schimpfwörter, Flüche und Schläge täglich in Scene gesetzt werden" (59).

Emil Sax publizierte im Jahre 1869 in Wien eine Abhandlung „Die Wohnungszustände der arbeitenden Klasse und ihre Reform". Er wies vor allem auf die gesundheitsschädigende Wirkung schlechter Wohnungen hin und sah im Genuß alkoholischer Getränke einen Hauptgrund des Wohnungselendes der Arbeiter:

„Ein großer Theil der besser Gestellten aus dem Arbeiterstande hätte unstreitig die Mittel, sich eine entsprechende Wohnung zu verschaffen, wenn die Leute nur das Geld, das sie auf Branntwein und Tabak verschwenden, zu Rathe hielten, wogegen aber freilich wieder von competenter Seite behauptet wird, daß gerade eine feuchte, verdorbene, dumpfe Luft in den Wohnungen und Werkstätten Reiz und Neigung zu geistigen Getränken hervorruft. Aber auch diese Wechselwirkung zur Ehrenrettung des Arbeiterstandes im weitesten Maße angenommen, bleibt noch immer ein guter Theil Schuld jener unverständigen Lebensweise der Arbeiter zuzuschreiben, die in ihrem Hauptgrunde schließlich auf den tiefen Stand der heutigen Volksbildung zurückzuführen ist" (60).

Es wurden also zunächst Beobachtungen gemacht, die darauf hinzielten, die Familienverhältnisse zu verbessern und damit auch die Wohnverhältnisse zu sanieren. Wirkliche Maßnahmen wurden in Deutschland nach 1870 getroffen. „Die Zeit, worin ein altes Kulturland einen solchen, obendrein durch so günstige Umstände beschleunigten Übergang von der Manufaktur und dem Kleinbetrieb zur großen Industrie macht, ist auch vorwiegend die Zeit der ‚Wohnungsnot'", schrieb Engels 1887 im Vorwort seiner Schrift „Zur Wohnungsfrage". Der Text selbst war in den Jahren 1872/73 als Artikelserie im „Volksstaat" erstmals erschienen.

Die zeitgenössischen Publikationen, die Lösungen für die Wohnungsfrage der Arbeiterklasse anstrebten, häuften sich, das Problem wurde aus den verschiedensten Blickwinkeln betrachtet, wobei Engels meinte: „Es war also gerade diese akute Wohnungsnot, dies Symptom der sich in Deutschland vollziehenden industriellen Revolution, die damals die Presse mit Abhandlungen über die ‚Wohnungsfrage' füllte und Anlaß bot zu allerhand sozialer Quacksalberei".

Im Jahre 1871 hatte die erste Versammlung der deutschen „Gewerkvereine" stattgefunden. Man verlangte von den Arbeitgebern, daß billige Darlehen und billige Bauplätze zur Verfügung gestellt würden. Gemeinden und Staat sollten diejenigen baupolizeilichen Vorschriften beseitigen, die den Bau von kleinen Häusern für die Arbeiter bisher erschwert hatten, ferner forderte man eine Reformierung des Hypothekenwesens. Die Arbeiter selbst sollten eine gesunde Wohnung schätzen lernen. Das war in nahezu allen Abhandlungen zum Thema Arbeiterwohnen ein Hauptanliegen der Reformer (61).

Ein Sekretär der Kieler Handelskammer richtete 1884 in der Zeitschrift „Die Gartenlaube" „Ein Wort an die Arbeiter und Arbeiterfreunde" unter dem Titel „Eigener Herd, Goldes werth", nachdem er zwei Jahre vorher anläßlich eines Vortrages in Altona die Zielrichtung betont hatte: „In der Wohnung soll sich der Mann von den Mühen des Tages erholen; in der Wohnung ruhen die wahren Wurzeln der geistigen wie psychischen Kraft zur täglichen Arbeit; die Wohnung soll ihm das Familienleben mit seinen Freuden und seinem Frieden vorführen, in dem ja der schönste und letzte Lohn für die Anstrengungen im Berufsleben geboten wird; die Wohnung soll ihn gegen die Verlockungen und Verführungen aller Art schützen. Die gute Wohnung bildet ein eminent wirksames, ja entschieden das wirksamste Mittel der Erziehung für den Arbeiterstand. Wie ohne eine gute Wohnung kein Familienleben denkbar ist, so kann es ohne dieselbe auch keine Sparsamkeit, keine Wirtschaftlichkeit, kein Vorwärtsstreben überhaupt geben".

Lina Morgenstern, Herausgeberin der „Deutschen Hausfrauen-Zeitung", war noch im Jahre 1894 der Ansicht, daß „Das Verbrechertum. . . zum Beispiel durch nichts so groß gezogen" würde „als durch das Schlafburschen- und Schlafmädchenwesen"; und – so meinte sie weiter: „Es kann daher von Staat, Gemeinde und Vereinen nicht genug Aufmerksamkeit der Lösung der Wohnungsfrage der Lohnarbeiter und Armen gewidmet werden. Hier hat Gemeinnützigkeit und Wohlthätigkeit noch ein großes Arbeitsfeld".

Auf einer Volksversammlung der Berliner Sozialdemokratie im Jahre 1872 wurde von den Arbeitern durch Beitritt zum allgemeinen deutschen Arbeiterverein gefordert, die Wohnungsfrage selbst zu lösen. Im selben Jahr wurde diese erneut bei der Gründung des „Vereins für Sozialpolitik" auf der „Eisenacher Versammlung" erörtert. Ein Jahr später wurde der „Deutsche Verein für öffentliche Gesundheitspflege" gegründet, dessen Mitglieder – Ärzte, Ingenieure und Verwaltungsbeamte – sich ebenfalls mit der Problematik befaßten. Bald darauf begannen sich die Techniker — so im Jahre 1874 der Architekten- und Ingenieurverein — der fragwürdigen Wohnsituation anzunehmen.

Einen wichtigen Beitrag zum Arbeiterwohnen in Deutschland lieferte die „Allgemeine deutsche Ausstellung auf dem Gebiete der Hygiene (Gesundheitspflege und Gesundheitstechnik) und des Rettungswesens" im Jahre 1883 in Berlin, auch wenn hier eher Wunschvorstellungen für ein mögliches Arbeiterhaus vorgeführt wurden.

Im 1881 aufgestellten Programm der Berliner Ausstellung war die Präsentation eines Wohnhauses vorgesehen. Daß das Gebäude in natürlicher Größe errichtet wurde, entnehmen wir einer Notiz der „Deutschen Hausfrauen-Zeitung", die im Jahr vor der Ausstellungseröffnung vermerkte: „Ein Hauptanziehungspunkt dürfte das von Privaten mit Unterstützung des Ausschusses herzustellende und bereits im Rohbau ziemlich fertige Normal-Wohnhaus werden" (62).

Zur Lösung der proletarischen Wohnproblematik trug das fertiggestellte Objekt wenig bei. Ein „Generalarzt I. Klasse" nahm es durchaus kritisch in Augenschein:

„Die Ausstellung zeigte zunächst kein Muster eines Wohnhauses, wie es zu wünschen gewesen wäre, denn das Gebäude für Haus- und Wirthschaftseinrichtungen wurde nur fälschlich als Normalhaus bezeichnet, indem dasselbe eine Zusammenstellung behaglicher Zimmereinrichtungen mit manchen zweckmässigen einzelnen Gegenständen geworden war, aber namentlich die sanitären Gesichtspunkte in den verschiedensten Richtungen unberücksichtigt ließ. Gerade eine zweckmäßig durchgeführte Raumdisposition eines Hauses, welche Luft und Licht richtig vertheilt, eine zweckmäßige Methode der Abfallbeseitigung wählt, soweit dies möglich ist, und nicht die Abtritte neben die Küchen legt, ist eine von den Anregungen, welche die Ausstellung unseren ausführenden Baumeistern geben sollte, denn unsere Häuser müssen erst den Ansprüchen der Gesundheitsbedingungen und dann denen des Kunstgewerbes genügen".

War als Folge der Pariser Weltausstellung von 1889 das Pariser Sozial-Museum entstanden, so wurde durch die Hygiene-Ausstellung die Gründung eines Berliner „Hygiene-Museums" veranlaßt, das am 1. Oktober 1889 eröffnet wurde (63). In der Hauptsache beinhalteten die Sammlungen — wie zuvor schon die Ausstellung — Anschauungsmaterial zur Gesundheitspflege und Gesundheitstechnik und zum Rettungswesen, doch gab es „im ersten Stock" des Museumsgebäudes neben „Arbeiterwohlfahrtseinrichtungen" auch — als Abteilung 8 — „Arbeiterwohnungen" zu sehen. Im Gründungsjahr erstattete der „Centralverein für das Wohl der arbeitenden Klassen" einen „Bericht über den Bau von Arbeiterwohnungen in Berlin"; der „Verein für Sozialpolitik" befaßte sich aufs neue in seinen Verhandlungen mit der Wohnungsnot in den

Großstädten (64). Doch war Adolf Gumprecht, ehemaliger Verlagsbuchhändler, noch 1887 der Meinung, daß „eine Aufhellung der tatsächlichen Verhältnisse" notwendig wäre:

„Nur wenige von uns Bessergestellten aber, Ärzte, Geistliche, Armenpfleger und Leichenträger, blicken in jene Bodenkammern, Keller- und Hofräume, in die aus Ställen, Schuppen und Unratwinkeln zu Wohnungen mißbrauchten Verließe! Mögen es auch nur seltenste Ausnahmen sein, daß drei, vier Menschen in einem Bette, d.h. auf einem mit Lumpen bedeckten Strohsacke nächtigen, daß sechs Menschen in einer nicht heizbaren Stube zusammengepfercht sind – der Durchschnitt der Wohn- und Schlafstellen der ärmeren Klassen in den Großstädten ist wahrlich, um es noch einmal zu betonen, schon schlimm genug!" (65).

Die „am hygienischen Institut wirkenden Herren Assistenten" hielten indessen „für die Vertreter von Arbeiterwohlfahrtsvereinen und Fabriken-Inspektoren besondere Demonstrationen" ab. Mit dem Anschauungsmaterial wurden Fachausstellungen beschickt. In Hamburg und München trug man sich mit den Gedanken, Museen gleicher Zielsetzung einzurichten. Von weiterer Wichtigkeit dürfte noch die „Deutsche allgemeine Ausstellung für Unfallverhütung" des Jahres 1889 in Berlin gewesen sein.

Die Bemühungen zielten zwar auf Volksaufklärung und Erziehung, konnten aber die soziale Realität nicht verändern. Noch im Jahre 1891 wird der Wohnraum einer Arbeiterfamilie als „ein finsteres, schmutziges Loch mit verpesteter Luft, mit schimmeligen Möbeln, mit einem kalten oder rauchenden Ofen" beschrieben. Die Betten bestanden zumeist aus einem Lager aus Stroh und Lumpen (66).

Ein Jahr später brach in Hamburg eine Cholera-Epidemie aus. Dies wurde von Emanuel Wurm, Mitglied des Reichstages und Redakteur der sozialdemokratischen Zeitung „Volkswille", auf die schlechten Wohnquartiere der Arbeiter zurückgeführt:

„Gerade in Hamburg ist ja durch die Cholera-Epidemie nachgewiesen worden, wie die unzureichenden Wohnräume die Verbreitung der Pest herbeiführen", schrieb er in einer Abhandlung über „Die Lebenshaltung der deutschen Arbeiter, ihre Ernährung und Wohnung, Einkommen, indirekte Besteuerung, Erkrankung und Sterblichkeit" (67).

Der Hamburger Seuchenausbruch gab Anlaß zu weiteren Vorschlägen, der Lage Herr zu werden. Das Abhalten einer Konferenz der „Centralstelle für Arbeiter-Wohlfahrtseinrichtungen" im Jahre 1892 kann damit in Verbindung gebracht werden. Als Anschauungsmaterial dienten Unterlagen, die als „Ausstellung von Plänen von Arbeiterwohnungen" gezeigt wurden. Die Zusammenstellung war das Ergebnis gemeinsamer Beratungen von Delegierten des „Vereines deutscher Ingenieure", des „Berliner Architektenvereins", der „Vereinigung

Berliner Architekten", des ,,Vereins zur Beförderung des Gewerbefleißes" und dem Vorstand der ,,Centralstelle für Arbeiter-Wohlfahrtseinrichtungen". Die Projekte waren in die beiden Untergruppen ,,Bauthätigkeit von Arbeitgebern" und ,,Gemeinnützige Bauthätigkeit" gegliedert und hatten das Wohnen von Arbeitern in mehreren deutschen Städten zum Inhalt. Neben der Aufschlüsselung der Herstellungskosten waren jeweils auch die Baubeschreibungen zugänglich (68).

Auf der ,,Berliner Gewerbe-Ausstellung" des Jahres 1896 wurden innerhalb der Abteilungen ,,Städtehygiene und Bauwesen" und ,,Wohlfahrtseinrichtungen" neben Öfen und ,,Patentirten Apparaten zum Trocknen von Neubauten, feuchten Wohnungen..." im Katalog nicht näher erläuterte Zeichnungen der Architekten Messel und Altgelt ausgestellt. Außerdem zeigte man ein ,,Musterhaus" der ,,Berliner Baugenossenschaft" sowie Pläne zu Arbeiterhäusern der ,,Berliner Gemeinnützigen Baugesellschaft" und des ,,Berliner Spar- und Bauvereins" (69).

Wohl sollten gedachte Reformen und Verbesserungen zunächst dem Großstadtproletariat zugute kommen, doch bleibt es fraglich, inwieweit Kongresse und Ausstellungen, Vereinsgründungen und Wohlfahrtseinrichtungen die tatsächlichen Wohnverhältnisse unmittelbar beeinflussen konnten.

Die vorliegenden Berichte lassen die Annahme zu, daß proletarisches Hausgerät für die sozial Schwächsten in der zweiten Hälfte des neunzehnten Jahrhunderts nur insoweit existierte, als es sich um Gerümpel, Kisten, Kasten und rohe Bretter, um Lumpen und Stroh handelte. Der auf Ausstellungen als bürgerlich bezeichneten Wohnungseinrichtung war diejenige des Proletariats in dem Maße angeglichen, wie sich das monatliche Einkommen eines Arbeiters – etwa eines Werkmeisters oder eines Gesellen – demjenigen eines kleinen Angestellten oder Beamten näherte. Demnach kann das auf Ausstellungen propagierte Arbeiterwohnen nur für eine geringe Zahl von Proletariern und für eine größere Zahl an Kleinbürgern als repräsentativ gelten. Die Wohnung des gut gestellten Arbeiters war nach bürgerlichen Vorbildern eingerichtet. Eine eigene Art der Arbeitermöblierung gab es nicht. Das entscheidende Merkmal der Verbreitung von Möbeln innerhalb der verschiedenen Gesellschaftsschichten war der Verkaufspreis. Um diesen zu senken, wurde – besonders gegen Ende des Jahrhunderts – auf breiter Basis der Versuch unternommen, das handwerklich gefertigte Luxusmöbel maschinell zu kopieren, wobei jeweils das kommerzielle Interesse, einen bestimmten Käuferkreis anzusprechen, die Art der Imitation bestimmte. Hauptanliegen beim Kauf von Möbeln mag über die konkrete Bedarfsdeckung hinaus für viele Menschen der Wunsch gewesen sein, ihre Zugehörigkeit zur nächst höheren Einkommensstufe zu dokumentieren, die sie zu erreichen hofften.

Das Angebot an Möbeln war entsprechend reichhaltig, so daß von Seiten der Manufaktur ein jeder Käufer sich weitgehend versorgt sah. Die Verkaufspreise stiegen jeweils mit dem Umfang an Dekor, an Vergoldung und sanken mit der Verwendung von Versatzstücken, die wertvolles Material nur vortäuschten. Vorbild allen Kopierens und aller maschinellen Vervielfältigung war das Luxusinterieur. Es nahm auf den großen internationalen Ausstellungen vor den bürgerlichen Möbeln den ersten Platz an Wichtigkeit und Umfang der ausgestellten Stücke ein.

Auf den Ausstellungen des Kunstgewerbes und der Kunstindustrie innerhalb Deutschlands galt es weniger als auf Weltausstellungen, durch Glanzleistungen der Möbelherstellung zu repräsentieren. Vielmehr ging es darum, für breite Volksschichten den Markt zu erschließen.

So finden wir im „Katalog der allgemeinen deutschen Industrie-Ausstellung zu München im Jahre 1854" unter der Bezeichnung „Holzwaaren und kurze Waaren verschiedener Art" Möbel aufgeführt, welche zumeist aus Eichen- oder Nußbaumholz gearbeitet waren, kaum Einlegearbeit oder gar Vergoldung

Abb. 5: Wohnzimmereinrichtung auf der „Kunst- und Kunstindustrie-Ausstellung" München 1876. Entwurf Gabriel Seidl

aufwiesen und selten einem bestimmten Stildiktat folgend gestaltet worden waren (70).

Auch auf der bereits erwähnten „Allgemeinen Industrie-Ausstellung für das Gesammtgebiet des Hauswesens in Cassel" 1870 gab es einige Möbelstücke zu sehen, die den Käufer aus dem gehobenen Bürgertum ansprechen sollten, wenngleich der Hauptteil der Ausstellungsstücke mehr oder weniger exklusiv und dem entsprechenden internationalen Publikum zugedacht gewesen war (71).

Der bürgerlichen oder kleinbürgerlichen Wohnungseinrichtung — Vorbild für den Arbeiterhaushalt, Abbild des Luxusinterieurs — widmeten sich in Deutschland zwei Architektengemeinschaften: Das „Renaissancemagazin" Seitz und Seidl in München und das Baubüro Ihne und Stegmüller in Berlin. Sie hatten sich zur Aufgabe gestellt, die wegen der Verwendung von Materialimitationen oftmals hart kritisierte maschinelle Möbelherstellung derartig zu beeinflussen, daß ein sogenanntes „bürgerliches" Interieur entstehen sollte.

Noch vor der Gründung des „Renaissancemagazins", im Jahre 1878 hatte der achtundzwanzigjährige Architekt Gabriel Seidl, Sohn eines Münchener Bäckermeisters, für die „Kunst- und Kunstindustrie-Ausstellung" von 1876 eine Wohnzimmereinrichtung entworfen, über die geschrieben wurde:

„Eine reizende Einfachheit war dieser leitende Gedanke, welcher die herrliche Durchführung seines (Seidls) Vorhabens, ein bürgerliches Wohnstübchen unserer Altvorderen erzeugte ... Ein im Holzgehäuse stehendes kupfernes Waschbecken nebst Brünnlein und rothgestickten Handtüchern, die Bilder der Voreltern des Försters in einfachen Holzrahmen, dahinter das Psalmbüchlein, das aufgeschlagene Haushaltungsbuch..." (72).

Seidl selbst erinnerte sich an die Ausstellung wie folgt: „Ich entwarf eine einfache Täfelung, ein breites Bogenfenster, eine reiche Tür, ließ einen Erker einrichten, einen grünen Kachelofen in die Ecke setzen, gab den Wänden oberhalb der Täfelung einen hellen Kalkanstrich und hatte so mit meinen kleinen Mitteln alsbald ein recht anheimelndes deutsches Zimmer geschaffen. Nun stellen Sie sich aber mein Erstaunen vor, als die Ausstellung eröffnet wurde und meine bescheidene Stube das Lieblingsobjekt aller Besucher wurde" (73).

Die Bewunderung, ja Identifiizierung der Ausstellungsbesucher entsprang mit einiger Sicherheit den ‚Konnotationen' der Ausstattung. Das ausgestellte Zimmer war zwar einfach, seine dennoch historisierende, an vorindustrielle Zeiten fast wie ein Genrebild erinnernde Einrichtung versprach Geborgenheit. So konnte man sich den eigenen Wohnraum vorstellen. Die Mehrzahl der anderen präsentierten Wohnungseinrichtungen war im übrigen so teuer, daß sie nur sehnsüchtig betrachtet werden konnte. Man war sich unschlüssig, ob Seidl oder Pössenbacher „der Lorbeer zuzuerkennen" sei (74).

Der Erfolg auf der Münchener Ausstellung mag Seidl zur Gründung des Magazins angeregt haben, einer Firma, die – wie es später hieß – ,,. . . sich mit der kunstgewerblichen Neugestaltung von Möbeln und Gebrauchsgegenständen aller Art zur Popularisierung der Erzeugnisse des Kunsthandwerks befaßte und in gewissem Sinne eine Vorläuferin der in unseren Tagen neu entstandenen Werkstätten für Kunst im Handwerk und ähnlicher verdienstvoller Unternehmungen war'' (75).

Seidls Partner war der Kunstgewerbler, Innenarchitekt und Illustrator Rudolf Seitz. Der um sechs Jahre jüngere Seidl meinte anerkennend Jahre später:

,,Seitz gründete sogar mit mir (und einigen Freunden) die Firma Seitz & Seidl, welche sich die Aufgabe stellte, durch Anfertigung einfacher, geschmackvoller Möbel, Einrichtungen, Gebrauchsgegenständen aller Art die Freude am Schönen in die weitesten Kreise zu tragen''.

Abb. 6: Möbel aus dem ,,Renaissancemagazin'' Seitz und Seidl München 1879

Die „Zeitschrift des Kunst-Gewerbe-Vereins in München" publizierte in den Jahren nach der Firmengründung eine Reihe von Entwürfen und Objekten, die in Form und Verarbeitung behäbige Behaglichkeit zum Ausdruck bringen. Jahre später wurde das „Renaissancemagazin" als „eine vornehmlich auf dem Formenschatz der Renaissance und des Barocks basierende ‚Werkstätte für Handwerkskunst und Wohnungseinrichtung'" genannt (76).

Im gleichen Jahr wie das Münchener Magazin wurde in Berlin von den beiden Architekten Ernst Eberhard von Ihne und Paul Stegmüller ein Baubüro gegründet, das sich anfänglich in der Hauptsache mit dem Entwurf von Möbeln und kunstgewerblichen Gegenständen befaßte. Später wurden den beiden Künstlern Bau und Inneneinrichtung von Landhäusern übertragen (77).

Abb. 7: Schlafzimmereinrichtung aus dem „Renaissancemagazin" Seitz und Seidl, München 1880

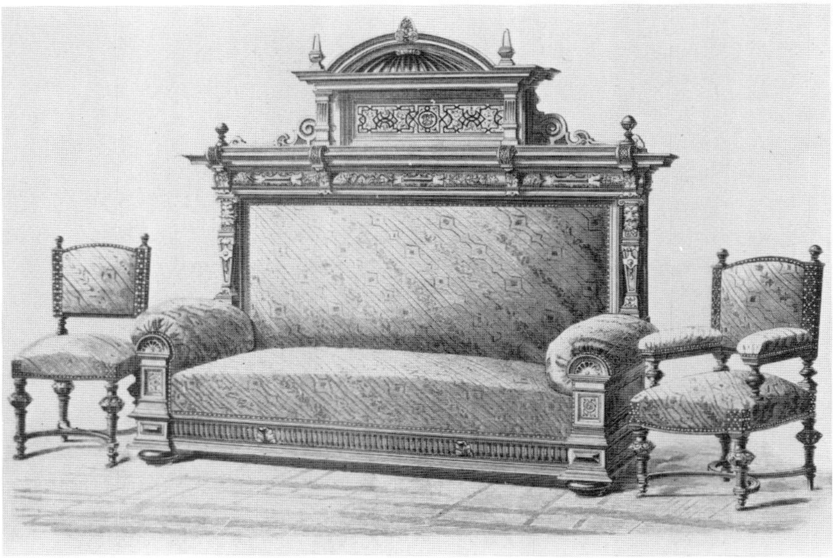

Abb. 8: Herrenzimmermöbel aus dem Baubüro Ihne und Stegmüller, Berlin 1880

Schon ein Jahr nach der Gründung erhielt das Baubüro Ihne und Stegmüller beim Wettbewerb „Musterausstattung bürgerlicher Wohnräume" – Auslober war der Württembergische Kunstverein Stuttgart – den ersten Preis. In der Zeitschrift „Kunstchronik" lesen wir dazu:

„Die genannten Herren, deren Thätigkeit auf dem Gebiete der Möbelfabrikation eine rühmlichst bekannte ist und die vor Kurzem mit dem Neubau des herzoglich Altenburgischen Jagdschlosses beauftragt worden sind, werden somit den Beweis liefern, daß es selbst dem weniger bemittelten Bürgerstande möglich ist, sich in den Besitz einer stil- und geschmackvollen Hauseinrichtung zu setzen" (78).

Den wohl größten Erfolg erzielte das Baubüro auf der „Berliner Gewerbe-Ausstellung" des Jahres 1879. Hier wurden etwa zwanzig Zimmereinrichtungen gezeigt, von denen ungefähr ein Viertel als „bürgerlich" bezeichnet waren. In der Zeitschrift „Kunst und Gewerbe" wurde die Notwendigkeit, speziell dem Bürgertum zugedachte Inneneinrichtungen zu schaffen, motiviert:

„Unsere Zimmer sollen unsere Lebensführung wie Lebensauffassung äussern; im eigenen Haus ist dies normal stets durchzuführen; dass dies bis zu einem gewissen Grade künstlerischen Behagens aber auch in unseren Mietswohnungen ermöglicht werde, ist die Aufgabe des Kunstgewerbes, welches auf eine einheitliche Durchbildung aller mit den Wohnräumen in Verbindung stehenden Gebrauchsgegenstände hinzuarbeiten hat".

Abb. 9: Bücherschrank aus dem Baubüro Ihne und Stegmüller, Berlin 1881

Die Möbel, welche die Architekten Seitz und Seidl und Ihne und Stegmüller entwarfen, mögen auf den ersten Blick großväterlich hausbacken anmuten, da die Stilimitation nicht aufgegeben wurde. Die Interieurs unterschieden sich ihrer Form nach nicht von den billig hergestellten Magazinmöbeln. Doch war der Anspruch, Kunst und Handwerk zu verbinden und ein bürgerliches Möbel bewußt im Hinblick auf die Zielgruppe zu schaffen, für das Jahr 1878 in Deutschland neu. Der Erfolg war erst später gegründeten Werkstätten beschieden (79).

Der des Möbelbaues und des Möbelentwurfs unkundige Kleinbürger hatte sich schon mit „Ersatzstoffen für die theuren" abgefunden und verlangte lediglich noch, „... daß der schöne Schein wenigstens erhalten bleibe und nicht die Freiheit der Massenindustrie uns Spielereien und unsinnige Verzierungen liefere...". In Künstlerkreisen war man anderer Ansicht:

„Wir wollen keinen altertümelnden Abklatsch einer Zeit, die mehr künstlerischen Geist und mehr Können besaß als die unserige", schrieb 1886 der Maler Hans Eduard von Berlepsch, „wir wollen das Wesen jener, die für ihre Zeit und im Geiste ihrer Zeit schufen, kennen, aber nicht schlechtweg kopiren... Wir müssen vielmehr da beginnen, wo der alltägliche, große Verbrauch seine Magazine etablirt, wir müssen beim Einfachen anfangen und von da weiter bauen bis zu jenem Kulminationspunkt, der die edelsteingeschmückte Krone zu tragen bestimmt ist... Deshalb müßte, wollen wir auf einen gesunden Standpunkt zurückkehren, entschieden schon von früh auf bei den Kindern das Anschauungsvermögen stärker in Betracht gezogen werden. Räumt auf mit dem alten Plunder von Zeichnungsvorlagen..." (80).

Die Befriedigung der Wohnbedürfnisse einer breiten Käuferschicht mit unterem und mittlerem Einkommen gab mehr und mehr Anlaß zur Massenanfertigung und forderte Fachleute zu schärfster Kritik heraus. So sprach Schliepmann im Jahre 1892 von einer „Schwindelindustrie", die zum Beispiel „... das Fournieren, weil es ein schönes Mäntelchen über elenden Schund und Betrug breitet, derart ins Herz geschlossen" hat, „daß man sich versucht fühlt, jede Verkleidung als Lüge an den Pranger zu stellen und das Fournieren für eine verwerfliche Technik zu erklären. Dies gilt aber eben nur für den Schwindel, der täuschen will, der uns die Fournitur als gediegenes Vollholz aufreden möchte, wie etwa bei unseren ‚gut bürgerlichen' Stühlen und Schränken. Sobald das Fournier aber offen als Zierrath auftritt, ist es durchaus berechtigt, wie jede andere ehrlich als solche auftretende Bekleidung überhaupt".

Zum Schluß seien hier die Berliner Ausstellungen von 1892 und 1896 erwähnt. Auf beiden wurden neben Luxusinterieurs Möblierungsgegenstände aus der Massenfabrikation präsentiert. So gab es auf der „Berliner Gewerbe-Ausstellung" des Jahres 1896 – sie sei hier zeitlich vorweggenommen – innerhalb der Gruppe „Bau- und Ingenieurwesen" neben Kücheneinrichtungen Innenausbauteile von Wohnungen zu sehen, wobei in der Hauptsache Materialimitationen gezeigt wurden. Die „gesundheitlich beste Wohnung und deren Einrichtung" sollte mit einem Ehrenpreis bedacht werden (81).

Auf der „Ausstellung von Wohnungseinrichtungen und damit verwandter Gewerbe" des Jahres 1892 war auch ein „gut bürgerliches Wohnzimmer" zu sehen, das die Firma Groschkus ausstellte. Auch konnte man eine Schlafzimmereinrichtung aus Nußbaumholz zum Preis von 1550 Mark bewundern. Die Verantwortlichen der Ausstellung, bei der übrigens nur Mitglieder der Berliner Tischler-Innung und solche der „Freien Vereinigung der Holzindustriellen Berlins" ausstellungsberechtigt waren, hatten es als ihre Pflicht angesehen, „... den jüngeren Meistern, die noch mit den Zeitumständen zu kämpfen haben, Gelegenheit zu geben, von ihrer Leistungsfähigkeit vor den Augen der Fachautoritäten und des großen Publikums Zeugniss abzulegen. Aber auch darüber hinaus glaubte man, durch eine Ausstellung von Maschinen für den Kleinbetrieb dem selbständigen Handwerk zu Hilfe kommen zu müssen. Es sollte dargethan werden, wie durch den Anschluß an elektrische Kraft an Stelle der bisher angewandten Betriebsmotoren auch die kleineren Werkstätten in Stand gesetzt werden können, den gesteigerten Ansprüchen der Neuzeit in selbständiger Weise gerecht zu werden" (82).

Das Aussehen der Massenerzeugnisse schien zweitrangig und oft allein das Ergebnis der jeweiligen inneren Betriebsorganisation gewesen zu sein. Schliepmann nahm die ausgestellten Stücke in Augenschein und urteilte wie folgt:

„Zwischen Luxus- und Schundwaare klafft eine weite Lücke, die gerade durch das Nothwendigste für eine gesunde Entwicklung, durch den Hausrath für den gebildeten, doch nicht besonders begüterten Mittelstand ausgefüllt sein müßte". Der „Hausrath ist zum Bastard der Luxusindustrie geworden, der nach erlogener Aufgeputztheit strebt und mit kläglichem Surrogatwerk den Geschmack eines Publikums zu befriedigen sucht, das höchstens für einen Fünfzigpfennig-Bazar reift ist – das aber freilich auch breit genug ist, wie das Wuchern letzterer ‚kunstindustriellen' (!) Seuchenherde zeigt".

Wie schon gesagt, gab es für die sozial Schwächsten überhaupt keine Wohnungseinrichtung. Sie waren vom Land in die Großstadt gekommen und lebten hier in Massen unter dem Existenzminimum. Man machte Vorschläge, wie die proletarische Wohnungseinrichtung aussehen könne, man widmete dem Arbeiterwohnen auf Ausstellungen ganze Sektionen, man traf sich auf Kongressen, um die Notsituation zu erörtern und Abhilfe zu schaffen. Freilich blieb das ein Kurieren an Symptomen – die Produktionsverhältnisse selbst kamen nicht in den Blick.

Inzwischen produzierten die Fabriken ein reichhaltiges Möbelprogramm mit dem Bestreben, durch rationelle Fertigung und relativ niedrige Verkaufspreise den Markt zu erweitern und möglichst große Teile des Massenpublikums als Käufer zu gewinnen.

Auf diese Situation reagierten die Jugendstilkünstler, indem sie neue Formen entwarfen, die in der Verarbeitung des Materials und in der Funktion ihren Ursprung hatten und die nicht dem Stildiktat vergangener Epochen folgten.

Abb. 10: „Gesellschaftssalon" auf dem Lloyddampfer „George Washington" 1908. Entwurf Bruno Paul

Deutsche Luxusgüter als Weltreisende auf Dampfern und Aufruf intellektueller Gruppen zur Einfachheit der Lebenshaltung — Wohnungen von 1900 – 1933

Luxusinterieurs auf Schiffen

Luxusausstattungen der Passagierschiffe „Kronprinzessin Cecilie" und „George Washington"

Die Jahrhundertwende brachte eine Stilwende. Man schwor der formalen Imitation vergangener Epochen ab. Das gesamte Leben sollte neu gestaltet werden. Es wurden neuartig aussehende Häuser gebaut, sie waren mit anders geformten Möbeln eingerichtet. Tapeten, Textilien, Geschirre, Bestecke, ja sogar die Kleidung hatten ein für die damalige Zeit ungewohntes Aussehen. Es war ein Aufbruch der Jugend, die mit dem Ballast vergangener Jahrhunderte Schluß zu machen gedachte. Das Neue, schlicht Geformte sollte für alle – auch für die breiten Volksschichten – produziert werden können. Das Schaffen der Reformer war von einem allumfassenden sozialen Gedanken getragen. Einfach leben und einfach wohnen hieß die Devise. Nichts schien leichter, als diese Idee zu verbreiten. Die Reformer waren von der Richtigkeit des Gedankens überzeugt, sie gründeten Werkstätten, in denen Künstler und Handwerker zusammen arbeiteten. Sie waren bestrebt, durch Rückbesinnung auf Traditionen des Mittelalters gegen die industrielle Revolution zu protestieren und glaubten an den Erfolg dieser Idealvorstellungen vom natürlichen Dasein.

Alle diese Vorstellungen waren jedoch gebunden an eine intellektuelle Denkweise und ein Gesellschaftsbild, das mit den realen Zuständen kaum vermittelt war. Die Reformer hatten wohl zunächst geglaubt, daß Möbel künftig nur noch in den Werkstätten für Kunst im Handwerk produziert werden sollten. Mit dem großen Bedarf des Stadtproletariats an Möbeln hatten sie nicht gerechnet. So waren die Werkstätten aufgrund ihrer relativ langsamen Fertigungsweise nicht konkurrenzfähig. Nach wie vor wurde der Markt mit den maschinellen Massenprodukten überschwemmt. Nach wie vor kauften Arbeiter, Angestellte und Beamte – je nach ihrer finanziellen Situation – die Billigware aus den Fabriken. Es ist nicht einmal bekannt, in welchem Umfang man in breiten Kreisen von den Reformbestrebungen überhaupt Kenntnis besaß. Die Jugendstilprodukte jedenfalls blieben der Elite vorbehalten – der Elite der Gebildeten, der Elite der Reichen. Sie besuchten die Ausstellungen, sie kannten sich aus im neuen Schick der Zeit.

Auch die Fabrikanten bekamen alsbald Kenntnis vom neuen Stil. So, wie sie bisher Versatzstücke anderer Stilarten zitiert hatten, klebten sie nun ihren maschinell hergestellten Möbeln das Merkmal „Jugendstilornament" auf, und schon waren sie auf der Höhe der Zeit. Der finanziell zwar unterprivilegierte, zahlenmäßig aber riesengroße Käuferkreis war versorgt – der Absatz war gesichert. Nach wie vor war also das Luxusmöbel Vorbild für das Massenmöbel. Die Verkaufspreise für Jugendstilerzeugnisse waren inzwischen auf schwindelnde Höhen angestiegen. Die verhältnismäßig kleinen, handwerklich arbeitenden Werkstätten konnten und wollten mit den Konzernen nicht konkurrieren. Ihre Produkte waren reiner Luxus: Möbel für Fürsten, Möbel für reiche Leute.

Es sind in den letzten Jahren genügend wissenschaftliche Untersuchungen zum Thema Luxuskunst im Jugendstil gemacht worden (83). Es erübrigt sich daher, auf die ganze Breite der Entwürfe und Erzeugnisse einzugehen.

Wir beschäftigen uns hier damit am Beispiel von Interieurs auf Schiffen. Für die Luxusräume auf Passagierdampfern war der Anspruch, reinen Luxus zu schaffen, schon durch die Funktion der Räume klar formuliert. Auch wenn die beiden Dampfer „Kronprinzessin Cecilie" und „George Washington" erst in den Jahren 1907 und 1908 vom Stapel liefen, so fällt die Anfertigung der Entwürfe zu den Ausstattungen doch in die Jahre davor. Luxus- und Kaiserkabinen dienen daher für die folgenden Erläuterungen als klassische Beispiele für Luxusausstattungen des Jugendstils.

Der Überseedampfer „Kronprinzessin Cecilie" trat am 6. August des Jahres 1907 seine erste Fahrt an. Er war ein Schiff des Norddeutschen Lloyd und galt als „Wunderwerk vollendeter Ingenieurkunst". Doch nicht nur die Technik faszinierte, auch die Inneneinrichtung bot Anlaß aufzumerken, da sie „den ersten größeren Versuch" bedeutete, „die besten Kräfte unserer angewandten Kunst in den Dienst der Schiffsausstattung zu stellen" (84). Endlich war auch das Interieur von Passagierdampfern Gegenstand der kunstgewerblichen Reformen geworden. Allerdings sollte, vorerst nur das Aussehen der Luxusräume verändert, das heißt: von übermäßiger Dekoration befreit werden. Dort, wo ohnehin nur das Notwendigste zum Aufenthalt der Passagiere vorhanden sein mußte – in den Räumen der unteren Schiffsklassen – gab es auch keine Reform. Diese beschränkte sich auf die Luxusräume, die die Referenz der Schiffahrtsgesellschaften waren.

„... zu einer Zeit, wo die ganze Tischlerkunst Architektur war, wo Säulen und hochaufliegendes Relief der Schnitzerei die Schönheit von Wand und Möbel bilden sollten, konnte schlechterdings keine dem Schiffe angemessene Raumkunst, sondern bestenfalls eine kostbare Dekoration entstehen. Denn nirgends ist die Sachlichkeit, die knappe Schlichtheit von Wand und Decke, das material- und ingenieurmäßig klare Grundgerüst des Raumes unentbehrlicher als in der Ausstattung der Schiffsräume, in denen jeder Quadratzentimeter der Fläche kostbar ist und genützt werden muß" (85).

Nachdem bisher der Begriff „Luxus" in der Innenausstattung fest mit den Stilelementen des neunzehnten Jahrhunderts verknüpft war, entsteht die Frage nach dem Beweggrund, der den Norddeutschen Lloyd veranlaßt haben mag, zu neuen Ausdrucksmitteln zu greifen. Es ist bekannt, daß „der maßgebende Leiter des Norddeutschen Lloyd im Aufsichtsrat der ‚Vereinigten Werkstätten' eine einflußreiche Stimme" besaß. Wir wissen ferner, daß es ein – allerdings unerfüllter – Wunsch des Generaldirektors der genannten Gesellschaft war, Bruno Paul die gesamte künstlerische Leitung der Innenausstattung von Schiffen des Norddeutschen Lloyd zu übertragen. Paul – bis zum Jahre 1906 einer der wichtigsten Mitarbeiter der Vereinigten Werkstätten – mag mit anderen Künstlern der Firma dazu beigetragen haben, zunächst einige der Luxusräume auf dem Dampfer „Kronprinzessin Cecilie" neu auszustatten. Das Ergebnis fand umso größere Beachtung, weil der bisherige Lloyd-Architekt Joh. G. Poppe die Mehrzahl der Räume des neuen Schiffes noch ganz im Sinne der Dekorationskunst des neunzehnten Jahrhunderts hergerichtet hatte. Im Vergleich mit den modernen Räumen wurde über die von Poppe entworfenen geschrieben:

„Es wirkt wie ein mißlungener Maskenscherz, wenn der Speisesaal mit seinem mittleren Lichthof durch ionische Gußeisensäulen und weißgestrichenes Holzwerk den Ausdruck florentinischer Renaissance annehmen möchte, oder wenn der Rauchsalon für die reichen Bronzen, die schön patiniert auf goldgelbem Zitronenholz befestigt sind, die Steinbildwerke der Louvrefassade und des Jean Goujon borgt, um aus ihnen eine stilvolle Raumstimmung zu bilden" (86).

Die Hinzuziehung der jungen Architekten geschah in Form eines Wettbewerbes. Zehn Wohngruppen wurden insgesamt eingerichtet.

„Es sind hauptsächlich die Luxuskabinen, denen dieser Anfang der Reform zugute gekommen ist, die ‚Luxuszimmer', d.h. acht Arrangements von je zwei Räumen nebst Badezimmer und die beiden sogenannten ‚Kaiserzimmer', d.h. kleine Wohnungen von je drei Zimmern und Badekabine" (87).

Zur Teilnahme am Wettbewerb hatte man Bruno Paul, Joseph Maria Olbrich und Riemerschmid sowie die Bremer Architektengemeinschaften Abbehusen & Blendermann, Eeg & Runge, Runge & Scotland und Wellermann & Frölich aufgefordert.

Riemerschmid war die Aufgabe der Einrichtung von ,,Kaiserzimmern" zugefallen: ,,Salon", ,,Frühstücks-Raum", ,,Schlaf-Raum". Alle drei Räume waren holzvertäfelt. Die ebenen Decken hatten hölzerne Rippen, die zwischen die Platten gelegt waren. Den Wandgliederungen lag kein strenger Raster zugrunde. Die einzelnen Breiten und Höhen hatten sich zwangsläufig den Gegebenheiten des Schiffsbaues zu unterwerfen. Die Einbaumöbel wirkten nicht starr, sondern schmiegten sich eher den Raumecken an. Im ,,Frühstücks-Raum" trat diese Wirkung hinter der schweren, kassettierten Decke und den auffallenden Korbstühlen zurück. Diese vereinten Leichtigkeit des Materials mit der für das Schiff notwendigen Standfestigkeit der Konstruktion, indem ihre Form nach unten schwingend breit aufsetzte. Intarsienarbeiten in Salon und Frühstücks-Raum war punktartig zu kompakten geometrischen Figuren zusammengesetzt oder bildete zierliche Ranken. Die Einlegearbeit steigerte den wertvollen Charakter der Materialien. Im Salon waren die Einlagen der aus grauem Ahornholz gefertigten Vertäfelung aus Rosenholz und aus Perlmutter. Im Frühstücks-Raum hatte man die Wände mit rauchgrau gewachstem Holz verkleidet. Hier war das lederne Sofa grün, im Salon waren die Sitzmöbel rot bezogen. Der Schlaf-Raum war in Weiß und Gold gehalten.

Von den neu ausgestatteten Raumgruppen des Schiffes ,,Kronprinzessin Cecilie" wurden die Interieurs Riemerschmids neben denen nach Olbrichs Entwürfen am meisten gelobt. Max Osborn hatte in der Zeitschrift ,,Kunstgewerbeblatt" schon im Jahr der Fertigstellung des Schiffes geschrieben:

,,Besonders glücklich war Riemerschmid mit seinem ,Kaiserzimmer'-Arrangement. Sein Schlafzimmer ist in Weiß gehalten, blitzend sauber und appetitlich; über den praktisch gebauten Betten ruhen prächtige Decken aus dunkelgoldgelbem Seidenstoff; nur die Deckenbalken und namentlich die Goldornamentik auf den Feldern zwischen ihnen fallen aus dem Rahmen. Entzückend ist das Wohnzimmer in grauem Ahorn mit Einlagen aus Rosenholz und Perlmutter, ein Interieur von bezaubernder Noblesse (nur die Birnen für das elektrische Licht stimmen nicht recht hinein). Das Frühstückszimmer endlich ist mit seinen behäbigen Korbsesseln, seiner gewachsten Holzverkleidung, seinem Ledersofa, dem Gummibelag des Fußbodens und den drei Fenstern mit den blauen Gardinchen so einladend, daß man die schon erwähnte schwere Decke und auch die nicht ganz hierher passende, altdeutsch-spielerische Flachschnitzerei des Getäfels gern vergißt" (88).

Olbrichs Luxusräume für den Dampfer ,,Kronprinzessin Cecilie" wirkten sehr elegant. Die Wände des Salons waren mit Leder bespannt, das auch als Bezug der Sofas verwendet worden war. Holzverkleidet war nur eine Nische; die Möbel waren elfenbeinweiß, ihre Kanten durch Goldleisten betont. Das Schlafzimmer war weiß vertäfelt, bunte Leisten gaben den Eindruck von

Wandstreifen. Ebenfalls weiß gehalten waren Rahmen und Füllungen der Deckenverkleidung, die im Mittelbereich ein flaches Tonnengewölbe sichtbar ließ. Der Toilettentisch hatte als Aufsätze prismenförmige Vitrinen zu beiden Seiten eines Spiegels. Die Fußböden beider Räume waren mit gleichem, gemustertem Spannteppich belegt.

In der Zeitschrift „Dekorative Kunst" wurde Olbrichs „Salon" als „der vornehmste unter den Räumen" bezeichnet (89). Der gleiche Autor hatte schon im Jahr der Fertigstellung des Dampfers „Kronprinzessin Cecilie" geschrieben:

„Der Sinn für behaglichen Luxus, für Kultur und Vornehmheit und der sichere Takt, mit dem das Ganze mehr empfunden als konstruiert ist, lassen Olbrich als den Sieger in dem Wettstreit erscheinen".

Die dritte Raumgruppe, die näher betrachtet werden soll, hatte Bruno Paul entworfen. Die Wände beider Räume waren weiß und zeigten das sinngemäß

Abb. 11: Luxuskabine auf dem Lloyddampfer „Kronprinzessin Cecilie" 1907. Entwurf Joseph Maria Olbrich

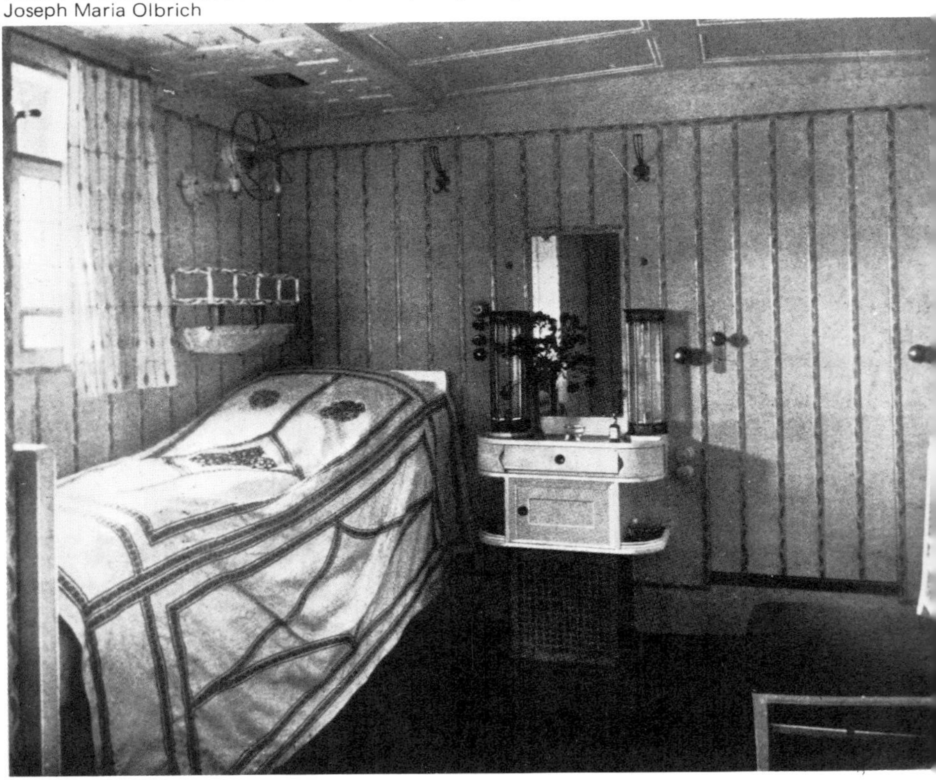

sich ergebende Spiel von Rahmen und Füllungen. Bei den ebenfalls weißen Decken war die Konstruktion der Rippen klar durchgebildet. Die Fußböden waren mit karo-gemustertem Velour belegt.

„... unpersönlich, kühl, fast nüchtern. Es fehlt jede Spur von sentimentaler Neigung zur Stimmung" (90), hieß es über die nach Pauls Entwürfen ausgeführten Luxuszimmer. Doch fand die klare und sinnvolle Durchbildung der Einrichtung Anerkennung:

„Alles wirkt so ungewollt sachlich, amerkanisch praktisch als möglich. Vernickelte Metallbettstellen, durchaus anspruchslose, kleinmustrige Möbelstoffe und Teppiche. Möbel, die mit untergeordneten Streifen von geometrischen Einlagen und im übrigen nur mit der Schönheit des ausgesuchten Holzfurniers geschmückt erscheinen, leicht gebauchte, ab und zu an Empireformen erinnernde Kastenformen der Möbel – es ist, als ob die vielen, zur Ausnützung des engen Raumes gebotenen Klappvorrichtungen und Kombinationen, der knappe mechanische Möbelwitz der Amerikaner den Geist des ganzen Raumes eingegeben habe".

Werfen wir noch einen Blick auf die Luxusräume, welche die Bremer Architekten entworfen hatten. In den Wohnzimmern von Eeg und Runge waren die Einzelformen streng. Im Vergleich mit den Entwürfen von Riemerschmid, Olbrich und Paul riefen die Proportionen nicht den Eindruck von Eleganz hervor. Die Schlafräume hatten Entwurfsmerkmale in Anlehnung an die Interieurs von Olbrich, wirkten aber daneben fast kleinteilig oder bescheiden. Die Luxuszimmer von Abbehusen und Blendermann waren biedermeierlich reich eingerichtet. Ihr ornamentaler Schmuck war üppig. Runge und Scotland hatten sehr bescheidene Kabinen entworfen, die viel Liebe zum Detail verrieten. Die Zimmer nach Entwürfen von Wellermann und Frölich neigten formal leicht zur Stilimitation (91).

Bruno Paul war durch seine Gewandtheit im Spiel mit Flächen und Kuben prädestiniert, den Anforderungen des Schiffsinnenausbaues voll gerecht zu werden. Auf der „Großen Berliner Kunst-Ausstellung" des Jahres 1907 hatte er sein Können demonstriert. Eine Vielzahl von Räumen war nach seinen Entwürfen ausgestattet worden, darunter auch eine Schiffsausstattung: Der Rauchsalon des Reichspostdampfers „Derfflinger" (92). Er verriet in Form- und Farbgebung sicheres und präzises Arbeiten des entwerfenden Künstlers.

War diese Aufgabe zunächst an Umfang noch relativ bescheiden gewesen, so warteten auf Bruno Paul in der Folgezeit auf dem Gebiete der Ausstattung von Passagierschiffen größere Aufträge: Inneneinrichtungen auf den beiden Lloyddampfern „Prinz Friedrich Wilhelm" und „George Washington".

Das Passagierschiff „Prinz Friedrich Wilhelm" war 1908 fertiggestellt worden. Die Vereinigten Werkstätten für Kunst im Handwerk hatten für die Ausführung der Innenausstattung der eleganten Gesellschaftsräume verantwortlich gezeichnet. Zunächst hatte man Zweifel gehabt, ob moderne Künstler wie etwa Bruno Paul der umfangreichen Aufgabe gewachsen seien. Es hieß später in der Zeitschrift „Dekorative Kunst":

„Es sei etwas anderes, eine Kabine von 2 zu 2 1/2 m Fläche praktisch und komfortabel unter größter Raumersparnis einzurichten als etwa einen Speisesaal für 600 Personen schiffsgemäß-stilvoll zu schaffen, bei dem Dimensionen, Stellung und Zahl der Träger und der dergleichen durch den Ingenieur bereits festgelegt seien" (93).

Aus der Zusammenarbeit von Paul mit den Vereinigten Werkstätten entstanden der Speisesaal und der Salon sowie die dazugehörenden Vorräume und die Treppenanlage. Die Verwendung der Konstruktion als dekoratives Element fand besondere Aufmerksamkeit.

„Man hat das Skelett des Baues nicht verdeckt; es ist sichtbar, aber man empfindet es nicht als rohes Material, weil es eingefügt ist in ein Liniennetz von dekorativer Bedeutung. . . Die eisernen Träger sind nicht als Säulen ausstaffiert, sondern so dünn belassen, wie sie die Konstruktion vorschreibt, nur mit einer ganz dünnen Verschalung belegt. Und bei der knappen Haltung des Ensembles wirken sie auch gar nicht mager, sondern leicht und elegant. – Aus solchen Elementen vor Vereinfachung und Klärung bauen sich die Wirkungen dieser Räume zusammen ... In der Anwendung seines Schiffs-Architekturstils hat Bruno Paul rein aus der Sache heraus mit dem gegebenen Material Holz und Stoff Reize von einer dekorativen Feinheit erzielt, die sinnliches Vergnügen wirkt".

Allerdings waren in den Interieurs des Schiffes „Prinz Friedrich Wilhelm" einige dekorative Elemente deutliche Zugeständnisse an den gewohnten Überfluß in Luxusräumen. Anders verhielt es sich bei dem fast gleichzeitig fertiggestellten Dampfer „George Washington", für dessen Innenausstattung man ebenfalls die Vereinigten Werkstätten herangezogen hatte (94). Neben Paul, der als Hauptkünstler fungierte, hatten Franz August Otto Krüger und Rudolf Alexander Schröder als Innenarchitekten mitgearbeitet. Von diesen orientierte sich Krüger bei seinen Entwürfen an Paul, während Schröder sich mit der Ausstattung von Kaiserkabinen eher biedermeierlich verspielt zeigte und für die Einrichtung und Dekoration des Speisesaales sogar barocke Motive verwendete.

„Über allem, was Schröder macht, was er aufblühen läßt, schwebt eine Wolke von Rokoko und mondänem Parfüm", hatte Robert Breuer im Jahre 1909 geschrieben. Zu den von Schröder eingerichteten Räumen meinte er, daß „das feminine Arrangement, die Reifrockpoetik. . . nicht so recht zum Fauchen der Maschine" passe (95).

Das ästhetische Programm für den Entwurf von Schiffsinterieurs zielte also darauf ab, der Technik entsprechende Formen zu finden. Alles sollte schiffsmäßig aussehen. „Bei Bruno Paul", so hieß es in einem der oben genannten zeitgenössischen Berichte, „hört man stets, wenn auch in gebührender Ferne, das harte Klirren der Räder und das präzise Atmen der Ventile" (96).

Nach Bruno Pauls Entwürfen waren auf dem Dampfer „George Washington", Gesellschaftssalon, oberer und unterer Rauchsalon mit den dazugehörenden Treppenhäusern, Lese- und Schreibraum und Luxuskabinen ausgestattet.

Den Mittelbereich des Gesellschaftssalons überspannte eine verglaste, tonnengewölbte Decke, durch die mattes Tageslicht einfiel. Bei Nacht sollten die in der Mitte eines jeden Feldes angebrachten Glühbirnen die Illusion eines Sternenhimmels erzeugen. Die Wände waren mit hellem Eschenholz verkleidet, das durch dünne Intarsienlinien belebt wurde. Der Teppichboden war wie in den anschließenden vier kleinen Zimmern von bläulicher Farbe und hatte ein in ein Raster gefaßtes Sternenblütenornament. Üppiges Dessin hatten zum Teil die Bezugsstoffe von schweren Clubsesseln: Stilisierte Tulpen standen in

Abb. 12: Nische im „Gesellschaftssalon" auf dem Lloyddampfer „George Washington" 1908. Entwurf Bruno Paul

großflächig angeordneten Ellipsenformen. Von den vier Boudoirs war eines mit Holz verkleidet, die anderen hatten seidenbespannte Wände. Der Rauchsalon ging durch zwei Etagen. In der unteren und im Treppenhaus waren die Wände mit kaukasischem Nußbaumholz verkleidet, in der oberen hatte Bruno Paul eine gepreßte Ledertapete anbringen lassen. In beiden Raumteilen standen wuchtige Sessel, die im unteren Rauchsalon mit blaugrünem, im oberen mit mattgrauem Leder bezogen waren. Die Fußböden waren mit gemusterten Gummiplatten belegt. (siehe Abb. 10)

Die Wandvertäfelung im Lese- und Schreibraum war aus geflammten Birkenholz. Die ruhige Raumwirkung war zum großen Teil den sanften Rundungen der Sitzmöbel zuzuschreiben. Schreibtische und Schreibstühle brachten in ihren Formen deutlich ihre Funktion zum Ausdruck.

Die Luxuskabinen des Dampfers „George Washington" nach Pauls Entwürfen muten neben den exklusiv eingerichteten Gesellschaftsräumen fast spartanisch an. Der Gesellschaftssalon wurde von einem zeitgenössischen Betrachter wie folgt geschildert:

„Er wird muldig von einer hellfarbig schimmernden, mit Glühkörpern besetzten Glasdecke überwölbt. Seine Wandungen sind elfenbeintönig mit diskreten schwarzen Intarsialinien. Pfeilerschränkchen gliedern pfostig die Breitflächen; sie sind verglast, schwarzes Maßwerk teilt in Verschleifungen das Glas, und blaue Seide spannt sich dahinter. Das ist als Farbenwirkung bestrickend . . . aus jeder Ecke entwickelt sich . . . ein zierliches Boudoirkabinett, wechselnd in der Koloristik: das eine mit Wänden in rotem Holz gefüttert mit schwarzer Leistenteilung, die andern in zärtlicher Seidenbespannung, einmal hellblau, dann gelb, das dritte grün". Über den Rauchsalon schrieb derselbe Autor: „Er wirkt mit seiner gelbbraunen, an die Farbe der Nußschale erinnernden Holzbekleidung satt patiniert, gewissermaßen angeraucht..." (97).

Im Rahmen dieser Beschreibung von Luxusräumen auf Schiffen wollen wir einen vergleichenden Blick in die Säle und Kabinen der zweiten und der dritten Klasse werfen: In der untersten Preiskategorie, einer — wie es hieß „neuen Einrichtung des Lloyd" waren die Passagiere „deutsche Arbeiter, Werkmeister, auch junge Handwerker und Kaufleute", welche „hier eine hygienisch einwandfreie, durchaus solide und anständige Wohnstatt finden" sollten (98).

Die Aufenthaltsräume für die Passagiere der zweiten Klasse auf dem Dampfer „George Washington" zeigten schlichteste Detailarbeit und Materialauswahl der Inneneinrichtung. Sie wurden damit den Anforderungen der Kunstgewerbebewegung um die Jahrhundertwende bestens gerecht. Beim Betrachten dieser Räume wird die Überflüssigkeit der Luxusausstattungen deutlich. Sie hätten ebenso wie auch die auf die reine Transportfunktion reduzierten Zwischendecks entfallen können, wäre es nach den Regeln der praktischen Vernunft zugegangen. Breuer motivierte im Jahre 1915 das Vorhandensein von Luxusräumen auf Schiffen wie folgt:

„Die Räume, die zum Aufenthalt für wohlhabende und verzogene Menschen bestimmt sind, sollen nicht asketisch abschrecken; sie sollen im Gegenteil, um die Reiselust zu erhöhen, so bequem, so heiter und so wohnlich wie nur möglich sein. Auch der Luxus bleibt überall zugelassen. Da die großen Ozeandampfer typische Instrumente des Kapitalismus sind (sie werden durch die Erträglichkeit des Zwischendecks rentabel und schaffen dadurch den Passagieren der zweiten und ersten Kajüte die Gelegenheit, für eine scheinbar größere Leistung einen in Wirklichkeit durch den gezahlten Preis keineswegs gedeckten Komfort zu nutzen), so ist es durchaus zu verstehen, daß sie mit dazu dienen sollen, den Ruhm von dem Reichtum ihres Stammlandes über die Wasser zu tragen und den Reisenden der auserwählten Klassen die Ozeanfahrt zu einer Steigerung des Lebensgenusses zu machen" (99).

Den detaillierten Beschreibungen ist zu entnehmen, daß man es trotz des Anspruches an materialgerechte und funktionale Form verstanden hat, Luxus zu schaffen. Natürlich waren die Materialien ihren Eigenschaften entsprechend verarbeitet – doch waren diese Materialien außerordentlich kostbar. Üppigkeit und Kostbarkeit konnten auch auf kleinstem Raum dargestellt werden. Alles war wertvoll, die Wirkung der Räume keinewegs schlicht. Funktional diente der neue Stil wohl dem bequemeren Aufenthalt der Passagiere als vordem die mit üppiger Stilornamentik vergangener Jahrhunderte geschmückten Möbel in den Luxuskabinen.

Dennoch kehrte man bald zum Historismus bei der Luxusausstattung von Schiffen zurück. Das geradlinige Design, wie es Bruno Paul mit seinen Entwürfen vertrat, blieb den Möbeln für breite Volksschichten vorbehalten, den maschinell hergestellten Programmen für Mietwohnungen.

Schiffsinterieurs nach Entwürfen von Paul Ludwig Troost

Die Tätigkeit des Architekten Troost fand ihren wichtigsten Ausdruck in der Gestaltung von Schiffsinneneinrichtungen. Nach umfangreicher Diskussion über deren Aussehen und mannigfachen Versuchen, besondern mit Luxusräumen, schien der genannte Künstler nach Meinung einer Reihe damaliger Kritiker endlich den passenden Stil gefunden zu haben. Jedoch war – wie wir im späteren Text sehen werden – die Bedeutung von Troost mit seiner Arbeit für große Schiffahrtsgesellschaften nicht erschöpft. Sie reichte über seinen Tod hinaus bis weit in die dreißiger Jahre. Troosts Entwürfe für Luxusinterieurs auf Schiffen fanden die Bewunderung der Repräsentanten des „Dritten Reiches". Sie richteten ihre Wohnungen im gleichen Stil ein. Zunächst jedoch ein paar Hinweise auf die Biographie und die frühere Arbeit des Künstlers.

Troost wurde 1878 in Elberfeld geboren. Nach seinem Architekturstudium an der Technischen Hochschule in Darmstadt verbrachte er einige Jahre in Gießen und wurde dann Bürochef bei Martin Dülfer in München. Als seine erste selbständige Arbeit gilt das Haus des Malers Benno Becker in München-Bogenhausen (100). Eine Reihe von Innenausstattungen schloß sich an sowie die Teilnahme am Wettbewerb zum Neubau des Deutschen Museums in München, wo Troosts Arbeit mit einem zweiten Preis bedacht wurde. „1910 entstanden das ‚Marionettentheater Münchener Künstler' am Bavariapark in München und das Haus Rudolf Chillingworth in Nürnberg. . .: schlichte vornehme Außenarchitektur, prächtige, auf starke farbige Akzente gestimmte, sich leicht an historische Formen anlehnende Innenarchitektur. . ." (101).

Troost hatte ursprünglich bei seinen Entwürfen sicheres Proportionsgefühl und überaus klare Geradlinigkeit walten lassen, was seinen Arbeiten schon sehr früh eine klassizistische Note verlieh. Um das Jahr 1910 begann Troost, seine Arbeiten mit zum Teil übermäßigen Dekorationselementen auszustatten. Auch solche Stücke fanden Bewunderung. So hatte Osborn in der Zeitschrift „Deutsche Kunst und Dekoration" des Jahres 1911 geschrieben:

„Aber es soll nun doch wieder nicht behauptet werden, daß es sich dabei um ein Kopieren, ein geistloses Abschreiben handle. Davon kann keine Rede sein. Nein, was wir sehen, ist ein apartes und kapriziöses Spiel mit Bestandteilen des ‚F.W. IV.', ein selbständiges Variieren der Möglichkeiten, die dadurch an Hand gegeben werden, eine von dort angeregte und ermutigte Freude an barocken Formen, an Kurven und Bauchungen, an gedrängtem Schnitzwerk und farbig-bunter, gelegentlich ganz naturalistischer (nicht ornamental gebändigter) Blumenzier, an klassizistischen Einzelheiten, die ihrer Strenge entbunden sind – wie die Füllhörner, die Troost so innig ins Herz geschlossen hat –, an allerlei Bildungen, die der konstruktiven Logik ein launisches Schnippchen schlagen" (102).

Die erste Innenausstattung Troosts für den Norddeutschen Lloyd war die für den Dampfer „Columbus", der 1914 fertiggestellt werden sollte. Der Kriegsausbruch verhinderte jedoch den Stapellauf des Schiffes. Es wurde unter dem Namen „Homeric" nach Beendigung des ersten Weltkrieges an England ausgeliefert. In Deutschland wurde der Verlust des wegen seiner prächtigen Ausstattung bewunderten Dampfers bedauert, da er ein besonders gutes Beispiel gewesen sei für „die Wechselwirkungen von Schiffsbau und angewandter Kunst und die guten Beziehungen des Norddeutschen Lloyd zur Kunst" (103).

Die repräsentativen Räume wie Halle, Gesellschaftssalon, Rauchsalon, Bibliothek und Speisesaal offenbarten genaue Kenntnis des Sujets. Troost hatte die Entwürfe 1912 gefertigt. Auch sie waren in Anlehnung an die Formen des Klassizismus entstanden, der besonders in Wand- und Deckenausbildungen seinen Ausdruck fand. In der Halle trugen im Bereich der Fensterzone schlanke Säulen einen Unterzug, der als oberer Wandabschluß rings um den Raum sichtbar blieb. Das Randfeld der Decke hatte schwere Kassetten. Ein tonnengewölbtes Oberlicht überspannte die Mitte. Die streng lineare Wirkung, die lediglich durch kleine Elemente der Dekoration aufgelockert wurde, war für die Halle raumbeherrschend. Noch deutlicher kam sie in der Bibliothek zum Ausdruck, wo Stützen und Träger das Kräfteverhältnis so sehr betonten, daß die lockere Gruppierung der Sitzmöbel und der Tische keine Gegenwirkung hervorbringen konnte. Fast verspielt wirkten daneben Wand- und Deckenaufbau im Speisesaal. Die aufgelockerten Sitzgruppen schufen hier die Atmosphäre von Nichtstun und lässiger Lebenshaltung. Die Einzelformen der Armlehnstühle, Sessel, Sofas und Tische waren in Anlehnung an englische Vorbilder konstruiert worden.

Georg Jacob Wolf hatte in einem Artikel in der Zeitschrift „Dekorative Kunst" über den Norddeutschen Lloyd geschrieben: „Als eine der ersten

Abb. 13: „Halle" der 1. Klasse auf dem Lloyddampfer „Columbus". Entwurf Paul Ludwig Troost 1912

Schiffahrtsgesellschaften der Welt erkannte der Lloyd, daß die herkömmlichen ,Prachtdampfer', die in ihrer dem Schiffscharakter als dem einer technischen, höchst sachgemäßen Konstruktion widersprechenden ,reichen' Ausstattung Kitsch als Schönheit vortäuschen und sich nicht genugtun konnten in rotem Plüsch und Stuckschnörkelwerk, dem Geist und dem doch in einigem geläuterten Geschmack unserer Zeit nicht entsprechen und daß an ihrer Stelle eine zwar in gewissem Sinne üppige, aber dennoch mit dem konstruktiven Charakter harmonisierende innenarchitektonische Ausgestaltung zu treten habe" (104).

Wie wir gesehen haben, blieb die genannte Schiffahrtsgesellschaft nicht bei ihrem Anspruch, der einst mit dem Ausbau der Luxusräume auf dem Dampfer „Kronprinzessin Cecilie" zum Ausdruck gebracht worden war. Man hielt vielmehr wieder eine gewisse Üppigkeit der Dekoration für angebracht. Das folgende Zitat von Joseph August Lux gibt Aufschluß darüber:

„Es gibt typische Maschinenmöbel, die heute schon jene Allerweltsform haben, daß sie unter allen Umständen entsprechend befunden werden können, obwohl entwickelte persönliche Ansprüche mit solchen unpersönlichen Formen sich nicht zufrieden geben können... Der Typisierung zum Trotz, die immer nur für den Massenbedarf, den Großmarkt schaffen kann und uns in diesem Zusammenhang nicht näher interessiert, hat sich immer eine Elite für die Individualisierung entschieden. Hier erst beginnt das Kunstgewerbe. Der Maschinenbetrieb wird zwar nicht aufgegeben, er entwickelt sich im Gegenteil immer mehr, aber er bleibt nicht in allen Fällen der tyrannische Unterdrücker jeder persönlichen Regung. Handarbeit verbindet sich mit der Maschine, die zu ihrer angeborenen Bestimmung als Helferin zurückgewiesen wird. Denn Biedermeier lehrt uns nicht nur, auf die funktionelle Form und Werkzeugsprache zu achten, sondern auch auf die liebevolle Materialbehandlung und das belebende Element der kunstvoll gemeisterten Stofflichkeit" (105).

Das Zitat erhellt, sofern man ihm auf die Sprünge hilft, einige Aspekte der bis heute in Deutschland beibehaltenen Formen der Stilimitation in der Inneneinrichtung. Einmal geht es um Elite- versus Massen-Geschmack, also um die Abwehr einer Massenkultur. Damit verknüpft ist die Furcht vor gesellschaftlicher Gleichschaltung bei den Aufsteigern aus dem Kleinbürgertum. Ihr Wunsch nach individuellen Wohnverhältnissen ist vor allem einer nach sozialem Prestige, das durch die Stilimitation in handwerklicher Einzelanfertigung zum Ausdruck gebracht wird.

Die Innenausstattung der beiden Schiffe „Columbus" und „Europa" sind von besonderer Wichtigkeit. Zum einen bilden sie gute Beispiele für das eben Gesagte, zum anderen hatte Troost mit den Entwürfen für die Passagierräume der ersten Klasse den Stil geschaffen, auf den die Repräsentanten des „Dritten Reiches" bei der Möblierung ihrer Wohnungen zurückgriffen. Beide Schiffe gehörten der Gesellschaft Norddeutscher Lloyd. Beim Schiff „Columbus" handelte es sich um ein zweites Exemplar, nachdem – wie schon erwähnt – das erste gleichen Namens an England ausgeliefert worden war. Der zweite Dampfer „Columbus" war 1924 zur ersten Fahrt gestartet. Seine Inneneinrichtung wurde „als die schönste Schiffs-Ausstattung der Gegenwart bezeichnet". Ferner hieß es:

„... daß der mit dem künstlerischen Ausbau des ‚Columbus' betraute Architekt des Norddeutschen Lloyd, Professor Paul Ludwig Troost der ihm gestellten Aufgabe in hervorragendem Maße gerecht geworden ist und mit tatkräftiger Unterstützung einer Reihe von deutschen Künstlern und kunsthandwerklich leistungsfähigen Werkstätten hier in künstlerischer und praktischer Hinsicht vorbildliche Raumschöpfungen geschaffen hat..." (106).

Den Vereinigten Werkstätten für Kunst im Handwerk München war die Ausführung der Schreinerarbeiten der gesamten Räume der ersten Schiffsklasse zugefallen. Troost wurde in künstlerischer Hinsicht von Joseph Wackerle, Emil Rudolf Weiß, Alfred Hagel und anderen unterstützt. Von den Gesellschaftsräumen sollen im Folgenden diejenigen näher betrachtet werden, die in ihrer Konzeption stilbildend wurden für die Luxuswohnungen im „Dritten Reich".

Die Halle des 1924 fertiggestellten Schiffes „Columbus" hatte auffallende Wandgliederungen. Lisenen mit antikisierenden Kapitellen kontrastierten mit den der Stilrichtung des Art Déco folgenden, flüchtig zackigen Wand-Reliefs der Felder. Die Felder der Decke trugen ähnliche Ornamentik. Ihre Gliederung wurde durch die hohen Unterzüge stärker betont. Die matt- und glanzvergoldete Stuckierung verlieh den elfenbeinfarbigen Wänden und der ebenso getönten Decke Festlichkeit, die durch Damastvorhänge noch verstärkt wurde. Das Muster des Teppichbodens war streng geometrisch. Seine Sterne und Quadrate schufen die Beziehung zur Wand- und Deckenornamentik. Die Möblierung bestand aus pompösen Clubsesseln und zweisitzigen Sofas mit wulstigen Lehnen und aus gepolsterten Armlehnstühlen und Bänken. Tische und Kastmöbel waren mit Intarsien geschmückt. Besonders auffallend waren die Kandelaber nach Entwürfen von Wackerle. Sie standen vor den Fensterpfeilern und setzten sich zusammen aus einem jeweils in unterschiedliche Stellung gebrachten Puttenpaar, das Stäbe mit von Kronen getragenen Glaskugeln hielt.

In der Bibliothek waren die Wände mit Nußbaumholz verkleidet. Der Fußbodenbelag entsprach dem der Halle. Hier wie dort wurde der Raumeindruck bestimmt durch die Rhythmik der Wandgliederung und durch die lässige Gruppierung der Möbel. Pompös wirkte auch der Rauchsalon. Wände und Decke waren mit Ornamenten geschmückt. Die Sessel waren mit grünem Leder oder mit Gobelin bezogen. Das wuchtige Treppengeländer sollte mit seinen Schnitzereien den Überseecharakter des Schiffes betonen: Elefanten, Anker, exotische Früchte waren vollplastisch aneinandergereiht.

Der übergroße Speisesaal ging durch zwei Geschosse. Seine Wände waren in Stützen aufgelöst. Die Wandvertäfelung war hellgrün, die Schnitzereien vergoldet. Auch im Speisesaal standen ungewöhnlich geformte Kandelaber, die wiederum Wackerle entworfen hatte. Die Leuchter waren als schlanke, auf einem Sockel knieende Frauengestalten ausgebildet. Diese hielten die übergroßen Blütenstengel mit den Lampen. Neben der Pracht in den Gesellschaftsräumen überraschen auf dem Schiff „Columbus" die fast schlicht zu nennenden Einrichtungen der Kabinen.

In einem zeitgenössischen Zeitschriftenaufsatz anläßlich der „Deutschen Gewerbeschau" 1922 in München hieß es über die dort ausgestellten Räume der beiden Schiffe „Weser" und „Columbus":

„Das Idealste wäre wohl, wenn der konstruierende Ingenieur selbst künstlerisch und praktisch befähigt wäre, den ganzen Organismus in allen seinen Teilen durchzudenken und zu gestalten. Es würde dann ein harmonisches Gebilde entstehen, das ganz abseits von allen historischen Reminiszenzen aus modernstem Geist geschaffen ist ... Der Bremer Lloyd hat für den Ausbau seiner Schiffe den Münchener Architekten Paul Ludwig Troost gewonnen und dadurch bewiesen, daß er auch in geschmacklicher Hinsicht den Anforderungen der Zeit Rechnung zu tragen gewillt ist" (107).

In der „Deutschen Bauzeitung" des Jahres 1925 wurde dem Innenarchitekten der Lloyd-Dampfer höchstes Lob gespendet, das wie eine Rechtfertigung klingt gegen den Vorwurf, übermäßigen Luxus in der Form von Stilimitationen anzuwenden:

„Erstens einmal hat dieser Münchener Architekt durch die ebenso zweck- und sinnvolle als ästhetisch selbständige Gestaltung seiner Innenräume den Weg gewiesen, auf dem es möglich war, die bald zu geistloser Addition von Maurer- und Möbelfabrikantenarbeit verkümmerte, bald zum Spielplatz eigensüchtiger Dilettantismen mißbrauchte Innenarchitektur wieder in ihre unveräußerlichen Rechte einzusetzen.

Zum zweiten hat er aber auch durch die ihm eigentümliche Formgebung in einer Zeit, da man gar zu gern unserer abendländischen Zivilisation den Totenschein ausstellen möchte, den tröstlichen Beweis geliefert, daß auch heute noch ein schöpferisches Weiterbauen auf den sogenannten ‚historischen' Stilen — also eine recht eigentliche ‚neue Renaissance', eine Wiedergeburt unverlierbarer Schönheitswerte aus dem Geiste der eigenen Zeit — durchaus möglich, eine schroffe, absichtliche Losreißung der Gegenwart von der großen Vergangenheit der europäischen Kunst daher keineswegs vonnöten ist" (108).

Der Verfasser des Artikels zeigte seine Genugtuung, daß den Bestrebungen der neuen Architekten kein Erfolg beschieden, daß vielmehr im Bereich von Luxusausstattungen der Historismus nicht zu verdrängen gewesen war.

Eine weitere Schiffsinnenausstattung, die zum Vorbild für den Wohn- und

Einrichtungsstil der NS-Oberschicht in Deutschland wurde, befand sich auf dem Dampfer „Europa". Auch dieses Schiff gehörte dem Norddeutschen Lloyd und wurde gleichzeitig mit einem anderen Lloyd-Dampfer – der „Bremen" – etwa um das Jahr 1929 fertiggestellt.

Noch ein Jahr zuvor hatte Bruno Paul, mit der Entwicklung des Ausstattungsstiles von Ozeandampfern gewiß vertraut, geschrieben:

„Warum klammerten sich ausgerechnet die deutschen Schiffsgesellschaften an die ‚französischen Stile' und überließen es Paris, der Welt ein Schiff zu schenken, das letzten Endes der deutschen Bewegung moderner Einrichtungskunst und seinem Einfluß das Entstehen verdankt?" (109).

Es handelte sich um den Dampfer „Ile de France" der „Compagnie Générale Transatlantique". Paul bewunderte ihn seiner schnittig metallischen Effekte der Innenräume wegen, besonders gefiel ihm die Verwendung von Spiegeln und Glas: „... unbestritten der von den reichen und eleganten Amerikanern bevorzugte Europa-Steamer", meinte er. „Seine Eigenart läßt sich in wenigen Sätzen sagen. Die architektonische Durchbildung des Inneren vermeidet bewußt und absichtlich Anklänge an historische Stile ... Der Reiz dieser Räume liegt nicht so sehr im Kunstgewerblich-Architektonischen, als in einer besonderen Art mondäner Einstellung zum Innenraum. Die weitgehende Verwendung von Spiegelglas und Licht ist ganz auf Steigerung des gesellschaftlichen Bildes berechnet. Strahlende Helligkeit, nirgends blendend und so zerstreut, daß Menschen und Dinge in unbestimmtem Lichte vorteilhaft erscheinen".

Das französische Beispiel machte Schule. Mit den Interieurs der „Europa" und „Bremen" wurden erneut Versuche gemacht, sich vom Stil des neunzehnten Jahrhunderts abzuwenden.

„Die Raumkunst der ‚Bremen'", so hieß es in der Zeit der Fertigstellung des Dampfers, „bekennt sich nachdrücklich zur Gegenwart. Sie erstrebt ihr Ziel ‚Vornehme Behaglichkeit' auf einwandfrei moderne Weise, sie legitimiert sich unzweideutig als deutsche Innenausstattung des Jahres 1929" (110)..

Waren die Räume des Schiffes „Bremen" gegenüber der von Paul bewunderten Leistung der Franzosen weniger schick, so tritt dieser Mangel bei der „Europa" noch deutlicher hervor. Die Inneneinrichtung hatten Troost und die Architekten Klaus Hoffmann und Fridolin Mezger entworfen. Ich gehe hier nur auf drei Räume näher ein: auf die Halle, den Ballsaal der ersten und den Speisesaal der zweiten Klasse. Die Ausstattungen sind typische Vorläufer der Raumkunst Troosts im „Dritten Reich". Er verwendete fast die gleichen Grundelemente der Gestaltung bei seinem ersten Auftrag in nationalsozialistischer Zeit: Bei der Wohnungseinrichtung für Adolf Hitler in der Berliner Wilhelmstraße.

Nur vereinzelt waren in den Räumen des Schiffes „Europa" noch Formen des Neoklassizismus verwendet worden – so zum Beispiel für die Konturen einiger Sitzmöbel. In den Gliederungen von Wänden und Decken, in der Auflösung von Wandscheiben in Stützen und der axialen Ausrichtung, trat ein bereits im Ansatz starrer Monumentalismus hervor. Spitzwinkelig-zackige Ornamentformen des Art Déco sollten die Raumwirkung auflockern.

Die Halle der ersten Passagierklasse war als dreischiffige Anlage ausgebildet. Das Mittelschiff war nur wenig höher als die Seitenschiffe und hatte eine ebene, vergoldete, mit farbigem Mosaik geschmückte Decke. Ähnliches Dekor als Einzelornamente trugen auch die jeweiligen Felder der auch über den Seitenschiffen ebenen Decken. Die Wände des Raumes waren an den Stirnseiten und an den zwischen den Fensterflächen verbleibenden Pfeilern und Brüstungen der Längsseiten mit Palisanderholz verkleidet. Die glatten, stumpf gestossenen Tafeln vermittelten den Eindruck perfekter Verarbeitung. Besonders hervorgehoben waren die Eingänge zur Halle. Doppelte Rahmungen, von Kartuschen bekrönt, umschlossen die Flügeltüren. Blumenarrangements, Kandelaber und Stühle flankierten die Eingänge, vor die in knappem Abstand über und über mit Intarsien geschmückte Kommoden gestellt waren. Der Teppichboden war geometrisch gemustert und hatte wie die Vorhänge und die Sesselbezüge einen tiefroten Grundton. Den Raum beleuchteten Kandelaber und Wandleuchten, deren flache und tulpenförmige Schalen das Licht wie in Kulträumen nach oben strahlten.

Ein mit eingebauten Vitrinen ausgestatteter Verbindungsgang – der sogenannte „Kunstsalon" – führte zur Bibliothek. Der Ballsaal der ersten und der Speisesaal der zweiten Passagierklasse zeigten weniger Monumentalität als die Halle. Ihre Ausmaße waren auch wesentlich bescheidener. Hingegen kam hier der Art Déco-Effekt mehr zur Geltung. Die weichen Wandschwünge sollten im Ballsaal eine einschmeichelnde Stimmung schaffen. Die mit Stoff ausgeschlagenen Logen waren matt beleuchtet. Der Speisesaal war weniger mondän, was seiner Zugehörigkeit zur zweiten Passagierklasse zuzuschreiben ist. Eine doppelläufig-symmetrische Treppenanlage führte zum Raum hinab, dessen hellgelb getönten Wände Linierung und Bemalung in Rot und Gold hatten. Auf den Feldern waren Malereien aufgebracht; die bogenförmigen Öffnungen hatten Supraporten mit Hautreliefs. An der ebenen, in Felder eingeteilten Decke hingen einfache Kronen mit kugelförmigen Lampenschirmen.

Troost hatte mit der Raumausstattung für das Schiff „Europa" den Versuch gewagt, seine Entwürfe nicht an überkommene Stilformen anzulehnen. Im Vergleich zum Dampfer „Bremen" wurde über das von Troost eingerichtete Schiff geschrieben:

„Haben die Architekten der ‚Bremen' und vor allem Fritz August Breuhaus in den dortigen Gesellschaftsräumen ... eine stark individuelle, graziös-moderne Note angeschlagen, so ging Paul Ludwig Troost bewußt einen anderen Weg, indem er die traditionelle Schiffsausstattung aus der Gebundenheit an histori-

Abb. 14: Sitzecke in der ,,Halle'' der 1. Klasse auf dem Lloyddampfer ,,Europa'' ca. 1929. Entwurf Paul Ludwig Troost

sche Stilformen befreite und diese mit bewunderswerter Sicherheit um einen nicht geringen Schritt vorwärts entwickelte" (111).

Jedoch wurde in demselben Artikel darauf hingewiesen, daß die Architekten, denen die Aufgabe zugefallen war, die Räume der Touristenklasse einzurichten, eher den Anforderungen moderner Raumgestaltung gerecht werden konnten: „Hier trat zu den berechtigten Ansprüchen auf Schönheit und Behagen die Forderung nach höchster Wirtschaftlichkeit: restlose Abwicklung der vielfältigen Lebensvorgänge auf verhältnismäßig beschränktem Raum und eine Materialauswahl nach Zweckmäßigkeit, Haltbarkeit und im Rahmen der ausgeworfenen Geldmittel". Die Darstellung eines Luxusinterieurs mit dem Wissen um die vom Deutschen Werkbund geforderten Entwurfsgrundlagen der zweck- und materialgerechten Form war schwierig geworden. In der Zeitschrift „Moderne Bauformen" wurde zu diesem Problem wie folgt Stellung genommen:

„Gibt man zu, daß das Publikum, aus dem sich die Fahrgäste der I. Klasse rekrutieren, einen gewissen verwöhnten Luxus der Ausstattung erwartet, ja

Abb. 15: „Ballsaal" der 1. Klasse auf dem Lloyddampfer „Europa" ca. 1929. Entwurf Paul Ludwig Troost

von diesem Luxus überrascht und geblendet sein soll, dann muß man doch auch fragen: Ist für Luxuseinrichtungen denn überhaupt schon der maßgebende Stil unserer Zeit gefunden? Die Halle einer Großbank, der Verkaufsraum eines Warenhauses, das Sprechzimmer eines Arztes, der Operationssaal einer Klinik, die Friseurkabine, das komfortable oder das ganz einfache Badezimmer, kurz alles, was wesentlich durch den Zweckgedanken bestimmt, von der Gebrauchssphäre her abgeleitet ist, wird im Stil unserer Zeit vollendet geformt und durchgebildet. Wo aber der Luxus beginnt, der spielerische Überschuß, die liebenswürdige Phantasie der Form, die Freude am Auszieren, die Reize des Mondänen, wo der strenge Gesetzgeber Zweck entthront oder doch sybaritisch umspielt und maskiert wird, da verliert dieser Stil seinen eigentlichen Inhalt, wie seine puritanischen Schöpfer in ihrer Initiative erlahmen.

Hier ist also eine Art Vakuum. Hier gibt es vor allem auch noch keine soziologische Schicht, deren Geschmack zielbewußt genug entwickelt wäre zur Aufnahme und Anregung eines neuen, selbständig entfalteten Luxusstiles" (112).

Abb. 16: „Speisesaal" der 2. Klasse auf dem Lloyddampfer „Europa" ca. 1929. Entwurf Paul Ludwig Troost

Das vorausgegangene Zitat stammt aus dem Jahre 1929. Es war das Jahr der Weltausstellung in Barcelona, als Ludwig Mies van der Rohe mit dem von ihm entworfenen Pavillon es sehr wohl verstanden hatte, einen anderen Luxus als den der Stilimitation zu präsentieren. Doch wurde Luxus solcher Art von den Schiffahrtsgesellschaften abgelehnt, wenngleich mit einigen Ausstattungen für Passagierdampfer eine leichte Anlehnung versucht wurde. Das Interieur des Bauhauses war zunächst einer Elite von Gebildeten vorbehalten, der breiten Bevölkerungsschicht erschien es in den zwanziger Jahren zu abschreckend gradlinig und zu wenig prächtig.

Entwurf und Herstellung billiger Wohnungseinrichtungen

Hausrat bis zur Gründung des Deutschen Werkbundes im Jahre 1907

Wohl zu keiner Zeit waren Möbelentwurf und Möbelherstellung heftiger diskutiert worden als um die Jahrhundertwende. Die Produzenten von Wohnungseinrichtungen für breite Volksschichten hatten sich als Unternehmer mehr und mehr in den Vordergrund gespielt und versucht, auf den Möbelmarkt Einfluß zu gewinnen. Die Erfindung von Maschinen zur Bearbeitung des Werkstoffes stand am Ausgangspunkt der Entwicklung. Debatten über die maschinelle Herstellung nahmen in der Auseinandersetzung um das Aussehen der Möbel immer breiteren Raum ein. Die ersten neuartigen Inneneinrichtungen entstanden in Deutschland gegen Ende des neunzehnten Jahrhunderts. Die rasante Entwicklung konstatiert das folgende Zitat aus dem Jahr 1907:

„Endlich kam die neue Zeit (1897), und mit ihr hielt das Ausstellungs-,Interieur' seinen Bausch- und Bogen-Triumphzug durch die zahlungsfähigen bürgerlichen Heimstätten... Wir haben uns eben wieder einmal ‚neu eingerichtet', das ist alles... Ob sich Herr X.Y. heute statt des altdeutschen ein ‚englisches' Speisezimmer, statt des Empiresalons ein Van de Velde-Kajüten-Spielzimmer bestellt, tut nichts zur Sache... Die Fabrikation aber, aufmerksam geworden..., bemächtigte sich allgemach der marktgängigen Werte und popularisierte in ihrer seelenlosen Draufgängerei den vielfach noch ganz unausgegorenen Vorrat an Ideen und Formversuchen, zwängte brutal den zarten Keim ins Drahtgeflecht des neuen Klischees" (113).

Die Jahrhundertwende brachte nicht nur die von Fachleuten seinerzeit vielgeschmähte, von Herstellern geschickt als modisches Werbeattribut eingesetzte Kurve des Jugendstils, vielmehr sollten billige Möbel in Zukunft nicht mehr Plagiate von teuren sein, sondern ihre eigenen Formen haben. Damit war die Zuweisung an ihren Käuferkreis klar erkennbar geworden. Klaus Lankheit schrieb rückblickend: „Es war das erste Mal in der Geschichte, daß sich die Kunst um die Lebensbedingungen des anonymen Proletariats kümmerte".

Freilich wehrten Künstler und Handwerker das spekulative Geschäft der Massenproduktion eher ab – sie schlossen sich mit anderem Ziel zusammen. Man entwarf und produzierte im beruflichen Erfahrungsaustausch Möbel, deren Aussehen als Ergebnis materialgerechter Verarbeitung und zugedachter Funktion erschien. Nicht minder trugen neugegründete Zeitschriften als Organe der Reformer zur Verbreitung des neuen Gedankengutes bei. Ein möglichst großer Kreis von Konsumenten sollte ästhetisch geschult werden. In der Realität beschränkte der sich aber auf die Schicht der gut verdienenden Arbeiter, kleinen Angestellten und Beamten.

Schon im Jahre 1897 hatte die „Illustrirte kunstgewerbliche Zeitschrift für Innendekoration" das Ergebnis eines Wettbewerbes zur Erlangung von Entwürfen zu einer bürgerlichen „Vierzimmer-Einrichtung" publiziert. Es sollte – wie es hieß – „ein Hauptaugenmerk ... insbesondere darauf gerichtet sein, daß die Einrichtungsstücke eine ungekünstelte, vernünftige Werkform und größtmöglichste Zweckmäßigkeit zeigen, ferner Entwicklung und Zierform aus der Konstruktion, sinnvolle Ausnützung der ästhetischen Eigenschaften des gesammten Materials, namentlich des Holzes, Vermeidung aller sinnwidrigen Dekorationen, wie drehbare Säulen, hängenbleibende Giebel bei Thüren usw." (114).

Aufgabe der Wettbewerbsteilnehmer war der Entwurf eines Empfangszimmers, eines Wohn- und Eßzimmers, eines Schlafzimmers und einer Küche zum Verkaufspreis von insgesamt 1500 bis 2250 Mark. Im Preisgericht befanden sich die Herren „Otto Fritzsche, Hof- und Möbelfabrikant in München; Professor F. Luthmer, Direktor der Kunstgewerbeschule in Frankfurt am Main; Kommerzienrath Preetorius, in Firma A. Bembé, Hof-Möbelfabrik in Mainz; Hans Schliepmann, Königl. Regierungs-Baumeister in Berlin; Kommerzienrath Wilhelm Wirth, in Firma Wirth Söhne, Hof-Möbelfabrik in Stuttgart; sowie der Herausgeber der ‚Zeitschrift für Innen-Dekoration' Alexander Koch".

Die preisgekrönten Entwürfe sollten sich von übermäßiger Stilimitation fernhalten, waren indessen im Gesamterscheinungsbild noch typische Vertreter des neunzehnten Jahrhunderts.

Zwar hatte man sich bemüht, den im Ausschreibungstext gestellten Forderungen nachzukommen und beispielsweise die bisher üblichen Muschel-Aufsätze zu vermeiden versucht, doch war an den einzelnen Möbelstücken höchstens die Umformung oder auch der Verzicht auf historisierende Verzierungen bemerkenswert.

Interessanteres bot die „Volksthümliche Ausstellung für Haus und Herd", welche gegen Ende des Jahres 1899 in Dresden eröffnet wurde.

„Der leitende Gedanke bei dieser Ausstellung war, dem minder bemittelten Bürgerstande einfache Einrichtungen für Wohn- und Schlafzimmer nebst Küche in gediegener und geschmackvoller Ausführung vorzuführen und den Gewerbetreibenden Gelegenheit zu geben, ihre Leistungen auf diesem Gebiete weiteren Kreisen vorzuführen" (115).

Von den Entwerfern gefordert wurden „... eine einfache bürgerliche Wohnung, bestehend aus Wohn- und Schlafzimmer sowie Küche im Gesamtpreise von nicht über 750 Mark, ferner eine vollständige Wohnungseinrichtung für Minderbemittelte für höchstens 400 Mark, ein einfaches Schlafzimmer im Preise bis zu 200 Mark".

Die prämierten Entwürfe wurden vom Ausstellungsausschuß an sächsische Gewerbetreibende zur Ausführung übergeben, um den Realitätsgehalt der angegebenen Herstellungskosten zu überprüfen.

Die Dresdener Ausstellung von 1899/1900 wurde als erster Versuch bezeichnet, „. . . eine neue Nutzkunst in praktischer Anwendung vorzuführen, die auch dem Unbemittelten sein Heim behaglich und erfreulich zu gestalten im Stande ist. Solche Kunst gab es eigentlich bisher noch nirgends — man war in dieser Beziehung kaum über theoretische Forderungen und ganz vereinzelte Versuche hinausgekommen — ". Die ausgestellten Stücke fanden den Beifall des Publikums. „Der Erfolg darf wohl als ein überraschender bezeichnet werden. . . Die meisten Zimmereinrichtungen sind verkauft, vieles schon mehrfach" (116).

Nur das Preisausschreiben zum Möbelprogramm für 750 Mark hatte Teilnehmer gefunden. Offenbar waren sich die Entwerfenden schon von vornherein darüber im klaren, daß für weniger Geld eine Wohnungseinrichtung nicht solide herstellbar wäre. So entstammten auch — wie wir wissen — die Käufer der ausgestellten Möbel dem Mittelstand. Seinen Wohnbedürfnissen entsprachen offensichtlich die präsentierten Stücke, die in den neuen Formen materialgerechter Verarbeitung gehalten waren. Das folgende Zitat bestätigt diese Annahme:

„Allerdings kommt der moderne Stil den Forderungen des Mittelstandes so entgegen, wie es keiner der historischen Stile vermag. Denn es ist ein wirklicher Möbelstil, der auf alle überflüssigen architektonischen und plastischen Zuthaten verzichtet, der nur darauf ausgeht, die Möbel zweckgerecht zu gestalten, Schönheit und Wohlgefälligkeit aber zu erreichen durch künstlerisch empfundene Linien, gute Verhältnisse und Farbe, sei es, daß man die Hölzer beizt oder sie durch eingelegte Ornamente in Metall oder Holz belebt".

Mit dem ersten Preis ausgezeichnet wurde die Arbeit der Dresdener Architekten Lehnert und Mayenburg, zu deren Möbel man verblüfft konstatierte:

„Plastisches Ornament fehlt; dafür sind wenigstens Füllungen und Abschlüsse thunlichst durchbrochen, die Kanten abgefast. Es ist alles einfachste Schreinerarbeit: Säge, Hobel und Stemmeisen, im Großbetrieb durch Maschinen treibbar, haben die gesammte künstlerische Wirkung hier zu Wege gebracht".

Später stellte man fest, daß die Wohnungseinrichtung von Lehnert und Mayenburg nicht zum Preise von 750 Mark sondern nur zu 900 Mark herstellbar war, während man angeblich die Möbel nach Entwürfen von Karl Groß, von Gertrud und Erich Kleinhempel – hergestellt in den „Dresdener Werkstätten für Handwerkskunst" – die Wohnungseinrichtung der Firma F.A. Schütz aus Leipzig und die Möbel, die Albin Müller entworfen und der Tischlermeister Bernhard Göbel aus Freiberg gearbeitet hatte, mit einem Endverkaufspreis von 750 bis 800 Mark wirklich produzieren konnte. Die Hersteller der genannten Programme erhielten die sächsische Staatsmedaille, die Entwerfer Diplome. Zu erwähnen wäre noch, daß die Leiter der „Dresdener Werkstätten" später gestanden, „... daß sie bei der Arbeit zusetzen müßten, daß eine Wiederholung der ausgestellten Sachen zu jenem niedrigen Preis wirtschaftlich unmöglich sei" (117).

In der Zeitschrift „Dekorative Kunst" wurden die Möbel der „Dresdener Werkstätten" als die besten der Ausstellung bezeichnet. Einfach, fast derb waren die Konturen der nach Entwürfen von Groß gearbeiteten Naturholzmöbel. Die Maserung wirkte hier als Dekor, die Kanten einzelner Stücke waren gefast. Als Oberflächenbehandlung waren Beize, Firniß- oder Lacküberzüge vorgeschlagen. Besonderen Wert hatte man auf die Ausbildung der Beschläge gelegt, für deren Entwurf man zusätzlich den Künstler Johann Vincenz Cissarz bemüht hatte. Die Möbel der beiden Kleinhempel bestachen durch eine ausgewogene Linienführung.

Der Dresdener Versuch, Möbel für die breite Masse auszustellen, fand in der Folgezeit verhältnismäßig wenig Nachahmung. Auf der Weltausstellung in Paris des Jahres 1900 wurden zwar neuartige Inneneinrichtungen präsentiert, jedoch handelte es sich in der Hauptsache um Luxusmöbel individueller Anfertigung. Julius Lessing meinte zuversichtlich:

„Man giebt den Sitzmöbeln mannigfache, den Gestaltungen verschiedener Körper sich anschmiegende Formen und hält Alles so leicht, daß man die Möbel je nach dem augenblicklichen Bedürfniß gruppiren kann. Die Erfindung auf diesem Gebiete ist so rege, daß sie es zu festen Typen noch nicht gebracht hat" (118).

Hart kritisiert hingegen wurde die Ausstellung der „Darmstädter Künstlerkolonie" im Jahre 1901, weil Wohnungsausstattungen für eine breite Volksschicht fehlten:

„Es wäre nützlich gewesen, die Möglichkeit zu beweisen, daß man Häuser für Menschen in durchschnittler Lebenslage, daß man Wohnungen für Beamte,

Abb. 17: „Wohnzimmer“ auf der „Volksthümlichen Ausstellung für Haus und Herd“ Dresden 1899/1900. Entwurf Karl Groß

Kaufleute, Handwerker, Arbeiter auch bei bescheidenem Aufwand künstlerisch durchbilden kann. Die Zinskaserne widerstrebt ja an sich künstlerischer Ausgestaltung; aber da nun einmal die meisten Menschen in Zinskasernen wohnen, so hätte man versuchen müssen, zunächst einmal die gewöhnliche Mietwohnung in verschiedenen Abstufungen künstlerisch zu bewältigen“.

In den „Wohlfahrts-Einrichtungen der Gußstahlfabrik von Friedrich Krupp zu Essen“ wurden von seiten der Firma Vorschläge gemacht zur Ausgestaltung von Arbeiterwohnungen. Im Jahre 1901 wurde „gemeinsam mit dem Rheinischen Verein zur Förderung des Arbeiterwohnungswesens zu Düsseldorf ein Preisausschreiben zur Erlangung von Einrichtungsgegenständen für Arbeiterwohnungen“ ausgeschrieben. Hinter der Aktivität stand die Absicht, „... dem Arbeiter Wohnungseinrichtungen zu zeigen, welche ohne allen überflüssigen Zierath und ohne Imitation feinerer Holzarten behaglich, zweckmässig und schön sind und doch nicht mehr Mittel zur Anschaffung erfordern als die bisher gebräuchlichen" (119).

Die Möbel sollten aus amerikanischem Kiefernholz, aus Erlenholz, Zirbelkiefer- oder Eschenholz und aus gestrichenem Tannenholz gefertigt werden. Nicht weniger als 122 Entwürfe waren abgegeben worden, fünf davon waren mit Preisen ausgezeichnet worden. Der erste und der vierte Preis gelangten zur Ausführung. Die Entwürfe stammten von den Berliner Architekten H.E. Mieritz und Hans Stehn. Der zuerst Genannte hatte eine Mischung aus schlanken Empirelinien und eher bäuerlichen Konturen zur Grundlage seines Entwurfs gemacht, der letzten Endes die vereinfachte Version einer Wohnungseinrichtung der Berliner Gründerzeit darstellte. Stehn hatte freundlicher gestaltete Möbel entworfen. Die Proportionen waren feiner, die Linienführung klarer.

Die Kruppschen Möbel waren auf der „Industrie-, Gewerbe- und Kunst-Ausstellung Düsseldorf 1902" ausgestellt. Naumann gefielen die Möbel gut, vor allem bewertete er aber die sozialpolitische Seite:

Abb. 18: Kücheneinrichtung für das „Preisausschreiben zur Erlangung von Einrichtungsgegenständen für Arbeiterwohnungen" der Firma Krupp Essen und des Rheinischen Vereins zur Förderung des Arbeiterwohnungswesens Düsseldorf 1901. Entwurf H. E. Mieritz

„Und dann gehen Sie in die von Krupp und verschiedenen Baugesellschaften hergestellten Arbeiterwohnungen. Da kann man sehen, wie gut es die Arbeiter haben könnten, wenn wir sozial weiter wären als jetzt. Heute ist es eine ganz verschwindende Minderzahl, denen derartige Einrichtungen zugute kommen. . . Eins nur beweisen diese Häuser jetzt, nämlich die Wahrheit, daß es keine eherne Notwendigkeit ist, daß der Arbeiter teuer und schlecht wohnt".

Hermann Obrist reagierte ärgerlich, da nämlich gerade „. . . die Herren Arbeiter durch ihre Lohnansprüche dafür" sorgen würden, „daß eine gute und doch billige Sache ein holder Traum bleibt. Noch will das Volk gar keine einfache, gesunde Volkskunst, ebensowenig wie es Bedürfnis nach Hygiene hatte. Das Volks will etwas, das nach was aussieht" (120).

Auch er fand die ausgestellten Programme gut und passend für die Arbeiter, die aber bedauerlicherweise nicht gewillt seien, die von den Intellektuellen mit viel Mühe für sie entworfenen Möbel zu kaufen.

Auch Schliepmann konnte nicht fassen, daß nun – nachdem einfaches Mobiliar zum Kauf angeboten wurde – die breite Masse noch immer die Imitation des teuren dem echten, sich schlicht präsentierenden Material vorzog:

„Das Surrogatwesen ist als eine wahre und fürchterliche Pest in alle Handwerke eingezogen, und die Augen der Masse sind so blöde, ihr Gefühl ist so schamlos geworden, daß man die lumpigste Karikatur der Luxus-Kunst verlangend bestaunt und vor dem gediegenen Einfachen verständnislos vorübergeht. Gerade unsere landläufigen Wohnungs-Einrichtungen lassen den verzweifelten Tiefstand des ästhetischen Empfindens der Menge nur allzu deutlich erkennen. Ein Verständnis für Arbeits- und Material-Wert, für praktische Vorbedingungen und gute Verhältnisse ist einfach überhaupt nicht vorhanden, das muß schonungslos behauptet werden und jedes ‚Ausstattungs-Geschäft bei billigsten Preisen' beweist es. Der gerade Mode gewordene Schnörkel ist alles, worauf sich das Sehnen dieser Sinnblöden richtet. Vor Jahren brauchten sie die Profil-Häufungen, den ‚Muschel-Aufsatz', jetzt die Peitschen- und Regenwurm-Linie, nicht aus eigenem Geschmacks-Gefühl, sondern lediglich, um modern zu scheinen, um – mitzumachen! Wohlfeil sind diesen Vielzuvielen diejenigen Möbel, bei denen trotz geringsten Preises ‚alles da' ist, ganz gleich in welcher Verlottertheit oder Schwindelhaftigkeit der Ausführung; zu Tausenden fraist die Maschine den geliebten Muschel-Aufsatz für grobe Augen zurecht; grünes Holz ist billig, besonders wenn's recht dünn genommen wird; der Drahtstift ist viel schneller als der Leimtopf zu brauchen; das Fournier ‚decket den Sünden Menge', und so entsteht der fürchterliche Plunder, der das ‚Deutsche Heim' vom Kunst-Standpunkt aus zu einem Narren- und Siechenhause macht" (121).

Diese Kritik enthält freilich auch massenverachtende Züge und unterschlägt die soziale Lage der Menschen, die wenig Chancen hatten, ästhetische Sensibili-

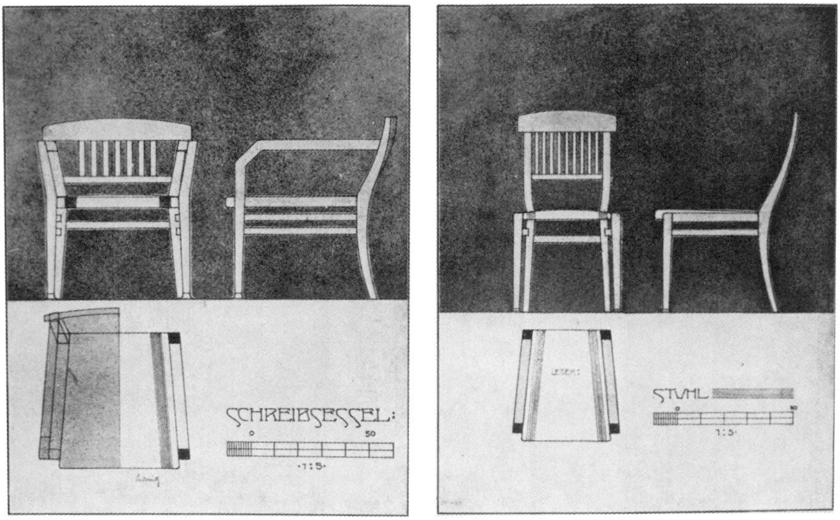

Abb. 19: Schreibsessel und Stuhl aus dem Wettbewerb „um die Erlangung von Entwürfen zu billigen Wohnungseinrichtungen" der Zeitschrift „Innendekoration" 1902. Entwurf Hans Schlechta und Otto Wytrlik

tät auszubilden. Julius Posener meinte 1977 dazu ganz richtig: „Die Wiederentdeckung von Einfachheit und Gediegenheit konnte bereits damals nur durch eine Elite und in einer Elite gemacht werden". Schliepmann hatte den oben zitierten Text geschrieben aus Anlaß eines Wettbewerbes „um die Erlangung von Entwürfen zu billigen Wohnungseinrichtungen". Die Zeitschrift „Innendekoration" hatte 1902 dazu aufgerufen und Schliepmann war Mitpreisrichter gewesen. Preisgekrönt hatte man eine in Kontur und Verarbeitung erstaunlich klare Wohnungseinrichtung von Hans Schlechta und Otto Wytrlik.

In den Wettbewerbsbedingungen hatte es wie überall geheißen: „Entwicklung der Formen aus der Konstruktion, sinnvolle Ausnützung der ästhetischen Eigenschaften des Materiales, Vermeidung aller sinnwidrigen Dekorationen...". Die prämierten Arbeiten wurden den Anforderungen voll gerecht: Die Möbel von Schlechta und Wytrlik hatten strenge Kastenformen, selbst Sofas und Sessel bildeten keine Ausnahme.

Eine aufsehenerregende Ausstellung mit dem Anspruch, Wohnungseinrichtungen für eine breite Käuferschicht zu zeigen, war die der „Dresdener Werkstätten für Handwerkskunst Schmidt und Müller" im Jahre 1903 in Dresden. Namhafte Künstler hatten die Entwürfe zu den ausgestellten Möbeln angefertigt: Peter Behrens aus Düsseldorf, Max Läuger aus Karlsruhe, Charles Rennie

Mackintosh aus Glasgow, Joseph Maria Olbrich aus Darmstadt, Richard Riemerschmid aus München, Baillie Scott aus Bedford.

Ich zitiere aus dem Bericht eines Zeitgenossen: ,,Den ausgesprochensten Raum-Eindruck gewähren wohl Riemerschmids und Baillie Scotts Zimmer, die des ersteren vornehmlich durch das sichere, klare Gerüst ihrer Linien, die des letzteren durch den delikaten Wohllaut ihrer Farbgebung. Auch im Bau der Einzel-Möbel müssen diese beiden Künstler an erster Stelle genannt werden. Riemerschmid, der Deutsche, legt bei seinem Schaffen das Hauptgewicht auf organisches Gestalten und Wachstum seines Haus-Geräthes von innen nach außen, Scott, der Schotte, mehr auf feinsinnigen Schmuck der einfachen, kistenartigen, aber wohlproportionierten Werk-Form. Nur in dem Salon von grauem Ahorn ... scheint Riemerschmids strenge ernste Weise sich mit dem zarten, leicht bewegten, englisch-japanischen Kunst-Empfinden des Briten zu berühren. In Behrens und Olbrichs Zimmern, die seltsamerweise im ganzen und im einzelnen eine gewisse künstlerische Verwandtschaft zeigen, sind des ersteren Möbel-Formen sachlich und edel, vielleicht ein wenig gar zu wuchtig, die des letzteren elegant, aber gleichfalls nicht salonmäßig leicht und beweglicht, dabei ein wenig an altertümelnde Architektur-Bildungen erinnernd und im Ornament fast ins Schrullenhafte gehend" (122).

Aus dieser Beschreibung läßt sich folgern, daß solche Möbel für Arbeiterwohnungen zu teuer waren. Für diese hatten die weniger bekannten Architekten E.H. Walther und Charlotte Krause Möbel entworfen: Ein Wohnzimmer und ein Schlafzimmer. In der Zeitschrift ,,Dekorative Kunst" war folgendes zu lesen:

,,Nur täuscht der billige Preis, 572 M. (für das Wohnzimmer), doch etwas über das in Wirklichkeit Gebotene. Man nehme den viel zu kostbaren Teppich, die Tischdecke, die Lampe und die Bilder fort und prüfe dann, was der Raum im Verhältnis zu seinen Kosten vorstellt. Ich will nicht sagen, daß er dann zu teuer sei, obwohl hier weniger von einer Arbeiter- als von einer Mittelstandswohnung zu sprechen wäre, aber der Beschauer zieht unbewußt alle die genannten Behaglichkeitselemente in den Preis hinein und bringt den Gesamteindruck mit der allein für die Möbel ausgesetzten Summe in Verbindung. Das dazugehörige Schlafzimmer von Krause, so freundlich der blaue Anstrich glänzt, wird sich dieselbe Probe gefallen lassen müssen... Und für beide Räume erhebt sich die Frage: wird dem Arbeiter dieser, von uns Aestheten auf Grund vieler Kenntnisse und eines hochentwickelten Geschmackes auf den Schild erhobene Stil auch wirklich gefallen? Ich hörte solche sagen, die als Käufer dieser Einrichtungen gedacht werden: ,das ist ja ganz hübsch, aber doch schrecklich simpel!' — und der Gedanke stand dahinter: warum sollen wir Arbeiter nicht auch etwas von den Lebensformen, dem Schmuck und der Schönheit haben, die die Besitzenden in ihren Wohnungen pflegen und genießen?" (123).

Das ist eine ganz unprätentiöse, aber immerhin zeitgenössische Erklärung, die in den Arbeitern nicht sofort die „Sinnblöden" zu markieren sucht. Die soziale Bedeutung der Einrichtung, die symbolische Funktion des Zierrats gerät den Reformern sonst nicht in den Blick. Preis und ‚materialgerechte' Verarbeitung sind für sie zumeist die einzigen Faktoren.

Etwa um die gleiche Zeit wie die „Dresdener Werkstätten für Handwerkskunst" veranstalteten auch die „Werkstätten für deutschen Hausrat Theophil Müller, Dresden-Striesen" eine Ausstellung preiswerter Wohnungseinrichtungen.

„Es sind da. . . mehrere Zimmer, deren gesamte Ausstattung kaum 1000 Mark kostet", schrieb Erich Haenel in der Zeitschrift „Dekorative Kunst" des Jahrganges 1903, „so daß eine vollständige Einrichtung eines kleinbürgerlichen

Abb. 20: „Arbeiter-Wohnzimmer" auf der Ausstellung der „Dresdener Werkstätten für Handwerkskunst Schmidt und Müller" 1903. Entwurf E.H. Walther

Heimes, d.h. Wohn- und Schlafzimmer, Vorsaal und Küche ungefähr für 3000 Mark zu erhalten ist – eine Summe, für die heute mancher Kaufmann, mancher kleine Beamte der zur Heirat gerüsteten Tochter eine Garnitur im Muschel- oder Säulenstil, wohl gar in Altdeutsch oder Tiroler Gotik ersteht" (124).

Aus dem Programm der „Werkstätten für deutschen Hausrat" seien vor allem die von August Endell entworfenen Möbel erwähnt: Das Schlafzimmer kostete 598 Mark, das Wohnzimmer 804,50 Mark, das Herrenzimmer wurde zum Preis von 900 Mark angeboten. Die Preisstaffelung war wohl der Wohnungsgröße der kleinbürgerlichen Familie und damit deren Einkünften angeglichen. Durch entsprechende Materialauswahl konnte der Verkaufspreis für die Schlafzimmereinrichtung – als Grundausstattung bürgerlicher Wohnungsmöblierung – am niedrigsten gehalten werden. Ein Herrenzimmer kam in der Wohnung von Arbeitern nicht vor. Eine solche Zimmereinrichtung blieb den Abteilungsleitern, den Beamten oder den Kleinunternehmern vorbehalten. In Endells Möbelprogramm hatte sie daher den höchsten Verkaufspreis, die Ausstattung war aufwendiger in der Materialauswahl und in der Auswahl der kombinierten Gegenstände.

Endells Möbel hatten kräftige, fast bizarre Schwünge. Diese Wirkung entstand durch das bewußte Hervorheben handwerklicher Details, durch das sichtbare Zusammenfügen des Holzes. Die Schlafzimmermöbel waren aus grün lasiertem Kiefernholz, die graziöse Ornamentik war eingraviert und rot ausgemalt. Ebenfalls aus Kiefernholz waren die Möbel des Wohnzimmers. Hier hatte man die Einzelteile dunkelrot gebeizt und die Ornamente grün ausgemalt. Stühle und Sofa hatten Bezüge aus blaugrauem Samt. Für das Herrenzimmer waren kombiniert: Ein Schreibtisch mit Sessel, ein zweiteiliges Ecksofa, ein Tisch, den vier Lehnstühle umstanden, ein Schrank und ein Büchergestell.

„Im Jahre 1897 bekreuzigte man sich vor den Bing'schen Zimmern, den Erstlingen des belgischen Wohnungsstiles auf deutschem Boden. Heute nach sechs Jahren wird sich der Lehrer und der kleine Geschäftsmann bald seinen Arbeitsraum mit solch kräftigen, in ihrer schlichten Zweckmäßigkeit so durchaus traditionslosen Möbeln ausstatten, wie sie sich Herr Paul Göhre, der Repräsentant der arbeitenden Klassen, bestellt hat" (125).

Neben Albin Müller und M.A. Nicolai hatten die beiden Künstlerinnen Margarethe Junge und Gertrud Kleinhempel Zimmereinrichtungen für die Schau der „Werkstätten für deutschen Hausrat" entworfen.

An dieser Stelle sei noch auf eine Wohnungseinrichtung verwiesen, die Wilhelm Keppler um das Jahr 1904 entworfen hatte. Der Künstler hatte auf der Basis realer Raumverhältnisse in München eine Wohnung möbliert, die aus Schlafzimmer, Wohnzimmer, Speisezimmer und Küche bestand. Die Kaufpreise für die Einrichtungen lagen zwischen 300 und 600 Mark. Kepplers Möbel bezeichnete man in einem Artikel mit der Überschrift „Streifzüge durch Architektur und Kunstgewerbe in München" in der „Dekorative Kunst" von 1904 neben denen von zwei anderen Entwerfern als „... die billigste, im neuzeitlichen Sinne gehaltene Wohnungseinrichtung, die bisher in Deutschland zum praktischen Gebrauch geschaffen worden ist" (126).

In der Tat waren die Möbel Kepplers von schlichter und zweckmäßiger Form und erinnerten stark an Entwürfe von Bruno Paul.

Entwurf und Herstellung von billigen Wohnungseinrichtungen, das ständige Suchen nach den für die Arbeiterklasse und das Kleinbürgertum gültigen Möbelformen waren zu Beginn des zwanzigsten Jahrhunderts ein wichtiges Betätigungsfeld von Künstlern und Handwerkern. So enthielt auch das 1905 publizierte Werk „Die moderne Wohnung und ihre Ausstattung" von Joseph August Lux ein Kapitel über die Arbeiterwohnung. Lux war der Ansicht, daß

Abb. 21: Wohnzimmereinrichtung aus dem Programm der „Werkstätten für deutschen Hausrat Theophil Müller, Dresden-Striesen" 1903. Entwurf August Endell

man der tristen Wohnungssituation in den Großstädten durch eine behaglichere Wohnungseinrichtung entgegenwirken könne. Er schrieb:

,,Soll man also die arme volkreiche Stadt, wo sich die Wohnungen aneinander und übereinander bauen, zahllos wie die Zellen eines Bienenkorbes, wohnlich finden und das Gefühl der Heimatlosigkeit verlieren, so muß von dem Innern der Häuser her, aus den Wohnungen der Eindruck verschwinden, daß fast alle, ob arm oder reich, Fremdlinge im eigenen Heim geworden sind. Nun bilden die erfreulichen Bildungsbestrebungen der modernen intelligenten Arbeiterschaft freilich die sicherste Gewähr dafür, daß sich der Ausbau einer inneren Kultur langsam vollzieht, der sich denn auch nach außen hin in höheren Geschmacksanforderungen da und dort geltend macht'' (127).

Ebenfalls im Jahre 1905 hatte in Hagen in Westfalen eine Konferenz der ,,Zentralstelle für Arbeiter-Wohlfahrtseinrichtungen'' stattgefunden. Als ein Tagesordnungspunkt stand die künstlerische Gestaltung des Arbeiterwohnhauses auf dem Programm. Prominente Persönlichkeiten waren als Referenten geladen: Karl Ernst Osthaus sprach ,,über den Wert des Hauses'', Hermann Muthesius ,,über die Entwicklung des künstlerischen Gedankens im Hausbau'' und Riemerschmid hatte Grundriß, Außenbau, Innenausbau und Einrichtung des Arbeiterwohnhauses zum Thema.

Riemerschmid, dessen Möbelprogramm für die ,,Dresdener Werkstätten'' am Schluß des Kapitels besprochen wird, hatte auch auf der ,,3. Deutschen Kunstgewerbeausstellung Dresden 1906'' – wo der ,,Arbeiter-Wohlfahrt'' ein wichtiger Platz eingeräumt war – sämtliche Entwürfe für die umfangreiche Schau der genannten Firma geliefert. Diese hatte in eigener Halle ausgestellt: Einen ,,Musik- und Tanzraum'', ein ,,Herrenzimmer'' sowie einzelne Möbel als individuell angefertigte Arbeiten, als Beitrag zur maschinellen Möbelherstellung aber auch eine ,,Wohnung für den Mittelstand'' und eine ,,Arbeiterwohnung''. Ferner wurde das maschinelle Herstellungsverfahren der Firma gezeigt.

,,Die Ausstellung ist ein großes Geschäft'', sagte Naumann in einem Vortrag in Dresden 1906, ,,der Zweck der Ausstellenden ist, daß sie Aufträge in Empfang nehmen wollen... Die Ausstellung trägt die Namen der Künstler, ist aber im Grunde gemacht von den Unternehmern, und der eigentliche Kern dessen, was die Ausstellung uns geschäftlich und volkswirtschaftlich zeigt, ist eben das Aufkommen eines kaufmännischen und industriellen Unternehmertums auf dem Gebiet der Handwerkskunst'' (128).

Aus dem Jahr der Dresdener Ausstellung von 1906 stammt auch ein sensationalles Möbelangebot der ,,Dresdener Werkstätten für Handwerkskunst'': Wie bereits erwähnt, hatte Riemerschmid das Programm entworfen, das dem Käuferpublikum in einem reich bebilderten Katalog vorgestellt wurde. Diesem beigeheftet war ein Aufsatz von Muthesius ,,Das Maschinenmöbel''. Es hieß darin:

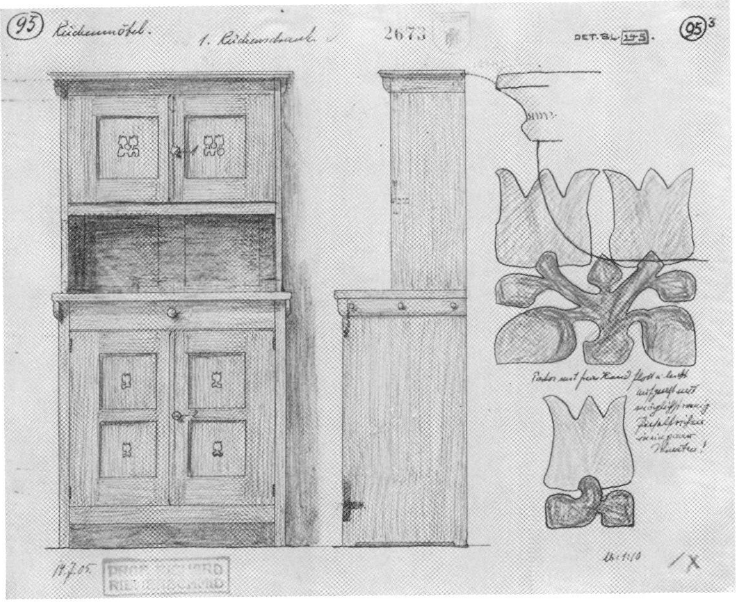

Abb.22 (oben): Küchenschrank aus dem Maschinenmöbelprogramm der „Dresdener Werkstätten für Handwerkskunst" 1906. Entwurf Richard Riemerschmid

Abb.23: Kleiderschrank aus dem Maschinenmöbelprogramm der „Dresdener Werkstätten für Handwerkskunst" 1906. Entwurf Richard Riemerschmid

Abb.24: Stuhl und Armlehnstuhl aus dem Maschinenmöbelprogramm der ,,Dresdener Werkstätten für Handwerkskunst" 1906. Entwurf Richard Riemerschmid

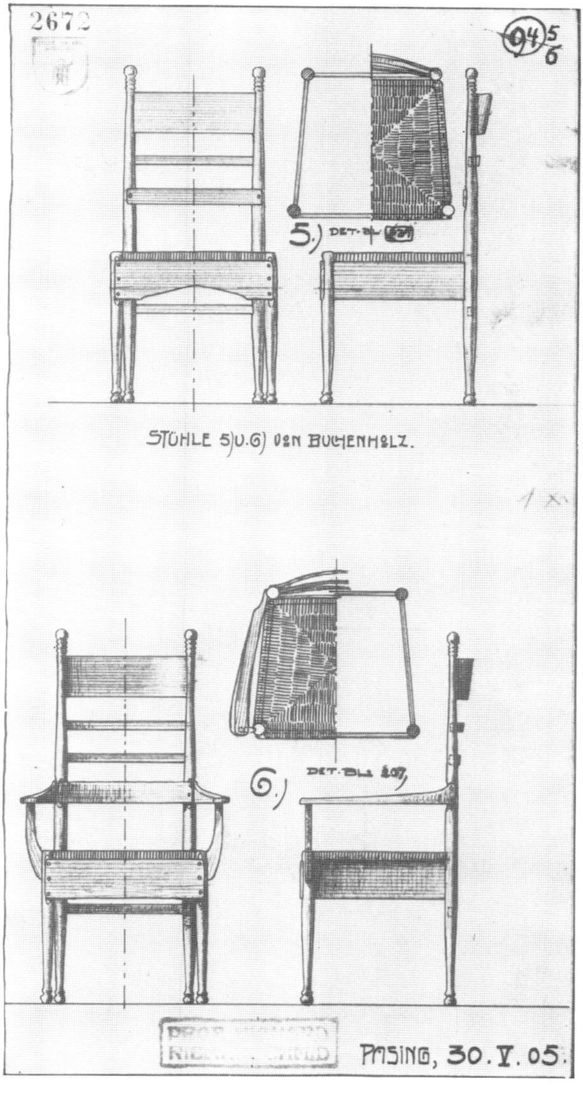

,,Was heute in Deutschland noch gänzlich fehlt, ist: das anständige Möbel für den gemeinen Mann. Ein Möbel ohne Prätension von einfacher, würdiger Erscheinung, aber höchster Gediegenheit in Material und Ausführung... ein Möbel, das nicht auf schönen Schein berechnet ist, ein Möbel, das ein treuer

Diener seines Herrn sein will. Es ist eigentlich merkwürdig, aber zugleich für den Stand der deutschen Kultur bezeichnend, daß dieses Möbel noch nicht geschaffen worden ist" (129).

Riemerschmid hatte dieses Möbel entworfen. Das Programm gliedert sich in drei, beziehungsweise in vier verschiedene Preisstufen, deren billigste eine Wohnzimmereinrichtung zum Preis von 245 Mark bot, eine Schlafzimmereinrichtung zu 180 Mark und eine Küche zu 145 Mark. Das Material dieser Möbel war Fichtenholz, das verschiedenfarbig gestrichen war: Die Wohnzimmermöbel blau, die des Schlafzimmers grün, die Küchenmöbel waren rot lackiert. Riemerschmid hatte ausgehend von den Grundformen der Holzbearbeitung seine Entwürfe gleichsam spielerisch zusammengestellt. Die Preissteigerung kam nur durch zusätzliche Werkstoffbearbeitung zustande – wie ornamentales Ausstanzen von Beschlägen oder Profilieren von Kanten und Stäben. Ausgangselemente waren die statisch notwendigen Querschnitte und die maschinellen Verbindungen der Hölzer (130).

Das genannte Möbelprogramm für die „Dresdener Werkstätten", die „3. Deutsche Kunstgewerbeausstellung Dresden 1906" und die Gründung des Deutschen Werkbundes im Jahre 1907 stehen eng im Zusammenhang. Riemerschmidt, selbst Gründungsmitglied, hatte zu einem wichtigen Punkt der Leitsätze des Werkbundes, der „Förderung fruchtbaren Zusammenwirkens von Kunst, Industrie und Handwerk zur Steigerung der Güte ihrer Arbeit", bereits im Jahre 1906 ein praktisches Beispiel geliefert (131).

Möbel für Mietwohnungen von 1907 bis 1914

Erstmals hatten sich im Zeitalter der Industrialisierung Künstler um die Wohnungseinrichtung der Arbeiter Gedanken gemacht. Neuartige Entwürfe waren entstanden, Entwürfe, für die in erster Linie die Funktion entscheidend war. Auf überflüssigen Schmuck wurde verzichtet – die Preise sollten so niedrig wie möglich gehalten werden.

Nach der Gründung des Deutschen Werkbundes 1907 beschäftigten sich immer mehr Entwerfer mit Wohnungseinrichtungen für den Mittelstand und die Arbeiterklasse. Die Produzenten, hauptsächlich Firmen, die Mitglieder des Werkbundes und mit dessen Forderungen vertraut waren, erhofften von ihren Aktivitäten einen besseren Absatz ihrer Waren.

„Der Werkbund ist seiner Anlage nach kein Unternehmerverband, denn er will künstlerisch schaffende Menschen aus allen Betriebsstufen in sich aufnehmen, auch Angestellte und Arbeiter, aber es liegt in der Natur der Sache, daß die Unternehmer in ihm die größere Rolle spielen werden als die Arbeiter. Man wird also wohl nicht fehlgehen, wenn man den Werkbund in gewissem

Sinne als einen Gesinnungsverband von Qualitätsgewerbeunternehmern bezeichnet'' (132).

Die Vereinigten Werkstätten für Kunst im Handwerk in München produzierten jetzt ihr Typenmöbelprogramm von Bruno Paul. Es wurde in Berlin in der Königgrätzer Straße in einer Mietwohnung ausgestellt (133). Die Entwürfe waren wie kaum andere dazu geschaffen, als Ausgangselemente für die Typenentwicklung in Serie zu dienen (134). Ausgestellt waren fünf Zimmereinrichtungen: Wohnzimmer, Eßzimmer, Arbeitszimmer, Schlafzimmer, Kinderzimmer und Küche. Die zeitgenössischen Berichterstatter nannten die Möbel ,,. . . einheitlich und doch wandlungsfähig, schlicht und neutral und doch so gut nach Form und Geschmack, daß auch der Feinsinnigere sich damit nicht bloß praktisch bedient, sondern auch sympathisch umgeben fühlt; kombinier-

Abb. 25: ,,Empfangs- und Damenzimmer'' der Typenmöbel aus den Vereinigten Werkstätten für Kunst im Handwerk München 1908. Entwurf Bruno Paul

und ergänzbar, von solider, schöner Arbeit und gutem Material und zu mäßigen, dem höheren Bürgerstand im Durchschnitt erreichbaren Preisen" (135).

Einschränkend schrieb Hermann Post „Wie sich die Preise der Erzeugnisse der ‚Werkstätten' zurzeit noch stellen (eine Chaiselongue kostet zum Beispiel M. 148.–, eine Bettstelle M. 115.– bis M. 148.–) sind sie zu hoch". Er meinte aber, daß durch Absatzsteigerung die Verkaufspreise gesenkt werden könnten, wobei „die Gewinnung der breitesten Kreise des Publikums als Käufer" notwendig wäre und eine „Lebensfrage für das neue Möbel" darstelle (136).

Zum Möbelprogramm der Vereinigten Werkstätten sind, außer den genannten, keine Einzelpreise für die Jahre zwischen 1908 und 1910 bekannt, doch läßt sich aus den notierten Zahlen auf die Verkaufspreise der anderen Stücke schließen. In Berlin verdienten 1907 etwa 90 % der Arbeitenden zwischen 900 und 3000 Mark pro Jahr, so daß der Kauf der Typenmöbel nicht einmal

Abb. 26: Bücherschrank der Typenmöbel aus den Vereinigten Werkstätten für Kunst im Handwerk München 1908. Entwurf Bruno Paul

für durchschnittlich verdienende Kleinbürger in Frage kam. Breuer war 1908 der Ansicht, daß die Ausgabe von etwa vier- bis sechstausend Mark der „durchschnittliche Aufwand weiter Kreise" sei. In Riemerschmids Programm von 1906 für die „Dresdener Werkstätten" kostete die teuerste Wohnungseinrichtung, bestehend aus Speisezimmer, Herrenzimmer, Wohn- und Empfangszimmer, Schlafzimmer, Küche und Flur dagegen nur 2630 Mark (137).

Auch die Möblierung eines „Direktorzimmers" in den Kölner Ausstellungsräumen der Vereinigten Werkstätten bestätigt die Zuweisung der Typenmöbel Bruno Pauls zum Haushalt und Arbeitsbereich des gehobenen Bürgertums (138).

Die in den Jahren 1908 bis 1910 publizierten Informationen zu diesem Möbelprogramm, die repräsentative Vorführung in Köln, und die in Hannover im Jahre 1911, sowie die für eine Anzahl von Inneneinrichtungen verwendeten Typenmöbel, wie auch der um das Jahr 1913 erschienene Firmenkatalog beweist, daß die Vereinigten Werkstätten bis zum Beginn des ersten Welt-

Abb. 27: Armlehnstuhl der Typenmöbel aus den Vereinigten Werkstätten für Kunst im Handwerk München 1908. Entwurf Bruno Paul

Abb. 28: Küchenschrank der Typenmöbel aus den Vereinigten Werkstätten für Kunst im Handwerk in München 1908. Entwurf Bruno Paul

krieges das Programm ergänzten und variierten. So enthält der Katalog „Typenmöbel für Stadt und Land von Professor Bruno Paul" gegenüber den Abbildungen in der Zeitschrift „Dekorative Kunst" eine Anzahl neuer Entwürfe. Der Katalog gibt detaillierte Auskunft über Materialien und Einzelpreise und wirbt für den Kauf der Typenmöbel wie folgt:

„Die Typenmöbel... sind in einfachen, typischen Formen gehalten, so daß sie sich den verschiedensten Räumen und Menschen gefügig anpassen. Sie prunken nicht mit überflüssigem Schmuck, dafür werden sie aber auch ihrem Besitzer keine Enttäuschungen bereiten. So solid ihre äußere Form ist, so solid ist auch ihre Arbeit. Der häufige Transport, der sonst schlimmer ist als das Feuer, wird ihnen nichts anhaben. Sie sind so knapp in ihrem Umfang, daß sie auch in ungünstigsten Räumen noch zu plazieren sind. Kompliziertere Stücke, wie Sofa- und Bettumbauten, Prunkbüffets, die nirgends unterzubringen sind, die immer Fenster und Türen verstellen, fehlen ganz" (139).

Als Typenmöbel in gebeiztem Eichenholz kosteten bei den Vereinigten

Werkstätten um das Jahr 1913 eine Speisezimmereinrichtung 969 Mark, eine Wohnzimmereinrichtung 801 Mark und eine Schlafzimmereinrichtung 795 Mark. Für die Ausführung in anpoliertem Mahagoniholz lagen die Preise höher. Es mag überraschen, daß die Grundtypen des Programms von 1908 selbst fünf Jahre nach ihrem Entwurf die gleichen geblieben waren. Noch immer waren offensichtlich die Gestaltungsmerkmale der Entwürfe von Bruno Paul marktgängig: Schlichte Linienführung der Einzelteile, Sprossenverglasung an Schranktüren in der Form von Rhomben, Symmetrie des Aufbaues. Erst die Hinzufügungen des neuen Programms verweisen auf die Wandlung Paulscher Entwurfskunst. Jetzt gehörten neben anderen Ergänzungen als auffallendste Attribute zierlich geformte Stühle zu Empfangs- und Damenzimmereinrichtungen (140). Sie hatten ähnliches Aussehen wie die Möbel, die nach Pauls Entwürfen für die Weltausstellung in Brüssel 1910 und die Werkbundausstellung in Köln 1914 hergestellt worden waren.

Kurz vor der Berliner Ausstellung von Typenmöbeln aus den Vereinigten Werkstätten hatte der Maler Hermann Münchhausen zusammen mit Otto Lademann, dem Inhaber der Dittmarschen Möbelfabrik in Berlin, drei Mietwohnungen mit eigens für diese entworfenen Möbeln eingerichtet. Osborn berichtet in der Zeitschrift ,,Die Werkkunst'' des Jahrganges von 1906/07 darüber:

,,Was Münchhausen entworfen hat, fügt sich hier gut ein. Er zeigt kleine Wohnungseinrichtungen, die vollständig — drei oder vier Zimmer, Küche und Korridor — etwa 5000 bis 7000 Mark kosten würden, die aber keinen Kultur- und Geschmacksmenschen in irgend einer Ecke kränken, sondern rings Behagen und Vergnügen verbreiten, ja sogar nicht ohne kleine Raffinements sind. Durch verschmitzte Sparsamkeiten am rechten Ort sammelt er sich Mittel, um da, wo es darauf ankommt und sich gehört, mit bestem Material und sorgfältigster Verarbeitung einzugreifen und auch das vernünftigste Schmuckbedürfnis nicht abzuwehren'' (141).

Wie der Preis ausweist, handelte es sich hier — wie bei Bruno Pauls Entwürfen — um Möbel für gut verdienende Bürger, die schlichte Eleganz und Harmonie der Proportionen als Merkmal der Innenraumgestaltung ihrer Schicht wahrnehmen konnten.

Billigere Wohnungseinrichtungen zeigte man auf den Ausstellungen des Jahres 1908 in Stuttgart, in München und in Darmstadt (142). Die Vorführungen von Arbeiterwohnungen bei Ausstellungen erweckten mehr und mehr den Eindruck, daß die für das Proletariat entworfenen Möbel wie die Luxusmöbel im neunzehnten Jahrhundert ein von ihrer Zielgruppe isoliertes Dasein als Ausstellungsstücke führten. Reale Firmenangebote bewegten sich zumeist in höheren Preiskategorien.

So gab es auf der ,,Hessischen Landes-Ausstellung für freie und angewandte Kunst'' in Darmstadt 1908 eine ganze Kolonie von eingerichteten Arbeiterhäusern zu sehen. Es handelte sich um eine Ausstellung des ,,Ernst Ludwig-Vereins, hessischer Zentralverband zur Errichtung billiger Wohnungen in Darmstadt''. Wie es hieß, hatte man ,,um einen idyllischen Dorfplatz... 6 einfache Häuser herumgelegt, deren Gestaltung den Zauber der ,Volkskunst' erwecken'' (143). Nicht minder überraschten die geringen Kosten:

,,Ein Kapitel für sich verdient die ausgezeichnete Kleinwohnungskunst. Die Anlage der sechs kleinen Arbeiterhäuser zu einem ,Arbeiterdorf' erscheint als Clou, als über die nur künstlerische Seite des großen Unternehmens hinausreichende Anziehungskraft. Was sollte man noch sagen, wo die Tageblätter und Zeitschriften schon hierüber begeisterte Berichte bringen? Ein Einfamilienhaus, wie es Olbrich oder wie es Rings gebaut hat, für 4000 Mark (schreibe viertausend, die ganze Mobiliareinrichtung 5-600 Mark), Zweifamilienhäuser wie das von Mahr und Markwort oder Georg Metzendorf... möchte man sofort kaufen und beziehen''.

Die Baukosten waren vorgeschrieben: Für ein Einfamilienhaus nicht über 4000, für ein Doppelhaus nicht über 7200 Mark; die Kosten für eine Wohnungsmöblierung durften 1000 Mark nicht überschreiten. Zur Einrichtung sollten gehören: Wohnzimmer, Schlafzimmer, Küche einschließlich Bettzeug, Wäsche, Teppiche, Vorhänge, Geschirr.

Verglichen mit den bisher erwähnten Wohnungseinrichtungen für Arbeiter handelte es sich hier in der Tat um ausgesprochen billige Möbel. Allerdings darf die Ortsgebundenheit beim Preisvergleich zwischen Darmstädter Möbeln und solchen aus Berlin, München oder Dresden nicht außer acht gelassen werden, zumal die hessischen Arbeiterhäuser im Hinblick auf den zumeist ländlichen Wohnsitz des Proletariats wesentlich einfacher gebaut und eingerichtet werden konnten als die in den Großstädten.

Im Doppelhaus des Darmstädter Architekten Mahr der Firma Mahr und Markwort kostete die Einrichtung von Küche, Wohnzimmer, Elternschlafzimmer und Kinderschlafzimmer insgesamt 1141,50 Mark. Die Einzelformen der Möbelstücke waren recht derb und bäuerlich und hätten den Vorstellungen eines Großstadtarbeiters sicherlich nicht entsprochen. Genauso mangelte es der Möblierung eines von A. Wienkoop entworfenen und eingerichteten Hauses an Eleganz und Gediegenheit der Materialien und Formen. Feiner in Proportionen und Dekorationen waren die Möbel nach Entwürfen von Metzendorf. Hier sollte die Einrichtung für eine Wohnung 550 Mark kosten.

Von Olbrich stammten die Entwürfe zu zwei Häusern, deren eines — das sogenannte ,,Oberhessische Haus'' — recht großzügig angelegt war. Das andere war als Arbeiterhaus im Auftrag des Fabrikanten Wilhelm Opel in Rüsselheim entstanden.

Lux beschreibt das kleine Haus wie folgt: ,,Wir finden darin der Hauptsache nach an Stelle des von deutschen Arbeitern gründlich abgelehnten Einkü-

Abb. 29: Wohnzimmer im Arbeiterhaus für die Firma Opel auf der „Hessischen Landes-Ausstellung für freie und angewandte Kunst" Darmstadt 1908. Entwurf Joseph Maria Olbrich

chenraumes ein großes, helles, höchst anmutiges Wohnzimmer... Unter dem hohen, spitzen Dach sind die Schlafkammern eingebaut. Um das Ganze zweckmäßig und ohne Verteuerung im höchsten Grade wohnlich zu gestalten, aber auch bis ins kleinste jenen undefinierbaren, stillen Adel der Kunst verspüren zu lassen, dazu bedarf es des ganzen Einsatzes eines genialen Künstlers, der als Volkskind dem Volk wieder sein bestes gibt, wie es Olbrich tat und wiederum genügt es nicht, wie andere taten, daß man einfach die Bauernhaustype proletarisiert" (144).

Das Äußere des Häuschens war bescheiden, die Möblierung hatte biedermeierliche Akzente. Die schlichten Einzelformen waren in der Linienführung nicht ohne Eleganz, die Lehnen von Sitzmöbeln zum Teil kugelig gedrechselt, Bezugsstoffe hatten zarte Blümchenornamentik.

Der Möblierung von Mietwohnungen und kleinen Siedlungshäusern galt – wie schon erwähnt – in den Jahren zwischen Werkbundgründung und Beginn des ersten Weltkrieges auch das Hauptinteresse der Manufakturen.

„Soweit wir nicht über einen sehr großen Geldbeutel verfügen, sollten wir heute Möbel fordern, die einfach, zweckmäßig, sauber usw. sind, und dabei soll es uns gleichgültig sein, ob die Möbel aus der Fabrik oder aus der Werkstatt des selbständigen Handwerkers kommen", hatte Heinrich Tessenow 1909 geschrieben (145).

Die Problematik von verschiedenen Standpunkten sehend, die verschiedenen Einkommensschichten von Proletariat und Kleinbürgertum berücksichtigend, wurden die Firmen und die Kritiker ihrer Möbelprogramme nicht müde, sich mit neuen Produktionen auseinanderzusetzen:

„Die große Mehrzahl der Bevölkerung aber – auch in den wohlhabenden Schichten – ist heute noch durchaus auf die Mietwohnung angewiesen, und diese verlangt transportable Einzelmöbel, die sich leicht einem neuen Grundriß einfügen lassen. Das billige Einzelmöbel, das allen diesen Anforderungen entspricht, ist ein gegenwärtig noch nicht erreichtes Ziel der modernen Möbelkunst. In den De-We-Möbeln der ‚Deutschen Werkstätten' scheint diese Aufgabe der Lösung nahegebracht zu sein. Ein relativ niedriger Verkaufspreis der De-We-Möbel wird dadurch erreicht, daß dem entwerfenden Künstler für einzelne Teile der Möbel ... die Einhaltung gewisser Größeneinheiten zur Bedingung gemacht wird. Diese einzelnen Teile lassen sich mit Hilfe der Maschine massenweise herstellen und dann verschieden komponieren, so, daß trotz der Gleichheit der einzelnen Teile eine große Mannigfaltigkeit ermöglicht wird. Entwürfe für solche Möbel wurden gefertigt von Lucian Bernhard, Karl Bertsch, Richard Riemerschmid" (146).

Den Mitarbeitern der „Werkstätten für deutschen Hausrat" lag – wie sie selbst in einer Broschüre formulierten – „... weniger daran, durch eine teure Luxuskunst, durch eine Künstlerkunst, Sensationen zu erregen, als vielmehr dem lebendigen Bedürfnis des Tages, des schlichten Alltages wie des festlichen Feiertages, eine klare und sinnvolle Form zu schaffen" (147).

Auf den Ausstellungen indessen bestaunten die wohl zumindest dem gehobenen Kleinbürgertum entstammenden Besucher die Puppenstuben-Romantik von blitzsauberen Arbeiterküchen und einfachen, aber adrett moblierten Stübchen und erwähnten lobend die niedrigen Preise ganzer Ausstattungen (148).

So hatte man auch in Brüssel auf der Weltausstellung 1910 wieder Arbeiterhäuser von Metzendorf gezeigt, über die es hieß:

„Aesthetische Dokumente unserer sozialen Ethik. Gerade diese in Schlichtheit schönen Heimstätten werden helfen, uns den Respekt der Völker zu erwerben. Eine Nation, deren Proletarier für solche Wohnkultur reif werden, erwächst notwendig zu einem Führer der industriellen Welt" (149).

Es handelte sich um gute Ergebnisse maschineller Herstellung von Möbeln. Die Programme der „Rheinischen Werkstätten für Handwerkskunst" sollten 500 und 700 Mark kosten. Gottfried Stoffers meinte, daß diese „sauberen, milden Stuben doch so warme Herbergen, so würdige Erzieher zum Selbstbewußtsein, zu Ordnung und zur Menschlichkeit" seien.

Eine Zusammenfassung der Bemühungen um die Gestaltung von Arbeitermöbeln geben Naumanns folgende Sätze aus seiner Rede auf einer Jahresversammlung des Deutschen Werkbundes wieder:

„... der Arbeiter hat kein Gefühl für den Wert eines feinen Dinges, wenn er im Hintergrunde nichts als die gewöhnliche Bettlade ... kennt. Ich rede dabei nicht von Armut, sondern nur von der absolut inhaltlosen Eintönigkeit dessen, was der normale kleine Mann für sein weniges Geld zu bekommen pflegt. Wer in formloser Umgebung lebt, kann in ihr brav, bieder und treu sein. Künstlerisch wird man aber nicht, wenn man immer nur zwischen schlechten Brettern und falschen Ecken existiert. Wenn Sie überhaupt wollen, daß es in der Kunst vorwärtsgehe, müssen Sie auch die Mitarbeiter Menschen sein lassen. Man muß ihnen zutrauen, daß auch sie ästhetische Bedürfnisse haben. Diese beginnen nämlich nicht erst bei der Selbstdeklaration für die Einkommenssteuer, sondern dürfen schon unterhalb derselben anfangen. Die Zukunft

Abb. 30: „Erker eines Hauses für Industriearbeiter" auf der Weltausstellung Brüssel 1910. Entwurf Georg Metzendorf

aller unserer Bestrebungen hängt zum großen Teile davon ab, ob es möglich sein wird, die Arbeiterschaft und ihre Gewerkschaften an dem Kunsterlebnis der Gegenwart zu beteiligen. Eine gute Schule tut viel, Schule ersetzt aber nicht den mangelhaften Hintergrund des eigenen Lebens. Hier ist Werkbundarbeit'' (150).

Naumanns Vorstellung von ‚Werkbundarbeit' erschöpfte sich allerdings im Formalen. Die Lebensvoraussetzungen der Arbeiter wirklich zu ändern, hätte politischer Aktivitäten bedurft, der Veränderung der gesellschaftlichen Produktionsverhältnisse.

Neben den Ausstellungen und Kongressen, die von Intellektuellen, bürgerlichen Reformern und auch Firmen konzipiert wurden, gab es allerdings auch Aktivitäten der Arbeiterschaft selber. Dabei ging es auch darum, die Proletarier nicht mit kleinbürgerlichen Idealen zu identifizieren, sondern sie zu selbstbewußtem — und das hieß in dieser Situation auch zu klassenbewußtem — Denken zu erziehen.

Abb. 31: Wohnzimmereinrichtung aus der Musterwohnung im Berliner Gewerkschaftshaus 1911. Entwurf Hermann Münchhausen

Auf dem Gebiete der Wohnungseinrichtung mußten die Möbel so bescheiden gehalten werden, daß die Verkaufspreise nicht das Maß der Erwerbbarkeit überschritten, was mit billiger Materialauswahl und einfacher Detaillierung Hand in Hand gehen mußte. Die Konsumenten sollten „... auf das herrschaftliche Nußbaum verzichten und die bescheidene Schönheit des verrufenen Kien schätzen" lernen (151). Ihr Platz sollte demnach ästhetisch auf der untersten gesellschaftlichen Stufe der Lohnabhängigen bleiben.

Seit etwa 1910 gab es in Berlin eine ständige Ausstellung, deren Initiatoren Mitglieder der „Arbeiter-Wohlfahrt" waren. Innerhalb des Bereiches „mustergültiger Wohlfahrtseinrichtungen" gab es „zahlreiche, sorgfältig hergestellte Modelle von Arbeiterwohnungen" zu sehen, außerdem waren „Küchen, Speiseräume, Wascheinrichtungen, Bäder und dergleichen meist in Originalen ausgestellt".

Im Jahre 1911 stellte die „Kommission für vorbildliche Arbeiterwohnungen" im Berliner Gewerkschaftshaus eine Musterwohnung aus. Zum genannten Gremium gehörten neben anderen Robert Breuer, Paul Göhre sowie der erste Vorsitzende des „Verbandes deutscher Kunstgewerbezeichner", der Geschäftsführer des Gewerkschaftshauses und die Vorsitzende des „Vereins der Frauen und Mädchen der Arbeiterklasse".

Münchhausen, dessen Name uns bereits von einer Ausstellung teurer Berliner Mietwohnungseinrichtungen bekannt ist, hatte das erste Programm entworfen: Wohnzimmer und Schlafzimmer in Kiefernholz, „gewachst und anpoliert", die Kücheneinrichtung gestrichen, kosteten zusammen 892,70 Mark. Die Möbel zeigten bei schlichterem Material gewisse Ähnlichkeiten mit Bruno Pauls Typenmöbeln, wirkten jedoch ärmlicher. Die Hölzer der Stühle verliefen klar der Konstruktion folgend, der Wohnzimmerschrank hatte Kugelfüße, die Sprossenteilung seiner oberen Glastüren war geometrisch (152).

„Wahrlich, die Stunde ist da", schrieb euphorisch das Kommissionsmitglied Breuer, „daß der Arbeiter im Bewußtsein des ihm zukommenden Einflusses als Masse den braven Möbelhändlern, die ihn mit bürgerlichem Abfall speisen wollen, rund heraus sagt: ‚Behaltet euren Kram! Wir wollen unsere eigenen Möbel; Möbel, von denen einst die Geschichte sagen soll, daß sie Dokumente der Lebensauffassung und der Energie des zu sich selber gekommenen Proletariats sind'" (153).

Ein zweites Möbelprogramm wurde im Jahre 1912 zusätzlich ausgestellt. Jetzt hatte man den bekannten Architekten Behrens als Entwerfer bemüht. Der Künstler sollte in seinem Programm alle diejenigen Fehler verbessern, die man an Münchhausens Möbeln festgestellt hatte. Das folgende Zitat gibt Aufschluß über das Aussehen der etwas schwerfällig wirkenden Behrens-Möbel.

„Das Holz ist kiefern, braun gebeizt; die hölzernen Knöpfe sind schwarz. Ein grün-grau gestreifter Wollstoff wurde für die Sitzmöbel verwandt; vor den

Fenstern des Wohnzimmers hängt ein einfarbiger, saftig grüner Mohaire, während für das Schlafzimmer Leinenstoff bestimmt wurde. Auf dem Waschtisch und den Nachttischchen liegt weißes Linoleum. Die Küche ist kiefern und weiß gestrichen" (154).

Die Wohnungseinrichtung nach Entwürfen von Behrens kostete insgesamt 884,35 Mark. Die Möbel fanden die Bewunderung und Zustimmung der Ausstellungsbesucher. Die Räume konnten ab sechs Uhr abends besichtigt werden, so daß sich für Berufstätige die Möglichkeit bot, in Ruhe auszuwählen, zu begutachten, sich nach den Möglichkeiten der Ratenzahlung zu erkundigen. Allerdings wurde „von vielen Besuchern ... bemerkt, die Mehrzahl der Arbeiter habe einen zu geringen Verdienst, um die zur Anschaffung derartiger Möbel notwendige Summe zusammen zu sparen". Der Wunsch nach Anbauelementen wurde laut, die nach und nach beschafft werden könnten.

Dieser Bedarf konnte auch mit der dritten Aktion der „Kommission für vorbildliche Arbeiterwohnungen" nicht gedeckt werden, da es sich auch dabei wieder um komplette Zimmereinrichtungen handelte. Allerdings hatte

Abb. 32: Wohnzimmereinrichtung aus der Musterwohnung im Berliner Gewerkschaftshaus 1912. Entwurf Peter Behrens

man sich auf einem anderen Gebiet bemüht, den Bedürfnissen der Arbeiterklasse gerecht zu werden: Die Kommission hatte diesmal zusammen mit dem „Verband deutscher Kunstgewerbezeichner" einen Wettbewerb ausgeschrieben, da „... man glaubte, daß die Kunstgewerbezeichner, die nach ihrer wirtschaftlichen Lage zumeist der proletarischen Schicht (an-)gehören, aus natürlichem Instinkt das Möbel ihrer Klasse finden könnten" (155). Das Ergebnis überraschte. Das Preisgericht, dem auch Muthesius angehörte, hatte die Arbeit des Zeichners Robert Koepsel von „Baubüro des Berliner Magistrats" zur Ausführung bestimmt. Die Möbel waren aus Gabun-Mahagoniholz und aus Birkenholz hergestellt. Die Bezüge waren aus schwarz und grün geripptem Cordsamt.

„Es wird sich vielleicht mancheiner darüber wundern, daß diese vorgeschlagenen Möbel so garnichts ‚Proletarisches' an sich haben, nichts Vierschrötiges und garnichts vom ‚Armeleutegeruch'. Als die Idee des Arbeitermöbels zum erstenmal auftauchte, da glaubte man mit buntgestrichenen, klobigen Kästen auskommen zu können. Jene ersten Proben, wie sie auf verschiedenen Ausstellungen zu sehen waren, schienen vom Zimmermann zurechtgeschlagen.

Abb. 33: Kücheneinrichtung aus der Musterwohnung im Berliner Gewerkschaftshaus 1912. Entwurf Peter Behrens

Oder es wehte Landluft durch die Räume. Auch Olbrich, der in Darmstadt seinerzeit entschieden die beste Lösung einer Arbeiterwohnung vorführte, hatte einen tirolischen Einschlag, oder sonst irgendwie etwas Volksgekünsteltes nicht ganz vermieden. Von solchem will aber der städtische Arbeiter nichts wissen".

Die Möbelprogramme von Münchhausen, Behrens und Koepsel waren keineswegs in der bisher üblichen Art der Wohnungseinrichtungen für Proletarier gehalten. Sie waren schlicht, ohne volkstümlich zu wirken, sie hatten sparsames Dekor, das besonders bei der Arbeit von Behrens so dezent verwendet worden war, daß der Charakter des Billigen nirgendwo spürbar wurde. Am elegantesten waren die Entwürfe des Bauzeichners. Und sie hatten noch den Vorzug des niedrigen Verkaufspreises.

Wie wir gesehen haben, gab es also eine Reihe von Vorschlägen zur Herstellung von Möbeln für breite Volksschichten. Ein Großteil der Entwürfe fand auch den Beifall der Zielgruppe. Jedoch war man nicht gewillt, derartig hohe Kaufpreise für die relativ einfachen Stücke zu bezahlen. Billiger konnte aber mit den Ansprüchen an Materialgerechtigkeit und Funktion nicht produziert werden. So blieben die Möbelprogramme nur für die besser Verdienenden erwerbbar.

Gedankengut des Bauhauses und Hausrat nach dem ersten Weltkrieg

Der Ausbruch des ersten Weltkrieges setzte den Bemühungen um Kunst und Kunstgewerbe ein Ende. Die Kölner Werkbundausstellung hatte am Vorabend des Krieges stattgefunden. Im Jahre 1916 wollte die „Société des Artistes Décorateurs" in Paris auf internationaler Basis eine Ausstellung eröffnen, was durch den Kriegsbeginn verhindert wurde.

Nach dem Krieg gab es massenhaft Notleidende, denen in erster Linie eine Wohnung fehlte; um Beschaffung von Möbeln ging es erst in zweiter Linie. Allerdings war die maschinelle Herstellung von Gebrauchsgüters inzwischen soweit fortgeschritten, daß der Bedarf der zumindest einigermaßen Begüterten gedeckt werden konnte. Für die Mietwohnung wurden umzugfreundliche Möbel bevorzugt, „... die leichten, einfachen, beweglichen Typen mit den weicheren Umrissen, ... ein volles, rundes, abgeschlossenes Werk", das „nach Belieben ausgetauscht und umgruppiert werden" konnte (156).

Muthesius hatte in dem zur Kriegszeit erschienenen Buch „Handarbeit und Massenerzeugnis" geschrieben:

„Wenn zum Beispiel neuerdings soviel von Maschinenmöbeln die Rede ist, so kann mit dem Worte nur gemeint sein, daß an diesen Möbeln die Arbeit der Maschine möglichst ausgedehnt auftritt. Eigentliche Maschinenerzeugnisse sind diese Möbel jedoch nicht, denn sie sind mit der Hand zusammengefügt worden... Alle Schichten haben an Gebrauchsgegenständen reichlicheren Vorrat als früher und wechseln sie leichter, weil sie billiger sind. Es kann keinem Zweifel unterliegen, daß in dieser Verbilligung ein Vorteil für die Menschheit zu erblicken ist... Sie verschafft auch dem Minderbemittelten ein besseres und gehaltreicheres Leben, als er es früher führte... Die Handarbeit wird nicht untergehen, sie wird sich als persönliche Leistung des Menschen behaupten... Sie kostet dann nicht das Doppelte, sie kostet ein Vielfaches der Maschinenarbeit. Sie wird sich daher nur an diejenigen wenden können, die über reiche Mittel verfügen" (157).

Muthesius sprach damit die Trennung von Wohnungseinrichtungen in Luxusinterieurs und einfachen Hausrat klar aus: maschinelle Produktion für die niederen, Handwerk für die hohen Einkommensschichten.

Der industriell hergestellte Hausrat wird bis heute durch die Aktivitäten relativ weniger Personen im Rahmen des Bauhauses in einem Zeitraum von zehn Jahren beeinflußt: Bauhausgründung, Bauhauserzeugnisse, Bauhausideologie spielen eine wichtige Rolle in der Geschichte unserer Alltagskultur.

„der ursprung des bauhauses", so Ernst Kállai, „geht auf ideologien der ersten nachkriegsjahre zurück. (Walter) gropius und seine ersten mitarbeiter wurden anfänglich von den schwärmerischen ideen einer großen sozialen menschenverbrüderung beherrscht... möbel, hausgerät und fertiger wohnbau sollten als gebrauchsgegenstände der industrietechnischen herstellung gemäß serienprodukte, also von normierter und typisierter konstruktion und gestalt sein. die kunst sonderte sich von solchen bestimmungen als ein gebiet der freien seelischen selbstentfaltung ab" (158).

Das waren die Wunschvorstellungen der Anfangszeit. In den folgenden Jahren war das Schaffen der Bauhäusler von den jeweiligen Direktoren bestimmt und stand damit auch unter unterschiedlichen politischen Vorzeichen (159).

Am Beginn der Bauhauszeit stehen progressive Künstlergruppen: In Dresden die „Gruppe 1919", in Berlin die „Novembergruppe".

„Damals exisiterte aber auch ein während der Revolution (Mitte November 1918) gegründeter ‚Arbeitsrat für Kunst', eine von Adolf Behne initiierte Interessengemeinschaft, in der sich bildende Künstler, Schriftsteller, Kritiker und Architekten, durch die Revolution ermutigt, zur Durchsetzung ihrer kulturpolitischen Maximen zusammengeschlossen hatten" (160).

Oswald Herzog, Bruno Taut und der Bauhausgründer Gropius waren Mitarbeiter der „Novembergruppe" und des „Arbeitsrates für Kunst". Gropius, dem man später nachsagte, daß er „nicht frei von gewissen formalismen" gewesen wäre, hatte 1919, im Jahr der Bauhausgründung, in einem Artikel „Sparsamer Hausrat und falsche Dürftigkeit" zur Gestaltung von „gediegenen und geschmackvollen Möbeln für billiges Geld" vorgeschlagen:

,,Die Rettung ist die Farbe. Warum werden nicht glatte Möbel hergestellt, mit starken Farben gestrichen und von dafür befähigten Künstlern und Handwerkern mit heiteren Ornamenten bemalt. . . Das Volk will ja die Farbe. Je mehr sein Klassenstolz wächst, umsomehr wird es verachten, den reichen Bürger nachzuahmen und selbständig einen eigenen Stil seines Lebenszuschnitts finden. . . Wo auch heute noch überlieferte Kunst im Volke lebendig ist, im Orient, in Rußland, zum Teil auch noch bei uns in Süddeutschland, da glänzt Farbe in der Wohnung und Tracht. . . Große Wirkung mit geringsten Mitteln wäre das glückliche Ergebnis'' (161).

Wenngleich man im Bauhaus ursprünglich das Schwergewicht auf die handwerkliche Herstellung gelegt hatte, so trat mit der Verlegung der Schule von Weimar nach Dessau eine Hinwendung zur industriellen Fertigung ein. Eine Änderung der politischen Ziele gab es 1928, als Hannes Meyer der Nachfolger von Gropius wurde. Meyer war der Ansicht:

,,Der fortschrittliche Architekt ist gesellschaftlich verpflichtet, seine eigene Lage inmitten der Wirtschaftskrise rückhaltlos zu analysieren und folgerichtig eine klare Stellung im Klassenkampf zu beziehen. Es gibt für ihn keinen Standort seitwärts der Barrikade. Er muß wählen zwischen hüben und drüben, zwischen Sozialismus und Kapitalismus. Der fortschrittliche Architekt tritt als aktiver Kämpfer in die Front des revolutionären Proletariats'' (162).

,,Natürlich mußte man frei werden von Hannes Meyer'', sagte Nina Kandinsky Jahre später, ,,es war ein Glück, daß wir den größten Architekten von Deutschland bekommen konnten, Mies van der Rohe''.

Mies leitete das Bauhaus, bis es im Jahre 1933 durch die Gestapo geschlossen wurde (163).

,,Das Feldgeschrei: ‚Rationalisierung und Typisierung' und auch der Ruf nach der Wirtschaftlichkeit des Wohnbetriebes trifft nur Teilprobleme, die zwar sehr wichtig sind, aber nur dann eine wirkliche Bedeutung erlangen, wenn sie in der richtigen Proportion stehen. Neben oder besser über diesen steht das räumliche Problem, die Schaffung einer neuen Wohnung'', lautete die Stellungnahme von Mies. Weiter meinte er: ,,Das ist ein geistiges Problem, das nur mit schöpferischer Kraft, nicht aber mit rechnerischen oder organisatorischen Mitteln zu lösen ist'' (164).

Die politische Orientierung der Bauhäusler war unterschiedlich, die Stellungnahme zu Typisierung und Normierung wurde stets diskutiert. Kállai vermerkte, daß ,,ein beliebter Vorwurf gegen das Bauhaus'' insgesamt gewesen sei, man habe ,,zu viel weltanschauung'' getrieben, habe ,,gestaltung mit fragen der gesellschaft und philosophie und so weiter'' vermischt, ohne deren Einbeziehung man aber ,,einer unternehmungslustigen industrie folgsame handlanger'' liefere.

Wenngleich die industriell hergestellten Produkte des Bauhauses für alle

Schichten der Gesellschaft gedacht waren und man alle menschlichen Funktionen zur Grundlage des Gestaltens zu machen versuchte und auch betonte: ,,. . . ändern soll sich die Form eines Gebildes nur dann, wenn entweder die Art seines Gebrauchs sich ändert, oder wenn ein anderes Material sich als geeigneter erweist, oder wenn eine bessere Konstruktion erfunden wird'', so gab es dennoch Möbel, die speziell im Hinblick auf die Arbeiterklasse entworfen worden waren (165).

Seit etwa 1924 hatte man sich mit Modellen für die Serienproduktion befaßt, die Studierenden wurden ,,an hand eigener entwürfe und deren ausführung unter anleitung des werkstattleiters und eines erfahrenen werkmeisters mit dem holz und dessen verarbeitungsmöglichkeiten im möbelbau bekannt gemacht, mit besonderer betonung der maschinenarbeit, des typenmöbels und deren normung'' (166).

Im Jahre 1926 baute Gropius die Arbeitersiedlung in Dessau-Törten nach dem ,,Baukastenprinzip''. Die Häuser waren mit ,,preiswerten Serienmöbeln'' eingerichtet. Etwa zwei Jahre später wurden für Törten ,,Kombinationsmö-

Abb. 34: ,,Bauhaus-Volkswohnung'' auf der Ausstellung im Grassi-Museum Leipzig 1929

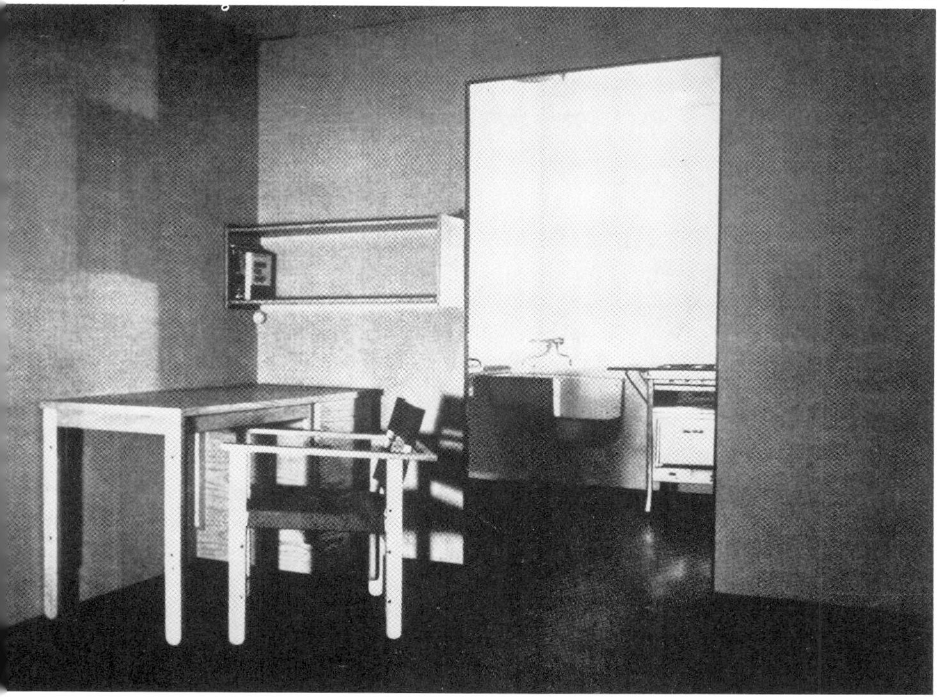

bel" entworfen. Die Ausbauwerkstatt des Bauhauses zeichnete für die Entwürfe verantwortlich.

Die „Bauhaus-Volkswohnung" stammte aus dem Jahre 1929. Sie bestand aus Wohnzimmer, Schlafraum und Küche und war anläßlich der Eröffnung des Leipziger Grassi-Museums ausgestellt. Um die gleiche Zeit entwarf Gropius ein Programm für „Einheitsmöbel", die vom Berliner Warenhaus Feder produziert und verkauft wurden. 1931 wurden Möbelentwürfe von Studenten des von Alfred Arndt geleiteten Ausbau-Seminars prämiert anläßlich eines „Wettbewerbes für genormte Wohnungs-Einrichtung", ausgeschrieben vom Deutschen Werkbund (167).

Über Verkaufspreise der Bauhauserzeugnisse wissen wir, daß einige der allereinfachsten Möbelstücke zwar verhältnismäßig preiswert waren, jedoch wie alle Programme – erdacht von Kopfarbeitern für Handarbeiter – die Zielgruppe nicht erreichten.

Vier stapelbare Tische nach Entwurf von Marcel Breuer, hergestellt bei

Abb. 35: „Einheitsmöbel". Entwurf Walter Gropius 1929

Thonet in Berlin, kosteten um 1930 zwischen 18 und 27 Mark; ein einfacher Klappstuhl ebenfalls von Breuer im selben Jahr 21.20 Mark (168).

Auch diese Möbel konnten den Markt nicht erobern. In der Zeitschrift „Soziale Bauwirtschaft" wurde anläßlich der Bauhauserzeugnisse auf der Werkbundausstellung „Die Wohnung" in Stuttgart im Jahre 1927 geschrieben:

„Die eisernen Bauhausmöbel erscheinen uns heute noch kalt, ihre Verwendung erinnert noch an Krankenhaus- und Operationssäle. Ist aber ihre wohlfeile Herstellung möglich und erweisen sie sich als praktisch, so wird auch dieser erste Eindruck überwunden werden. Nur muß die Industrie den oft unverhältnismäßig hohen Aufschlag für das Neuartige fallen lassen, wenn ein Massenkonsum eintreten soll. Großen Anklang bei fast allen Besuchern werden die eingebauten Schränke und Küchenmöbel gefunden haben. Die neue Generation wird ihre Wohnräume nicht mehr mit Möbeln vollstopfen und die alten Möbel in neue Räume stellen wollen" (169).

Im Folgenden sollen noch die Bemühungen derjenigen Fachleute betrachtet werden, die nicht dem Bauhaus angehörten, aber auf dem Gebiet der Normung von Möbeln wesentliche Aussagen machten oder dazu wichtige Entwurfsarbeit leisteten. So hatte Muthesius 1918 vorgeschlagen:

„Es wäre weit vorteilhafter, wenn junge Ehepaare sich statt der abgepaßten Einrichtungen, die ihnen die Abzahlungsgeschäfte empfehlen, zunächst immer nur diejenigen Stücke kauften, die sie unmittelbar gebrauchen. Das bei Gelegenheit Erwünschte kann ja dann nachgekauft werden. Durch ein solches Vorgehen könnte nicht nur viel Geld gespart werden, sondern die Einrichtung würde auch dem Zwecke, dem sie dienen soll, weit besser angepaßt werden als es heute geschieht. Dazu wäre notwendig, Typen zu schaffen, die zu gewissen einheitlichen Preisen als ständige Marktware verkauft werden. Dies könnte sofort in die Wege geleitet werden, indem auf dem Markt vorhandene gute Möbel ausgewählt und als Stammöbel in die Preisverzeichnisse übergeführt werden. Diese Typen müßten, abgesehen von den ständig vorzunehmenden kleinen Verbesserungen und Vervollkommnungen, in ihrer Form für Jahre unverändert beibehalten werden, damit Nachlieferungen und Ergänzungen jederzeit möglich wären. Versuche nach dieser Richtung sind schon hier und da gemacht, haben aber anscheinend noch keinen Erfolg gehabt" (170).

Gerade in der Nachkriegszeit nach 1918 wurden besonders aus finanziellen und praktischen Erwägungen heraus die Vorteile der nach und nach gekauften Einzelstücke betont. Endell wollte wie Gropius bunt bemalte Möbel haben:

„Ein roter Schrank kann die trübseligste Wand im dunkelsten Zimmer heiter und freundlich machen... Graue, weiße, braune Schränke können durch ein farbiges Rankenband oder ein buntes Schmuckstück auf der Tür auch bei den unglücklichsten Maßen zu Kunstwerken werden" (171).

,,Die Verwendung von Typenmöbeln", schrieb Ernst May Im Jahre 1921, ,,soll aber nicht nur die Zweckmäßigkeit der Raumausnutzung steigern, sondern auch dazu beitragen, unseren gerade auf diesem Gebiete heute so sehr verwahrlosten Volksgeschmack zu heben".

Eine wichtige Tat zur Beschaffung billiger Wohnungseinrichtung war die Gründung der ,,Hausrat, gemeinnützige Gesellschaft" 1917 in Berlin. Sie wurde ,,auf Veranlassung des Ministers für Handel und Gewerbe... unter Mitwirkung des Groß-Berliner Vereins für Kleinwohnungswesen" ins Leben gerufen. Ihre Aufgabe war die ,,Beschaffung von Möbeln für Minderbemittelte in Groß-Berlin und der Provinz Brandenburg". Gesellschafter waren ,,außer der Provinzialverwaltung der Provinz Brandenburg und der Stadt Lichtenberg die Firmen: A.E.G., Borsig, Daimler, Ludwig Loewe, Manoli und Siemens". Der Verwaltungsrat der Gesellschaft, deren Vorsitzender der ,,Staatssekretär a.D. Wirkl. Geh. Rat Dr. Dernburg" war, bestand aus dem Vertreter des Ministers für Handel und Gewerbe, dem Vertreter des Landesdirektors, dem Vertreter der Städte und Kommunalverbände, dem zweiten Vorsitzenden des Kartells der Gewerkschaften, einem Vorstandsmitglied des deutschen Käuferbundes, einem solchen des Kriegsausschusses für Konsumenteninteressen und den ,,Herren Geheimrat von Borsig, Deutsch und von Siemens, Pfeffer von der Groß-Industrie überwacht die Tätigkeit der Gesellschaft auf ihre Gemeinnützigkeit hin sowie den Geschäftsbetrieb" (172).

Bei den Vorstellungen von der Gestaltung der Möbel spielten Maschinenarbeit und damit Typisierung eine wesentliche Rolle. Die Herstellung erfolgte in Zusammenarbeit von einzelnen Tischlerfirmen.

Die Gründung der ,,Hausrat, gemeinnützige Gesellschaft" bedeutete einen erneuten Versuch, sich der Wohnungseinrichtungen der Arbeiterklasse anzunehmen, sie klassenspezifisch, den Löhnen angemessen zu gestalten und daran zu profitieren. Wieder bestand die Möglichkeit der Ratenzahlung; die Käufer bekamen Flugblätter, welche Anweisungen zur Pflege der Wohnungen enthielten. Es wurde vorgeschlagen, Anregungen zu geben, ,,... wie der Käufer seine Wohnung bescheiden und nett einrichtet, sich eine gemütliche Ecke gestaltet, welche notwendigen Möbel er braucht, wie er sie stellt, wie er seine Bilder aufhängt und wie er die Möbel pfleglich behandelt".

Die allgemeine revolutionäre Situation motivierte – wie wir gesehen haben – die Herren der Großindustrie, sich mit der Wohnungsproblematik befassen, in der Hoffnung damit ein Element der Befriedung zu erreichen. Die Idee gewann räumlich rasch an Bedeutung; um das Jahr 1920 bestanden in Deutschland in folgenden Städten ähnliche Einrichtungen wie die Berliner ,,Hausrat, gemeinnützige Gesellschaft": Altona, Barmen, Danzig, Dresden, Düsseldorf, Essen, Flöha, Frankfurt am Main, Halle an der Saale, Hamburg, Hannover, Karlsruhe, Kiel, Köln, Königsberg, Leipzig, Lübeck, Magdeburg, Mannheim,

München, Nürnberg, Offenbach, Oppeln, Stettin und Stuttgart. Das Aufgebot, namnhafte Architekten mit Entwurfsarbeit zu betrauen, war groß (173).

Auch Behrens hatte wieder ein Programm entworfen: Eine Schlafzimmer- und eine Kücheneinrichtung als Vorschlag für den Haushalt von ,,Kriegsgetrauten''. 1918 war es in Berlin ausgestellt. Das Schlafzimmer in gebeiztem Kiefernholz – Schrank mit Aufsatz, Bettenden mit oberem Außenschwung – wirkte recht düster, während die Küche durch ihren hellen Lackanstrich freundlich aussah (174).

1921 zeigten die ,,Gemeinnützigen Deutschen Hausratwerke'' in Königsberg eine Ausstellung. Neben Tapeten von Bruno Paul oder Treibarbeiten von Erich Mendelsohn gab es Möbel von Behrens und von Tessenow zu sehen. Obwohl schwer in der Ausführung, waren die Kästen, Schränke und Truhen von Behrens mit besonderer Rücksicht auf harmonische Proportionen entworfen. Ein ausgestelltes Schlafzimmer nach Tessenows Entwürfen nahm schon die Stilelemente der zwanziger Jahre vorweg: zackige Ornamentik, flache Schwünge.

Von Tessenow kennen wir auch Möbel für die Berliner Hausratgesellschaft aus dem Jahre 1919, ihre Formen entsprachen denen der Behrens-Möbel.

Abb. 36: Kücheneinrichtung für ,,Kriegsgetraute'' 1918. Entwurf Peter Behrens

Für die ,,Deutschen Werke A.G. Berlin" schuf Tessenow das wohl eleganteste aller Möbelprogramme der Hausratgesellschaften: Die Aufteilungen von Rahmen und Füllungen an Schränken und Büffets zeigten das Proportionsgefühl des Entwerfers. Die Konturen der Stühle bildeten leichte Schwingungen, für die Formen von zwei Sofas war der rechte Winkel bestimmend. Dieses Möbelprogramm von Tessenow läßt die Gemeinsamkeiten der oft fast starr wirkenden Bauhausarbeiten und des Möbeldesigns der Künstler erkennen, die bewußt neben der reinen Konstruktion historische Anklänge gelten ließen.

1919 veranstaltete der Deutsche Werkbund gemeinsam mit der ,,Generalkommission der Gewerkschaften Deutschlands" im Berliner Kunstgewerbemuseum eine Ausstellung. Für die Herstellung der Möbel hatten die Berliner Hausratgesellschaften verantwortlich gezeichnet. Die Entwürfe von Anton Huber aus Flensburg und von Fritz Spannagel aus München wurden gelobt, doch hieß es insgesamt im Jahr der Ausstellung in der Zeitschrift ,,Die Volkswohnung":

,,In der Formgebung lehnen sich diese Möbel offensichtlich noch zu sehr an bürgerliche Vorbilder an. . . Die notierten Preise rufen Verzweiflung hervor" (175).

Ein Jahr später waren in der Schöneberger Stadthalle mit dem Titel ,,Einfacher Hausrat" und im Schöneberger Rathaus mit dem Titel ,,Geschmack im Alltag" wieder Möbel der Berliner Hausratgesellschaften ausgestellt; daneben

Abb. 37: Sofabank der Möbel für die ,,Deutschen Werke A.G. Berlin" 1920. Entwurf Heinrich Tessenow

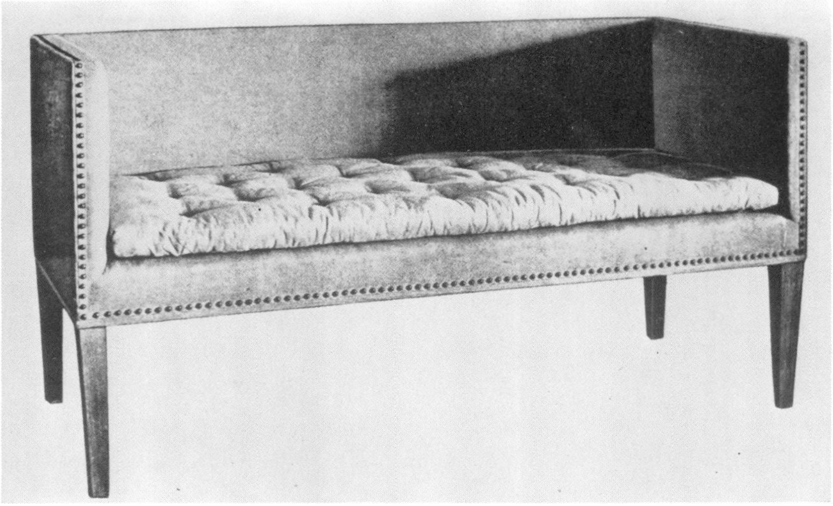

waren Tessenows Inneneinrichtungen für die „Deutschen Werke" zu sehen (176).

Das Württembergische Landesmuseum in Stuttgart veranstaltete ein Preisausschreiben für „Möbelentwürfe, die frei von Absonderlichkeiten für weitere Kreise geeignet seien, in gediegenem Geschmack und in mittlerer Preislage ausführbar gehalten" sein sollten.

Die von den Hausratgesellschaften empfohlenen Möbel und die Erzeugnisse des Bauhauses wurden in den ersten Jahren nach 1918 parallel entwickelt. Hausratmöbel wurden jedoch in den immer schlichter werdenden Formen nach und nach vom Bauhaus beeinflußt, so daß sich daraus Charakteristika entwickelten, die für das Mobiliar der breiten Käuferschicht typisch wurden.

Auf den großen Ausstellungen der zwanziger Jahre präsentierte man in reichhaltigem Sortiment das deutsche Möbel: Auf der „Deutschen Gewerbeschau" in München 1922 zum Beispiel dem Bürgertum zugedachte Zimmereinrichtungen. Das Arbeitermöbel fehlte. Es war wieder abseits von der Exklusivität der Ausstellungen zum Spekulationsobjekt der Industrie geworden (177).

Eine neue Modeströmung bemächtigte sich des Möbeldesigns der zwanziger Jahre: Das Art Déco. Die „Exposition Internationale des Arts Décoratifs et Industriels Modernes à Paris 1925" wurde zur Keimzelle jener chromblitzenden, hochglanzpolierten Interieurs, die je nach Verkaufspreis mit mehr oder weniger raffinierten Dekors versehen waren (178).

Riemerschmid hatte auf der Jahresversammlung des Werkbundes 1926 in Essen gleichsam als Vorwarnung für die kommende Zeit gesagt:

„So liegt also bei der Industrie und bei ihren Organisationen eine große Verantwortung. Sie werden einmal vor den Richterstuhl treten müssen und sie werden gefragt werden – nicht ob sie Geld verdient haben, sondern ob sie dauernde Werte geschaffen, ob sie wertvolle Menschen geschaffen".

Muthesius bezeichnete 1926 die modischen Dekors des Expressionismus als „eine rein äußerliche Angelegenheit, im gewissen Sinne ein mit anderen Mitteln fortgesetzter Jugendstil". Die genannte Modeströmung würde schon wieder „überholt durch eine neue Spielerei, die mit chinesischen und indischen Anleihen versucht, die Abwechslungssucht der Nachkriegsmenschen zu befriedigen" (179).

Auf der seinerzeit viel diskutierten Stuttgarter Werkbundausstellung „Die Wohnung" wurde 1927 nochmals der Versuch unternommen, eine für alle Schichten gültige Form zu finden:

„Die Innenarchitektur der Ausstellung soll keine Luxuseinrichtung zeigen, sie will sich an die breiten Schichten der Bevölkerung wenden. Es kommt also darauf an, brauchbares Mobiliar für einfache Verhältnisse zu schaffen, das bereits im Entwurf auf billige und doch gediegene Serienfabrikation zugeschnitten ist. Wegen der Ausführung besonders geeigneter Entwürfe hat die Ausstellungsleitung Verhandlungen mit der Möbelindustrie und dem Schreinerhandwerk aufgenommen" (180).

Es folgten an wichtigen Daten die Ausstellungen „Deutsche Kunst" in Düsseldorf 1928, „Wohnung und Werkraum" in Breslau 1929, die Pariser Werkbundausstellung von 1930 und die „Deutsche Bauausstellung" in Berlin im Jahre 1931. Man hatte offensichtlich noch immer die Absicht, Möbel zu schaffen, deren Aussehen und deren Verarbeitung den Wünschen aller Käufer gerecht werden könnten, freilich in einer nach Klassen eingeteilten Gesellschaft. Es handelte sich um äußerst einfache Konstruktionen zu relativ hohen Verkaufspreisen. Die Arbeiter hatten wenig Beziehung zu solchen Stücken, in der Regel kannten sie sie nicht einmal.

Das billige, maschinell herstellbare Möbel für breite Volksschichten schien letztendlich das Hausratmöbel zu werden. Entwickelt aus den Programmen der Jahre vor 1914, war es teilweise auch von denselben Architekten entworfen worden. In der Gradlinigkeit seiner Grundformen konnte es Werkbund- und Bauhauseinflüsse nicht verleugnen.

Nach der Lektüre dieses Kapitels über die Bemühungen um die Wohnung, um Entwurf und Herstellung billiger Wohnungseinrichtungen für Arbeiter, Angestellte und Beamte könnte der Eindruck entstanden sein, daß die Zeit des sozialen Elends auch für das Proletariat vorüber sei. Ein Bericht aus dem Berlin des Jahres 1928 belegt eher das Gegenteil:

„Die Verhältnisse sind geradezu entsetzlich. In einem Raum schlafen nicht selten 6 Personen und mehr, in einem Bett Mann, Frau und ein bis zwei Kinder. Oft fehlt die Bettwäsche, Waschgelegenheit ist der Ausguß. Trotz des großen Wohnungselendes wird noch die Küche zum Schlafen an Schlafgänger vermietet... Vor dem Kriege war es gelungen, durchzusetzen, daß Mansarden und ungesunde Kellerwohnungen als Familienwohnungen nicht zugelassen wurden. Heute aber hausen zahlreiche Familien in ungeheizten Mansarden ohne Abort, in feuchten, tiefen Kellerwohnungen, auf Laubengelände in primitiven Holzlauben, die im Winter gegen Sturm, Nässe und Kälte nicht genügend geschützt sind und in denen die sanitären Verhältnisse zum Himmel schreien" (181).

Obgleich sich der erwähnte Text auf den Wohnungsbau bezieht, läßt er auch auf die Wohnungseinrichtung schließen. Wie wir gesehen haben, war zwar die Zahl derjenigen nicht klein, die sich um Unterkunft und Versorgung des Proletariats mit Gebrauchsgütern kümmerten. Sie konnten aber die ungleiche Verteilung nicht aufheben oder gar die gesellschaftlichen Produktionsverhältnisse ändern. Deren Auswirkungen verhinderten gerade dort die Realisation der Programme, wo sie am notwendigsten gewesen wäre.

Verordnung von Einfachheit und Luxus der Verordner – Wohnungen im „Dritten Reich"

Leitlinien für das Wohnen der Arbeiter und Bürger

„Deutsche Siedlungs-Ausstellung München 1934" und „Siedlerhausrat"

Die im Jahre 1934 fertiggestellte Mustersiedlung München-Ramersdorf war Teil der „Deutschen Siedlungs-Ausstellung München 1934". Sie bot städtebaulich das Bild eines kleinen, wie von Kinderhand mit Bauklötzen zusammengesetzten Spielzeugdorfes. Die Häuschen gleichen einander fast aufs Haar, obwohl vierunddreißig verschiedene Haustypen vertreten sein sollen. Beinahe schnurgerade laufen die Straßen auf ihren Orientierungspunkt – eine kleine Kirche – zu.

Zur Ausstellung gehörten ferner die Jahresschau „Garten und Heim", die Abteilung „Kunst und Leben" sowie eine Hallenschau im Münchener Ausstellungspark auf der Theresienhöhe. Hier waren neben einer Ausstellung historischer Siedlungsformen mit dem Titel „Das Wohnen vom Morgen bis zum Abend" sechzig Wohnräume zu sehen, von denen hier einige wenige besprochen werden sollen (182). Zum Beispiel waren Interieurs für die Familienszenen „Abendessen" und „Mittagstisch" gestaltet; eine Einrichtung trug den Titel „Das umflochtene Bett". Die ganz einfach gearbeiteten Möbel fügten sich in schlichte Räume ein. Eine ähnliche Atmosphäre bot auch ein „Wohn- und Eßzimmer"; das „Eltern- und Kinderschlafzimmer" eines Musterhauses – Architekt Max Hoene – war mit Ehebetten, einem Kinderbett mit Nachttisch, einem Schrank, Tisch und Stühlen möbliert. Die breite Fensteröffnung war mit Spanngardinen versehen, darüber konnten gemusterte Vorhänge gezogen werden. Kleine Bildchen, helle Wollteppiche und ein bescheidener Blumenstrauß bildeten den Schmuck des Raumes.

In einem anderen Raum eines Musterhauses, einem „Tochterzimmer" von

Abb. 38: ,,Abendessen''. Interieur auf der ,,Deutschen Siedlungs-Ausstellung München 1934''

Architekt Guido Harbers, dem Organisator der Ausstellung entworfen, sehen wir auf der Abbildung das tagsüber als Sofa benutzbare Bett mit angebautem Kästchen. Handgewebte Bettdecke und Sofakissen, eine Lampe mit gefälteltem Schirm und Kugelfuß, wenige Bücher, ein Korbstuhl und eine hohe Topfpflanze waren die weiteren Utensilien der abgebildeten Raumecke. Spanngardinen und Übergardinen in feinem Dessin bildeten die Fensterdekoration. Der Ladenpreis für die Einrichtung betrug etwa 220 Reichsmark. In dem zu den Abbildungen gehörenden Text heißt es:

„Sichtbar wird hier vor allem, daß die nationalsozialistische Auffassung vom Wohnen und Siedeln sich keineswegs auf das Bescheidene, Einfache, Karge festlegt, sondern überall Sinn zeigt auch für die Pflege einer gehobenen und zu edler Durchformung strebenden Wohnweise" (183).

Kleinbürgerliche Wohnnormen scheinen diese Einrichtungen bestimmt zu haben. Wie es der durchschnittliche Ausstellungsbesucher gewohnt gewesen sein mag, waren Tisch, Bett, Stuhl oder Schrank einander zugeordnet. Nirgendwo blieb der Blick an etwas Neuartigem oder Außergewöhnlichem hängen. Alle im Raum aufgestellten Gegenstände bekundeten als Grundidee ihres Vorhandenseins ihre schlichte Selbstverständlichkeit: Ohne viel Aufhebens wurden mit der Wohnungseinrichtung kleinbürgerliche Normen zum Standard erhoben.

In der schweizerischen Zeitschrift „Das Werk" wurde die Ramersdorfer Ausstellung unter anderem deswegen mit Skepsis betrachtet, da die Siedlung „... nicht gerade für vollkommen unvermögende Leute" gebaut sei (184). Gemeint war, daß zum Erwerb eines solchen Siedlungshauses mindestens ein Eigenkapital von 5000 Reichsmark und außerdem monatlich ein bestimmter Betrag zur Tilung der aufzunehmenden Kredite notwendig waren. Wohl wurde in der genannten Zeitschrift die Architektur der Siedlung kritisch betrachtet, doch die Häuser in siedlungspolitischer Hinsicht wurden gelobt. Weiter hieß es:

„Wer nach Ramersdorf kommt, mag er im einzelnen positiver oder negativer urteilen, kann bestenfalls sagen, daß hier eine Pause in der deutschen Architekturgeschichte eingetreten ist, die man als Symptom der deutschen Krise ansehen kann, die aber die moderne Architektur weder in ihrem Kerne erschüttern, noch dort aufhalten kann, wo sie sich in freiem Wettbewerb entwickelt".

Im Zusammenhang mit der „Deutschen Siedlungs-Ausstellung München 1934" sei noch einiges über den „Siedlerhausrat" im „Dritten Reich" gesagt. Obwohl die Begriffe „Siedlermöbel" und „Siedlerhausrat" erst einige Jahre nach der Ausstellung in Ramersdorf entstanden sind, wurde hier in der NS-Zeit damit begonnen, eine Möbelkollektion für die Arbeiterklasse zu schaffen. In einem Aufsatz „Was sind Siedlermöbel?" aus dem Jahre 1937 erfahren wir, daß an diese Möbel bestimmte Anforderungen hinsichtlich Maßen, Holz-

Abb. 39: „Eltern- und Kinderschlafzimmer" auf der „Deutschen Siedlungs-Ausstellung München 1934". Entwurf Max Hoene

stärken, Oberflächenbehandlung, Beschlägen und so weiter gestellt wurden. Über „Güteanforderungen" wird dort berichtet:

„Diese Güteanforderungen liegen jetzt vor in der Form der ‚Lieferbedingungen für Siedlermöbel aus Holz (Gütebedingungen) RAL 430 C', vereinbart beim Reichsausschuß für Lieferbedingungen (RAL) beim Reichskuratorium für Wirtschaftlichkeit (RKW). Sie gliedern sich in Vorschriften über die Kennzeichnung und in Vorschriften über die Güte der Siedlermöbel" (185).

„Siedlermöbel" trugen als Kennzeichen ein in einem Zahnrad stehendes Hakenkreuz, unter welchem stand: „RAL 430 C. SIEDLERHAUSRAT". In der „RAL 430 C" waren die Einzelteile der Arbeiterwohnungseinrichtung sowie die Maße der Möbel genau angegeben. Es hieß: „Für sichtbare Außenflächen sind die in Deutschland heimischen Holzarten zu verwenden". Hinsichtlich der Oberflächenbehandlung war vorgeschrieben:

„Die besonderen Verhältnisse, die sich aus der Lage des Siedlerheimes und entsprechender Benutzung der Möbel ergeben, lassen das Polieren der Holzoberflächen nicht zweckmäßig erscheinen.

Siedlermöbel sind daher nicht zu polieren, sondern zu mattieren oder mit Farbanstrich zu versehen''.

Bei den ,,Siedlermöbeln'' handelte es sich zumeist um einfache Konstruktionen in hellem Naturton. Rahmen und Füllungen bildeten außer einigen sparsamen Profilierungen die hautpsächlichen Schmuckelemente der Stücke. Die Herstellung erfolgte in kleineren Handwerksbetrieben:

,,Dem Handwerk und dem Siedler kann in gleicher Weise geholfen werden, wenn der richtige Weg gezeigt wird, das heißt, wenn man anständige Vorbilder schafft. . . Während die Überwachung der Gütesicherungen im Rahmen der RAL-Vereinbarungen durch die Fachverbände erfolgt, werden die beim Reichsheimstättenwerk der DAF und seinen Gaustellen zu bildenden Ausschüsse beziehungsweise Arbeitsgemeinschaften für die Ausmerzung ungeeigneter Formgebung besorgt sein. Der freien schöpferischen Gestaltung wird aber durch diese Überprüfung keine Fessel angelegt...'' (186).

In der Zeitschrift ,,Soziale Bauwirtschaft'' des Jahres 1938 lesen wir, daß das ,,Reichsheimstättenamt der Deutschen Arbeiterfront'' Möbelvorbilder geschaffen habe, ,,. . . die für Kleinwohnungen und Siedlungen geeignet erscheinen und vor allem in preislicher Hinsicht der Kaufkraft des schaffenden Menschen entsprechen. Bei der Gestaltung dieser Vorbilder wurde davon ausgegangen, daß Möbel für kleine Wohnungen in erster Linie zweckmäßig hinsichtlich ihrer praktischen Verwendbarkeit sein müssen. Aus der Raumgröße und der Unterbringung der im Haushalt benötigten Geräte ergeben sich Abmessungen der Einrichtungsstücke, aus dem werkgerechten Zusammenbau der Möbelteile die äußere Formgebung... Nun gilt es, die bereits geschaffenen Vorbilder bei den Möbelherstellern durchzusetzen. Um die Güte dieser Möbel zu sichern, wurden gemeinsam mit dem Möbelhandwerk, der Möbelindustrie und dem Reichsausschuß für Lieferbedingungen Gütebestimmungen (RAL 430 C) geschaffen. Alle Möbelhersteller, welche diese Bestimmungen einhalten, können das Gütezeichen ‚Deutscher Hausrat' erhalten. Voraussetzung ist neben der Einhaltung der Gütebestimmungen die Formgebung sowie die Preisbildung'' (187).

Etliche dieser Aussagen entsprechen sinngemäß durchaus Werkbund-Positionen, doch lag der Errichtung und der Möblierung von Arbeiterwohnungen im ,,Dritten Reich'' ein ideologisch-propagandistischer Rahmen mit ganz anderer Zielsetzung zugrunde. Die scheinbare Wahrnehmung der Interessen der Arbeiterschaft ist ein wichtiger Bestandteil faschistischer Politik. Schon 1932 stellte sich die NSDAP so dar:

,,Angesichts der bevorstehenden Reichstagswahl wollen wir uns erinnern, daß die Finanzierung des Wohnungsbaus eine politische Frage ist. Der 31. Juli gibt Gelegenheit, die höchste gesetzgebende Körperschaft des Reiches so zusammenzusetzen, daß durch die Wiederaufnahme der totverordneten Bautätigkeit dem Wohnungselend ein Ende bereitet wird" (188).

Vier Jahre später wurde von der „zwingenden Notwendigkeit" gesprochen, sich „mit dem Hausrat der deutschen Arbeiterfamilie zu beschäftigen" (189). Für einzelne Arbeiter wurde durch den Bau der Siedlungen neue Heime geschaffen, wobei auch im „Dritten Reich" das Proletariat keineswegs abgeschafft, sondern nur „geadelt" werden sollte:

„Diese Siedlungshäuser sind keine Hütten, sie sind Eigenheime, wie sie früher nur von gutgestellten Bürgern errichtet werden konnten. Die Arbeiter, die in diese Häuser ziehen und in diesen Siedlungen leben werden, sind keine Proleten mehr. Sie rücken auf in die Reihe der Bauern, Handwerker und Bürger. Nicht ein Fremdkörper ist der Arbeiter mehr, der verachtet an seiner Stempelstelle steht, sondern ein Volksgenosse in der Gemeinschaft der Schaffenden... So war die Errichtung dieser Siedlung nicht nur eine Arbeitsbeschaffungsmaßnahme für die Handwerkerschaft, sondern sie ist auch der beste Weg, ein gesundes deutsches Arbeitertum zu schaffen" (190).

In der ‚Volksgemeinschaft' sollten also die Klassengegensätze aufgehoben sein, während real Lohndruck und Aufhebung der gewerkschaftlichen Rechte die Situation bestimmten.

„Reichsausstellung Schaffendes Volk" Düsseldorf 1937

Wurde im Zusammenhang mit der Münchener Ausstellung des Jahres 1934 von Wohnungen berichtet, die bewußt für deutsche Arbeiter entworfen worden waren, so handelte es sich bei denjenigen auf der Düsseldorfer „Reichsausstellung Schaffendes Volk" von 1937 in der Hauptsache um Inneneinrichtungen für das Kleinbürgertum. Einige der Ausstellungsräume sollen etwas näher erläutert werden, zumal die Berufszugehörigkeit der gedachten Bewohner angegeben war: Man hatte Wohnräume für einen Bildhauer, einen Obersteiger, einen Ingenieur und einen Prokuristen ausgestellt. Alle genannten Zimmer hatten eine größere Grundfläche als diejenigen für die „Siedler". Somit ergaben sich vielfältigere und reizvollere Möglichkeiten der Möbelkombinationen. Breitere Fenster ließen das Licht voll in die Räume fallen.

„Wohnhalle" und „Eßzimmer" im „Haus eines Bildhauers" – Architekt war Helmuth N. Schröder aus Düsseldorf – waren geräumig und hell. Die „Wohnstube" im „Haus eines Obersteigers" – die „NS.-Kulturgemeinde" wird für die Einrichtung als verantwortlich genannt – war bewußt derb und bäuerlich gehalten und erinnerte leicht an eine Bühnenausstattung. Grobes Leinenzeug und irdenes Geschirr sollten hier gemütlich stimmen. „Eßzimmer", „Wintergarten" und „Gastzimmer" im „Haus eines Ingenieurs" – Architekt war Fritz Hitzbleck – sollten den gleichen Eindruck hervorrufen (191).

Abb. 40: „Eßzimmer" im „Haus eines Bildhauers" auf der „Reichsausstellung Schaffendes Volk" in Düsseldorf 1937. Entwurf Helmuth N. Schröder.

Die von Bruno Paul entworfenen Schlafzimmermöbel im „Haus eines Prokuristen" waren in Konstruktion, Form und Zusammenstellung sehr bescheiden. Das Haus, in dessen Dachgeschoß sich das Zimmer befand, hatte der Architekt Ingo Beucker aus Düsseldorf entworfen. Die an sich reizvollen Dachverschneidungen schufen einen Innenraum, der für die Aufstellung der herkömmlich gestalteten Schlafzimmereinrichtung wenig geeignet war. Sie bestand aus zwei Betten mit dazwischen gestelltem Nachttisch, über dem ein Spiegel hing, und einem Schrank. Einige wenige Accessoirs wie Bildchen, Vase, Nachttischlampe, die dünne Ornamentik der Tapete und eines Teppiches bildeten den gesamten Schmuck des Raumes. Die Möbel, ein Serienerzeugnis der „Deutschen Werkstätten", waren aus Eschenholz. Erich Haenel berichtete über das Zimmer:

„Es stammt aus einem von Architekt Dr. Beucker errichteten Einfamilienhaus, das für einen Prokuristen mit RM. 1000.– Monatseinkommen gedacht

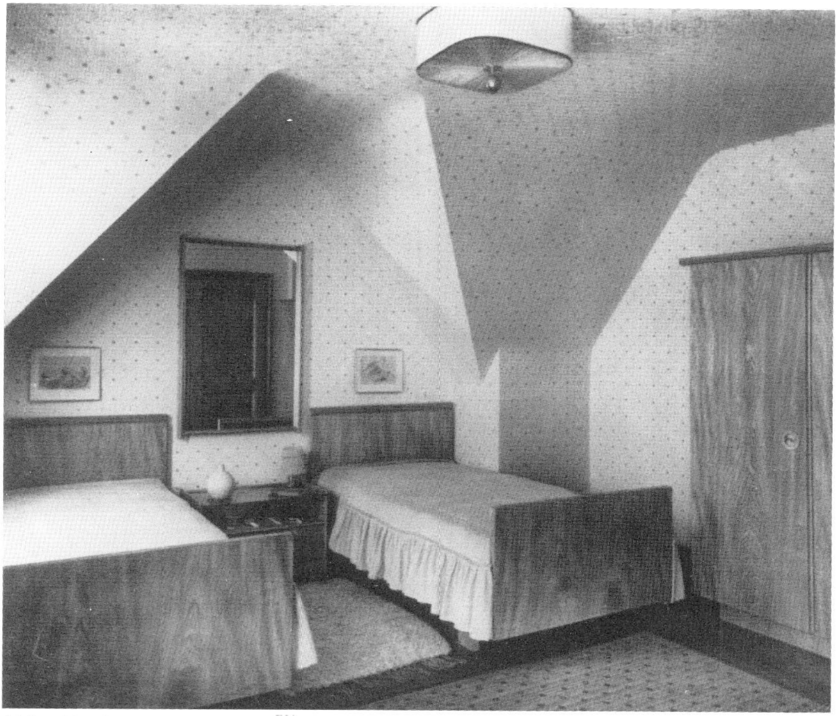

Abb. 41: Schlafzimmermöbel im „Haus eines Prokuristen" auf der „Reichsausstellung Schaffendes Volk" Düsseldorf 1937. Entwurf Bruno Paul.

ist. Die gesamte Inneneinrichtung lieferten die Deutschen Werkstätten. Auch in diesem Schlafzimmer fügt sich die Einrichtung trotz der Schräge der Wände harmonisch in das Raumbild ein. Die Möbel sind aus deutscher Esche nach Entwürfen von Professor Bruno Paul-Berlin" (192).

Bescheidenheit an Ausdruck und Umfang war die Devise der Möbel für Arbeiter und Kleinbürger. Umsomehr überrascht deshalb das Vorhandensein exklusiv gestalteter Wohnungseinrichtungen im „Dritten Reich". Hatten die Ausstellungen in München und in Düsseldorf der Jahre 1934 und 1937 vornehmlich einen Möbelstil präsentiert, der Solidität propagiert hatte, so sollen nachfolgend noch zwei Ausstellungen besprochen werden, auf denen Eleganz und teilweise üppige Ornamentik der Interieurs zum Ausdruck gebracht worden sind.

Abb. 42: ,,Eßzimmer'' auf der ,,1. Deutschen Architektur- und Kunsthandwerkausstellung im ,,Haus der Deutschen Kunst'' München 1938. Entwurf Bruno Paul.

,,1. Deutsche Architektur- und Kunsthandwerkausstellung'' im ,,Haus der Deutschen Kunst'' in München 1938

Von den in München im Jahre 1938 gezeigten Wohnungseinrichtungen gehe ich in der Hauptsache auf die von Paul und Troost entworfenen näher ein (193). Die übrigen Interieurs weisen dazu in der Regel Parallelen auf.

Nach Entwürfen von Bruno Paul waren ein ,,Eßzimmer'' und ein ,,Herrenzimmer'' ausgestellt. Als ausführende Firma waren die ,,Deutschen Werkstätten'' angegeben. Das Eßzimmer bestand aus einem Büffet, einer Vitrine, einem runden Tisch mit vier Stühlen und einem kleineren Tisch mit zwei Armlehnstühlen. Das Büffet war ein schweres Kastenmöbel, das wie die Vitrine auf einem Sockel stand. Beide Stücke hatten zurückhaltende Formgebung. Die Wirkung beruhte im wesentlichen auf der gediegenen Verarbeitung und den auf Hochglanz polierten Oberflächen. Die Stühle waren gepolstert, ihre Rükkenlehnen geflochten. Das Material der Einrichtung war Mahagoniholz, die Bezüge waren sandfarben, der Teppich kupferrot mit Brauntönen (194).

Wir kennen Entwürfe Pauls zu Speisezimmereinrichtungen aus den Jahren 1934/35 (195). Eine der Möblierungen bestand aus einem höheren, schrank-

Abb. 43: „Eßzimmer" auf der „1. Deutschen Architektur- und Kunsthandwerkausstellung" im „Haus der Deutschen Kunst" München 1938. Entwurf Paul Ludwig Troost.

artigen Büffet mit Verglasung, einer kleineren Anrichte, einem Teewagen und einem Tisch mit fünf Stühlen. Zwei von diesen waren mit, drei ohne Armlehnen ausgebildet. Die genannten Interieurs wirkten jedoch im Vergleich mit denjenigen, welche Paul für die „1. Deutsche Architektur- und Kunsthandwerkausstellung" entworfen hatte, eher kleinbürgerlich zurückhaltend. Ihre Konturen waren weniger elegant als gefällig, ihre Verarbeitung war einfacher.

Wie das „Eßzimmer" war auch das „Herrenzimmer" von Paul auf der Münchener Ausstellung von 1938 exklusiv, reich und vornehm ausgebildet. Es bestand aus dunklem, mattpoliertem Nußbaumholz, die Bezüge der Polstermöbel waren weinrot. Ein Bücherschrank mit drei mittleren Glastüren, ein großer Schreibtisch, ein weiterer Tisch und ein großes Sofa mit Sesseln waren die Einzelteile. Die Gesamtwirkung war großzügig und großflächig.

In einem 1936/37 publizierten Artikel mit der Überschrift „Möbel von Bruno Paul" lesen wir über den Künstler:

„Die Jahrzehnte sind spurlos an seiner Schöpferkraft vorübergegangen, sein Ideenreichtum scheint unerschöpflich zu sein. Man erkennt seine Hand an den von ihm entworfenen Möbeln sogleich, ohne doch sagen zu können, woran es läge, denn seine Formen sind unaufdringlich und ihre Vorzüge liegen mehr in der schönen Profilierung, in der wohnlichen Sachlichkeit des Geschmacks und in der Unerbittlichkeit der über die sachliche Qualität ausgeübten Kontrolle, die bis in die kleinste Einzelheit geht" (196).

Noch eleganter als Pauls Räume auf der „1. Deutschen Architektur- und Kunsthandwerkausstellung" waren die nach Entwürfen von Troost gestalteten Interieurs. Hier hatten die Vereinigten Werkstätten die Ausführung der Schreinerarbeiten übernommen.

Ein „Speisezimmer" war aus ostindischem Palisanderholz gearbeitet, das mit Einlegearbeit aus Rio-Palisanderholz geschmückt war. Der Tisch hatte zwei schwere Pfostenfüße. Alle Stücke waren hochglanzpoliert, die Stühle mit rotem Leder bezogen. Die reiche und vornehme Raumwirkung wurde durch kostbare Gobelins und wertvolle Teppiche gesteigert (197).

Überaus feingliedrig waren zwei Schränke aus Nußbaum- und Palisanderholz. Ihre Oberflächen waren mit Intarsien übersät, ihre Konturen bauchig Die Sitzmöbel waren mit grünem Seidenvelour bezogen.

Das Büffet aus dem in München gezeigten Speisezimmer war ebenso wie eine Vitrine nach Entwürfen von Troost – ein Jahr zuvor schon auf der Pariser Weltausstellung im „Deutschen Haus" ausgestellt worden.

„2. Deutsche Architektur- und Kunsthandwerkausstellung" im „Haus der Deutschen Kunst" in München 1938/39

Die zweite Ausstellung bot im Vergleich zur gerade besprochenen ersten wenig Neues. Interessant ist ein Bericht über die Ausstellung in der Zeitschrift „Die Kunst im Dritten Reich" mit seiner Kritik am Funktionalismus und mit der Darstellung der scheinbar erreichten Klassenversöhnung:

„Die technisch-mechanistische Gesinnung war es, die einst auch unser Heim überfremdete und als Ideal die ‚Wohnmaschine' aufstellte, in der alles nur Zweckfunktion war; wir Heutigen dagegen wollen wieder die organische Welt der Stoffe, zur Form erhobener Stoffe um uns, die wie ein Naturklang wirksam und stählend in unser tägliches Leben einstrahlen sollen. In diesem Sinne muß man die Erneuerung unserer Anschauung vom Wohnen (die vielfach mißverstanden wird) verstehen und deuten, eine Erneuerung, die letztlich der Ausdruck einer neuen Weltansicht, einer neuen, nach manchen pendelnden Zuckungen wieder ins Gleichgewicht gekommenen Weltordnung des Lebens ist" (198).

Es sei lediglich auf zwei Räume der „2. Deutschen Architektur- und Kunsthandwerkausstellung" näher eingegangen: Auf ein „Frühstückszimmer" von Troost und auf einen „HJ.-Scharraum". Das Frühstückszimmer bestand aus Büffet, Anrichte, Eckvitrine, Tisch und acht Stühlen, einem weiteren hohen

Abb. 44: „Frühstückszimmer" auf der „2. Deutschen Architektur- und Kunsthandwerk-ausstellung" im „Haus der Deutschen Kunst" München 1938/39. Entwurf Paul L. Troost

Tischchen und einem Sessel. Die Möbel waren grau lackiert und hellgrün abgesetzt. Die Platten waren aus Hirschlackmarmor, die Messingbeschläge hatten Nymphenburger Porzellaneinlagen.

Die „Möbel aus einem HJ.-Scharraum" trugen deutlich die Kennzeichen des Stildogmas für die Mittel- und Unterschichten im „Dritten Reich": Spartanische Zucht und Strenge schienen die Formen zu bestimmen (199). Fritz Hellwag hatte selbst noch in den Jahren 1943/44 begeistert von Möbelentwürfen für das Kleinbürgertum geschrieben:

„Man darf solcher Schaffensart volle Zustimmung geben. Denn die Zeiten, da der mechanischen Nachahmung veralteter Überlieferung von der Gesamtgestaltung her ein Neues entgegengestellt werden mußte, um von ihr loszukommen, liegen längst hinter uns, und aus den wiedergewonnenen Grundformen braucht und soll, damit sie nicht eigenwillig wieder verdorben werden, für lange Zeit nichts mehr geändert werden" (200).

Was schon um die Jahrhundertwende an neuartigen Stilelementen in die

Inneneinrichtung eingebracht worden war – etwa die klare handwerkliche Verarbeitung, die Verwendung schlichter Hölzer – wurde im „Dritten Reich" nachträglich ins scheinbar Zeitlose gerückt. Das gilt noch mehr für den Anspruch an die Architektur:

„Die Reinigung vom äußerlich Stilistischen aus den Jahren um die Jahrhundertwende ist nicht vergessen. Wo also an Altes angeknüpft wird, wo man seine großen Wirkungen wieder sucht, hält man sich an die Grundformen, nicht an das Beiwerk. Wo beispielsweise in den zentralen Großschöpfungen von Partei und Staat Klassisches anklingt, sind es nicht Kapitäl und Fries, sondern Stütze und Last als solche, ja oft nur Haltung und Maßverhältnis. Wer noch genauer zusieht, dem soll gar nicht verborgen bleiben, daß bei allen neuen Großbauten von der Technik weitgehend Gebrauch gemacht wird, wie es anders bei diesen Höhenmaßen und Spannweiten ja garnicht sein kann. Aber sie prunkt nicht, diese Technik, sondern dient. Sie ist Mittel, nicht Zweck.

Neben dieser feierlichen klassischen Grundhaltung der großen zentralen Anlagen laufen andere Wesenszüge her. Für die kleineren Bauten Bäuerliches, bei den Ordensburgen Züge aus dem Wehrbau; anderes wieder scheint ländlichen Herrensitzen verwandt" (201).

Abb. 45: Eckschrank im „Frühstückszimmer" auf der „2. Deutschen Architektur- und Kunsthandwerkausstellung" im „Haus der Deutschen Kunst" München 1938/39. Entwurf Paul Ludwig Troost.

Die Ideologie des Nationalsozialismus wurde in Deutschland verbreitet, als die zur Bauhauszeit erarbeiteten Konzepte neuer Gestaltung noch nicht reif für die Praxis waren. Die Entwürfe der Bauhäusler hätten als Grundlage für rasche und billige Serienherstellung dienen können. In einer Zeit der Krisen und der Furcht vor dem Neuen fiel es nicht schwer, in der Gedankenwelt die Sehnsucht nach dem Althergebrachten zu wecken.

„Jeder Staat hat die Kunst, die er verdient. Der Künstler kann nicht besser sein als die Bedingungen, unter denen die Mitwelt ihre Lebenskreise zieht. Nicht den Künstler also gilt es zu wandeln, sondern den Menschen, und es ist unleugbar das größte Verdienst des Nationalsozialismus, nicht nur den neuen Staat gewollt zu haben, sondern eben diesen neuen Menschen – nicht nur ein neues Gesetz, sondern ein neues Ethos" (202).

Einzelbeispiele aus den Wohnungen der Herrschenden – Luxus mit dem Anspruch auf Schlichtheit

Erinnert man sich rückblickend an die Lebens- und Wohnform im „Dritten Reich", so denkt man selbst schnell in den verordneten Mustern von Schlichtheit und Einfachheit. Im allgemeinen hatten die Wohnungen das Merkmal eines reinlichen Funktionalismus und es schien so, als sei endlich erreicht, was seit Beginn der Industrialisierung gewünscht worden war: Ordnung und Sittsamkeit der Verhältnisse.

Diejenigen aber, die diese saubere Wohnform verordnet hatten, wollten selbst auf Luxus nicht verzichten. Wäre die Schlichtheit klassenlos geblieben, so wäre sie gewiß glaubhafter gewesen. Die Repräsentanten des Regimes lösten das Dilemma auf ihre Weise. Sie ließen für sich einen Wohnstil gestalten, der zwar ideologisch mit dem Begriff der Einfachheit operierte, in Wirklichkeit aber pompös, geschmückt und teuer war. Auf die Kriterien der Demonstration von Macht wurde nicht verzichtet; die Leitlinien der verordneten Schlichtheit wurden dabei scheinbar eingehalten.

Eine genaue Untersuchung der stilgeschichtlichen Merkmale für die Innenräume der Repräsentanten des „Dritten Reiches" ergibt ein Stilkonglomerat, bei dem die Imitationen des Klassizismus überwiegen (203). Um das zu veranschaulichen, will ich einige wenige, aber besonders exponierte Beispiele herausgreifen: Die Räume der Deutschen Botschaft in London (1936) mit Möbeln nach Troosts Entwürfen, die „Salonwagen" im „Dritten Reich", der „Berghof" – Adolf Hitlers Sommersitz auf dem Obersalzberg (1935) – und Hermann Görings Landhäuser am Watzmann (1935) und Carinhall in der Mark Brandenburg (1937).

Die Innenräume der Repräsentanten des „Dritten Reiches" könnte man

Abb. 46: „Wohnzimmer" in der Deutschen Botschaft in London 1936

Abb. 47: Tisch im „Eßzimmer" in der Deutschen Botschaft in London 1936

Abb. 48: „Wohnzimmer" auf der „2. Deutschen Architektur- und Kunsthandwerkausstellung" im „Haus der Deutschen Kunst" in München 1938/39. Entwurf P.L. Troost

ohne weiteres mit dem Etikett „Dampferstil" versehen. Sie enthalten ein Gemisch aus Elementen des Sheraton-Stils (der sich in England Ende des 18. Jahrhunderts entwickelte) mit Roentgen-Intarsien und anderen barocken Attributen und dem von Troost erfundenen „Mastaba-Stil" – versehen mit dem Glanz des Art Déco und gerahmt mit den Profilierungen des Klassizismus (204).

Die Interieurs der Herrschenden im „Dritten Reich" wirken zwar prächtig, doch handelt es sich um eine andere Prächtigkeit als die der mit Pomp überladenen Wohnräume der Gründerzeit. Die Möbel des „Dritten Reiches" – etwa in der Londoner Botschaft – hatten glatte Flächen und keine aufgesetzten Schmuckelemente, so daß die Formen klar hervortraten. Auf Pracht verweisen die überaus teuren Holzarten, die Intarsien, die Ausstattung mit kostbaren Textilien und die Vielzahl an einzelnen Möbelstücken in jedem Raum.

Auch die „Salonwagen" der Repräsentanten waren scheinbar schlicht eingerichtet (205). Hier wurde sogar so subtil mit dem Begriff Luxus operiert, daß man eine Menge Ideen des Bauhauses übernahm, wodurch für den Nichtfachmann schließlich der Eindruck einer funktionalen Gestaltung entstand. Es gab gut detaillierte Wand- und Deckenausbildungen und einen perfekt benutzbaren Büffetraum. Die dezente grüne Farbgebung – etwa im „Aussichtswagen des Führers" – diente dazu, einfache Lebenshaltung vorzutäuschen. Die Interieurs der Repräsentanten waren übrigens fast immer in Seegrün und Braunrot gehalten. Diese Farbkombination trug wesentlich zur Gesamtwirkung der Räume bei, die ja Schlichtheit zu suggerieren hatten.

In solchen Räumlichkeiten wurden sowohl aufwendige Feste zelebriert wie auch der der ganzen ‚Volksgemeinschaft' verordnete, sogenannte „Eintopfsonntag" begangen. Angeblich waren die Gäste Joachim von Ribbentrops – Oskar von Hindenburg, Göring, Hitler und andere – recht betroffen, als man sie in der Dahlemer Villa zu Tisch bat:

„Der Hausherr bittet seine Gäste an die festlich gedeckte Tafel. Doch was der behandschuhte Diener aus den silbernen Schüsseln in die kostbaren Porzellanteller gießt, ist nur ein simples Eintopfgericht: Erbsen mit Speck. In dieser Umgebung, in der jedes Möbelstück unsichtbar ein Preisetikett zu tragen scheint, wirkt diese überbetonte Einfachheit peinlich, ja sogar provozierend. Da man den Gästen aber auch zeigen muß, daß man es hat, wird zu den Erbsen mit Speck französischer Sekt serviert: Marke Pommery. Nur der ‚Führer' bekommt einfaches Mineralwasser" (206).

Wieder ist von einem Begriff der „Einfachheit" die Rede, die „peinlich" wirkte. Besonders operettenhaft war sie in den Landhäusern Hitlers und Görings.

Abb. 49: Aussichtswagen des „Führers" 1939

Abb. 50: Sitzgruppe in der ,,Halle'' des ,,Berghofes'' auf dem Obersalzberg 1935. Entwurf Gerdi Troost und Leonhard Gall.

Abb. 51: Sitzgruppe in der ,,Halle'' des ,,Berghofes'' auf dem Obersalzberg 1935. Entwurf Gerdi Troost und Leonhard Gall.

War es auf der einen Seite der höfische Klasszismus – in diesem Falle der englische Sheraton-Stil – durch den sich die Herrschenden selbst beruhigten in der Behauptung, daß auch sie die Einfachheit gewählt hätten, so war es auf der anderen Seite die oberbayrische oder die märkische Folklore, die zur Täuschung benutzt wurden. Es war das erste Mal in der Geschichte, daß bäuerliche Kleidung und Wohnung in die Ikonographie der staatlichen Selbstdarstellung aufrückten. Kopiert wurde aber nicht der Habitus des einfachen, sondern der des Großbauern. Dem entspricht auch das Kopieren des höfischen Klassizismus. Sobald Hitler mit seinen Gefolgswagen auf dem Obersalzberg angerollt war, kleidete er sich in bayrische Tracht, um sich selbst und seinen Zuschauern – den stets anwesenden Gästen – einen Auftritt in passendem Rahmen zu verschaffen. Die Operettenwirkung dieses Verhaltens darf dabei keineswegs unterschätzt werden. Sie gehörte zu den propagandistischen Maßnahmen der Herrschenden, die sich durch ihr Verhalten scheinbar volksnah gaben, um den sie umgebenden Luxus zu verbergen hinter der Einfachheit, die sie dem Volk verordnet hatten. Der „Führer" zeigte sich einfach, indem er die Tracht der Bauern anlegte und seine Möbel gurtgeflochten, handgeschnitzt, sheratonge-

Abb. 52: Möbel in der „Halle" des Berghofes" auf dem Obersalzberg 1935. Entwurf Gerdi Troost und Leonhard Gall.

bogen oder gerade ausführen ließ. Daß diese Möbel sehr teuer waren – denn es handelte sich ja um handgearbeitete Einzelstücke erster Qualität – fiel auf den ersten Blick nicht auf.

„Auf der Spitze des Hitlerschen Privatberges errichtete Bormann ein Haus, das aufwendig in einem ins Bäuerliche abgewandelten Dampferstil möbliert war", schrieb Albert Speer in seinen „Erinnerungen" und sprach von einer „merkwürdigen Leere" in Bezug auf das „gesellschaftliche Leben auf dem Obersalzberg" (207).

Auch Görings Landhaus am Watzmann war exemplarisch. Die zeitgenössische Beschreibung stimmt das Hohelied der Schlichtheit an: „Seine Innenräume sind gediegen, ohne Luxus und gewähren wirkliche Erholung. Hermann Göring hat, um sich auch hier seine ganz persönliche Atmosphäre zu schaffen, mit liebevoller Mühe sein ganz persönliches Haus geschaffen, das aber gleichzeitig auch richtunggebend ist für jenen Lebensstil, der wie die hellen freundlichen Häuser der bayrischen Gebirgler Zweckdienlichkeit mit der Freude am Schönen im besten Sinn vereint" (208).

Die Interieurs waren überladen mit Kostbarkeiten, die offensichtlich aus bayrischen Heimatmuseen kamen. Es gab Zinngeschirre auf Wandborden, bleiverglaste Fenster nach Entwürfen von offensichtlich im „Dritten Reich" geschätzten Künstlern. Türbeschläge waren gotisierend geformt, Barockmadonnen standen auf Wandkonsolen, die offenen Kamine waren aus der Renaissancezeit oder ahmten zumindest die damalige Arbeit nach. Die gesamten Räume durchzog die Stimmung bayrischer Handwerkstradition, wie sie die Jugendstilkünstler wieder ans Licht geholt hatten. Dabei oblag es den orientalischen Teppichen und den schweren Clubsesseln, die deutsche Gemütlichkeit mit asiatischen und englischen Einflüssen zu vermischen oder vielleicht auch erst so zu erzeugen, wie sie im „Dritten Reich" erwünscht war. Höchster Luxus wurde demnach zumindest öffentlich so dargestellt, als habe man – wie schon gesagt – „Zweckdienlichkeit mit der Freude am Schönen im besten Sinn vereint".

In Görings Landsitz Carinhall am Döllnsee in der Mark Brandenburg wurde Landleben theatralisch inszeniert. Das Haus selbst in märkischer Konstruktion war nur eine Kulisse zum Auftritt der als Schauspieler agierenden Repräsentanten des „Dritten Reiches". Emmy Göring, die Hausherrin, führte in altdeutscher Tracht den Gästen einen jungen Löwen vor und gab den als Bäuerinnen verkleideten Dienstmädchen Anweisungen (209).

Schlichtheit der Lebensform wurde vorgetäuscht durch Requisiten eines einfachen Lebens oder bei der Ausbildung der Möbel durch handwerkliche – dabei aber teure – Verarbeitung und durch bäuerliche Oberflächenbehandlung der Hölzer. Auch hierbei wurde noch kopiert: Die Variante des Münchener Jugendstils, die Idee vom Rückgriff auf traditionsgebundenes Handwerk.

Abb. 53: „Halle" des „Berghofes" auf dem Obersalzberg 1935. Entwurf Gerdi Troost und Leonhard Gall.

Dabei hatte diese Idee schon um 1900 die gestellte Aufgabe nicht gelöst. Schon binnen kurzem wurde sie von ihren Erfindern als ein Irrtum erkannt und verworfen. Letztendlich waren teure Luxusobjekte für den individuellen Bedarf entstanden und nicht — was man gewünscht hatte — die Wiederbelebung des Handwerks. Spöttisch wurde von den „Arme-Leute-Einrichtungen für Reiche" gesprochen (210). Das war auch der Grundgedanke der Herrschenden im „Dritten Reich". Sie selbst konnten sich schlecht die Einfachheit wirklich verordnen, hatten sie doch Spaß am Luxus und liebten es, im Überfluß zu leben. So tarnten sie sich und ihr Gebaren durch die Bühneneffekte von Schlichtheit.

Wohnverhältnisse seit der Industrialisierung — Zusammenfassung

Zusammenfassung

Meine Zusammenstellung von Luxusinterieurs und Arbeitermöbeln im 19. und 20. Jahrhundert soll in erster Linie die Tatsache aufdecken, daß das Wechselspiel zwischen Pomp und Einfachheit der Wohnungseinrichtung keineswegs so einfach beschaffen war, daß sich die Oberschicht pompös eingerichtet hat und mit abnehmendem Einkommen auch der Schmuck aus der Wohnung verschwunden ist. Vielmehr wurde von Intellektuellen, von Künstlern und Industrie-Designern immer wieder versucht, für Einfachheit und Schlichtheit in allen Klassen zu plädieren, wodurch Impulse gegeben wurden, die aber oft ebenso rasch ideologisiert oder auch vermarktet wurden.

In der zweiten Hälfte des 19. Jahrhunderts herrschte das geschmückte Wohnen in allen Schichten vor (211). Eine Ausnahme bildeten allerdings die Massen der Arbeiter, die überhaupt keine Habe besaßen. Geschäftstüchtige und in diesem Sinne weitblickende Produzenten sahen in ihnen potentielle Käufer, denen durch bescheidene Lohnerhöhungen der Zutritt zum Markt und die Integration in die Gesellschaft ermöglicht werden sollte.

Wie wir im ersten Teil dieses Buches gesehen haben, gab es das Luxusinterieur in der zweiten Hälfte des 19. Jahrhunderts als vorgegebenes Beispiel auf Ausstellungen und in den Fürstenhäusern bzw. den Häusern der Großbourgeoisie. Seine Formen wurden maschinell kopiert und die Materialien durch Surrogate ersetzt, um es für breite Bevölkerungsschichten erwerbbar zu machen; für die unterste Einkommensschicht wurde es schließlich als Schundware angeboten. Als die Kunstgewerbezeichner sich vor die Aufgabe gestellt sahen, für das Proletariat Wohnungseinrichtungen zu entwerfen, waren sie zunächst recht hilflos; denn ohne Schmuck kam ja nichts Rechtes zustande, was den Käufer angesprochen hätte. So blieb die Lösung nur, das Einkommen der Proletarier gerade soweit anzuheben, daß diese Käufer für die maschinell und schlampig gefertigten Möbeln aus den großen Magazinen wurden. Nach der Reichsgründung von 1871 wurde ohnehin mehr produziert, besonders die besser verdienenden unter den Arbeitern und Angestellten wurden jetzt durch das Angebot angesprochen.

Insgesamt wird also festgestellt, daß für die Wohnungseinrichtung der zweiten Hälfte des 19. Jahrhunderts das Geschmückte galt, was mit der politisch-restaurativen Phase in Deutschland zusammenhing. Der Verbraucher für das Massenangebot aus den Fabriken war erreicht worden. Er hatte sich in das Familienidyll zurückgezogen, das nun ideologisch und gestalterisch gepflegt wurde. Für ihn war das zu einer zwingenden Notwendigkeit geworden, denn im Zuge der immer mehr fortschreitenden Arbeitsteilung konnte er sich mit seinem Produkt am Arbeitsplatz nicht mehr identifizieren. So blieb ihm nur noch die Identifikation mit seiner Familie und mit dem Schmuck seiner Wohnung. Die Herrschenden hatten aus ihm einen politisch ungefährlichen Konsumenten gemacht.

Schon um das Jahr 1850 hatten sich in England Künstler, die Gruppe der Präraffaeliten, in sanfter Auflehnung gegen die zunehmende Industrialisierung gewandt (212). Erst um die Jahrhundertwende wurden dann die ersten Vorschläge gemacht, die wegweisend für das neue, technische Zeitalter werden sollten. In Deutschland begannen junge Menschen in Ablehnung wilhelminischen Untertanengeistes auf den Gebieten von Wissenschaft und Kunst Neues zu erarbeiten (213). Das war die Geburt des Jugendstils und das war auch der Beginn eines neuen Wohnverhaltens im 20. Jahrhundert. Doch standen am Anfang die reinen Luxuserzeugnisse in teurer, handwerklicher Arbeit, von denen sich die Schöpfer bald schon distanzierten. Es waren ursprünglich die Versuche einer Avantgarde gewesen, dem nur durch Angebot und Nachfrage bestimmten Massenangebot auf dem Möbelmarkt abzuhelfen, indem wieder nach individuellen Bedürfnissen produziert werden sollte. Was individuell sein sollte, wurde aber von den Künstlern bestimmt. Henry van de Velde, Richard Riemerschmid und Peter Behrens beispielsweise bauten sich nach eigenen Vorstellungen Häuser und richteten sie ein – ja sie entwarfen sich alles Hausgerät bis hin zur Tischwäsche und den silbernen Bestecken und gestalteten darüberhinaus die Kleidung ihrer Ehefrauen (214)

Nach Ablehnung des Jugendstils – der modifiziert dennoch in die industrielle Produktion einging – stand an erster Stelle immer noch der Stil des Historismus, der nach wie vor beliebt war. Er wurde ver- und gekauft, solange der Markt nicht aufnahmefähig für ein anderes Design war, und bis dahin warteten auch die Produzenten, bevor sie ihre Maschinen umstellten.

Auf die Produktion von Luxusgütern wurde aber nicht verzichtet. Es waren die Schiffsinterieurs — und hier beginnt der zweite Teil der vorliegenden Arbeit — für die ebenso der Historismus beibehalten wurde und die später mit allen erdenklichen Attributen einer Mischung aus Art Déco und auch des Funktionalismus der zwanziger Jahre geschmückt waren. Zunächst jedoch arbeiteten die ehemaligen Jugendstilkünstler weiter. Sie begannen sich um die maschinelle Möbelherstellung zu kümmern, indem sie Kunst, Handwerk und Industrie zu verbinden suchten. Sie gründeten mit diesem Anspruch im Jahre 1907 den Deutschen Werkbund. Der jetzt entstandene Stil — man kann ihn den „Werkbundstil" nennen — wurde Vorbild für die Hausratmöbel der zwanziger Jahre. Jetzt endlich schien die bislang allseits beliebte Stilimitation des Historismus zu verschwinden, und der auch öffentlich geförderten Schlichtheit Platz gemacht zu haben. Die neuen Formen waren eine Abwandlung der um 1910 nach den Entwürfen namhafter Künstler entworfenen Programme (215).

Eine neue Avantgardegruppe — das Bauhaus — entwickelte inzwischen ein neues Industriedesign, keinen Stil, wie die Schöpfer immer wieder betonten, sondern Formen, die lediglich ihrem Material und ihrer Herstellung entsprechend gestaltet waren. Bis zur Vermarktung des Bauhaus-Gedankengutes sollte es aber noch etwa dreißig Jahre dauern. Das „Dritte Reich" setzte der kontinuierlichen Entwicklung zunächst ein Ende.

Nachdem das kapitalistische System in den zwanziger Jahren seine Machtposition gefährdet sah, bediente es sich der Nationalsozialisten zur Durchsetzung propagandistischer Maßnahmen zur Erziehung des Volkes. Über die Verordnung zur Schlichtheit und deren Vortäuschung ist im dritten Teil des Buches die Rede.

Die Betrachtung der beiden Extremgruppen der Wohnungseinrichtung — Luxusinterieurs und Arbeitermöbel — haben gezeigt, daß es in den fast hundert Jahren, denen diese Untersuchung gewidmet ist, kaum Menschen gab, die selbst über die Art und Weise ihres Wohnens hätten entscheiden können. Die Luxusinterieurs dienten dazu, Klassenzugehörigkeit, in diesem Falle Geld und Macht, zu symbolisieren: das Wohnen der Arbeiter wurde immer von den Vorgaben des Marktes bestimmt, wobei die Produzenten sich der Ideen der Künstler und Designer bedienten, sobald deren Entwürfe ihnen verkaufbar erschienen.

Mit der privaten Lebenswelt war auch die Wohnungseinrichtung zum Lebensinhalt gemacht worden, was dazu beitrug, die durchaus vorhandene Unzufriedenheit in den Wunsch nach neuen und besseren Gütern zu kanalisieren.

Anhang

Verzeichnis der Abkürzungen

Af	Der Arbeiterfreund. Zeitschrift des Centralvereins in Preußen für das Wohl der arbeitenden Klassen 1863 – 1911
AR	Architektonische Rundschau. Skizzenblätter aus allen Gebieten der Baukunst 1908
Arch+	Arch plus. Studienhefte für architekturbezogene Umweltforschung und -planung 1974
Ars	Ars. Kunsthistorische Revue der slowakischen Akademie der Wissenschaften 1969
Aw	Arbeiterwohl. Organ des Verbandes katholischer Industrieller und Arbeiterfreunde 1884
B	Bauhaus. Zeitschrift für Gestaltung 1927 – 1929
BA	Berliner Architekturwelt 1903, 1904, 1906
BAK	Blätter für Architektur und Kunsthandwerk 1888
BfA	Blätter für das Armenwesen 1886, 1889
Bg	Die Baugilde. Zeitschrift des Bundes deutscher Architekten und der Zentralvereinigung der Architekten Österreichs 1930 – 1932
Bm	Der Baumeister. Monatshefte für Architektur und Baupraxis 1928 – 1934
Bw	Die Bauwelt. Illustrierte Zeitschrift für das gesamte Bauwesen 1927, 1928
Bz	Die Bauzeitung. Vereinigt mit der Süddeutschen Bauzeitung, Süddeutschen Baugewerkszeitung und Deutschem Bautennachweise 1927 – 1938
D	Die Dame. Illustrierte Frauen-Zeitung 1935, 1937, 1938
DAr	Deutsche Architektur 1964
DBz	Deutsche Bauzeitung 1925 – 1939
DG	Deutsche Gemeindezeitung 1887, 1888
DK	Dekorative Kunst 1900 – 1929
DKuD	Deutsche Kunst und Dekoration 1902/03 – 1929/30
EuM	Eisenbahnen und Museen 1979
F	Die Form. Neue Folge 1926 – 1932
FfH	Fachblatt für Holzarbeiter 1906 – 1938
FM	Die Form. Monatsschrift für gestaltende Arbeit 1922
G	Die Grenzboten. Zeitschrift für Politik, Literatur und Kunst 1885, 1890
Ga	Die Gartenlaube. Illustriertes Familienblatt 1884
Gh	Gewerbehalle. Organ für den Fortschritt in allen Zweigen der Kunstindustrie 1878 – 1891
Hr	Hausrat. Eine Monatszeitschrift. Die Kunst im Heim für Jedermann 1920 – 1922
HZ	Deutsche Hausfrauen-Zeitung 1882 – 1894
Id	Innendekoration 1902 – 1939
IH	Das ideale Heim 1927 – 1929
Kch	Kunstchronik. Wochenschrift für Kunst und Kunstgewerbe 1878, 1879, N.F. 1901 – 1912/13
KG	Kunst und Gewerbe. Wochenschrift zur Förderung deutscher Kunst-Industrie 1867 – 1879
Kgbl	Kunstgewerbeblatt. Monatsschrift für Geschichte und Literatur der Kleinkunst, Organ für Kunstgewerbe-Vereine 1886, N.F. 1900 – 1917
KgH	Kunstgewerbe für's Haus. Illustrierte Monats-Zeitschrift für Dilettanten 1901/02 – 1913
KH	Kunst und Handwerk. Zeitschrift des Bayerischen Kunstgewerbevereins zu München 1899/1900 – 1913/14
KR	Die Kunst im Dritten (Deutschen) Reich. Monatsschrift für alle Gebiete künstlerischen Schaffens 1937 – 1942

KsH	Die Kunst und das schöne Heim. Monatsschrift für Malerei, Plastik, Graphik, Architektur und Wohnkultur 1976
KuKü	Kunst und Künstler. Illustrierte Monatsschrift für bildende Kunst und Kunstgewerbe 1929, 1930
L	Das Land. Zeitschrift für die sozialen und volkstümlichen Angelegenheiten der Landbevölkerung, Organ des Deutschen Vereins für ländliche Wohlfahrts- und Heimatpflege 1897
MB	Moderne Bauformen. Monatshefte für Architektur und Raumkunst 1909 – 1938
MC	Mittheilungen des Centralvereins für das Wohl der arbeitenden Klassen 1849/50
Nb	Der Neubau. Zeitschrift für Architektur und Kunst 1926 – 1929
NSG	Die nationalsozialistische Gemeinde 1934
Rh	Die Rheinlande. Monatsschrift für deutsche Kunst 1903 – 1912
S	Stadt. Monatshefte für Wohnungs- und Städtebau 1982
SB	Soziale Bauwirtschaft 1927 – 1938
SBw	Stadtbauwelt. Beiträge zur Neuordnung von Stadt und Land 1975
SH	Das schöne Heim. Illustrierte Zeitschrift für angewandte Kunst 1929/30 – 1943/44
Si	Der Silberspiegel 1936, 1937
SZ	Sozialpolitisches Zentralblatt 1892/93, 1893/94
VKM	Velhagen und Klasings Monatshefte 1902/03, 1918/19, 1919/20
VPK	Vierteljahresschrift für Volkswirtschaft, Politik und Kulturgeschichte 1885, 1887
VW	Vereinigte Werkstätten für Kunst im Handwerk München
Vw	Volkswohl. Allgemeine Ausgabe der Social-Correspondenz, Organ des Centralvereins für das Wohl der arbeitenden Klassen 1891
Vwg	Die Volkswohnung. Zeitschrift für Wohnungsbau und Siedlungswesen 1919 – 1923
VZ	Vossische Zeitung. Berlinische Zeitung von Staats- und gelehrten Sachen 1893
W	Das Werk. Schweizerische Zeitschrift für Baukunst, Gewerbe, Malerei und Plastik 1923 – 1934
Wk	Die Werkkunst. Zeitschrift des Vereins für deutsches Kunstgewerbe in Berlin 1905/06 – 1910/11
WMB	Wasmuths Monatshefte für Baukunst 1926 – 1929
Ww	Die Weltwirtschaft. Ein Jahr- und Lesebuch 1906, 1908
ZId	Illustrirte kunstgewerbliche Zeitschrift für Innendekoration 1892 – 1898
ZKGV	Zeitschrift des (Bayerischen) Kunst-Gewerbe-Vereins in München 1874 – 1896
ZsCP	Zeitschrift des Central-Vereins in Preußen für das Wohl der arbeitenden Klassen 1858, 1859, 1861

Anmerkungen

1 Zum Normenbegriff in der Soziologie siehe: Elias, Norbert: Über den Prozeß der Zivilisation, 2. Auflage, Bern, München 1969

2 Zur schichtspezifischen materiellen und geistigen Lebenshaltung siehe: Engelsing, Rolf: Zur Sozialgeschichte deutscher Mittel- und Unterschichten. Kritische Studien zur Geschichtswissenschaft Bd. 4, Göttingen 1973

3 Vgl. dazu: Haug, Wolfgang Fritz: Kritik der Warenästhetik, Frankfurt/Main 1971

4 Siehe dazu auch: Günther, KsH, 1976, S. 37 ff (im Literaturverzeichnis zu II)

5 Siehe dazu: Ein Dokument deutscher Kunst (im Literaturverzeichnis zu II)

6 Zu den Wohnungen des Repräsentanten siehe: Günther, Innenräume des „Dritten Reiches" (im Literaturverzeichnis zu III)

7 Bericht über die Berliner Kunst-Ausstellung, Nr. 22, S. 171

8 Amtlicher Bericht über die allgemeine Deutsche Gewerbe-Ausstellung 1844, Teil 2, S. 93 ff, § 10 Möbel- und Stuhlmacher-, auch Tapezierarbeiten; am zahlreichsten waren die Aussteller aus Berlin vertreten:
Altheimer, Baumann, Becker, Bidtel, Böttcher, Bunckenburg, Elias, Enders, Fehringer, Ganzhorn, Gropius, Häger, Harnack, Herth, Hiltl, Hörich & Comp., Jelineck, Kohlenberg, Koschwald, Krieg, Limann, Lincke, E. Meyer, G. Meyer, Olfe, Reichmann, Sachse, Schill, Spillner, Welz, Weygand, Wichmann, Zahn. Andere Aussteller kamen aus Dresden, Hamburg, Köln, Mainz, Stuttgart, Prag und anderen Städten. — Zum folgenden Zitat: Viebahn, Georg Wilhelm von: Vorbemerkung. Abgedruckt in: Amtlicher Bericht, Teil 1, S. III ff. — Siehe auch: Amtlicher Bericht, Teil 2, S. 98, Nr. 336, S. 99, Nr. 1000, S. 100, Nr. 1425, S. 103, Nr. 2296, S. 104, Nr. 3032, 3085, 3020, S. 99, Nr. 495, S. 98, Nr. 469. — Siehe auch Luxusinterieurs auf den folgenden Ausstellungen: Weltausstellung London 1851: Great Exhibition, Vol.III, p. 1061, Nr. 236, p. 1084, Nr. 610, p. 1092 f, Nr. 763, 773, p. 1118, Nr. 70, p. 1138 ff, Nr. 63 ff, Abb. p. 1138 ff. — „Allgemeine Pariser Ausstellung" 1855: Amtlicher Bericht über die Allgemeine Pariser Ausstellung, S. 625 ff. — „Londoner Industrie-Ausstellung" 1862: Bucher, Die Londoner Industrie-Ausstellung S. 305f: „Die bedeutendsten deutschen Fabrikstätten, welche geschnitzte Meubel geliefert haben, sind die Strafanstalt zu Sonnenburg und die Fabrik von L. und S. Lövinson in Berlin, welche einen großen Theil der Moabiter Gefangenen beschäftigt. Die Sonnenburger Direktion hat einen Fürstensessel eingeschickt, gezeichnet von Gropius und vortrefflich ausgeführt . . . Das Atelier (Lövinson) ist vor sieben Jahren gegründet worden, beschäftigt jetzt 300 Arbeiter und zahlt an die Strafanstalt in Moabit 10,000 Thlr. jährlich". (Ein ausgestelltes, von Lövinson hergestelltes Büffet kostete 1 400 Taler). — Weltausstellung Paris 1867: Berichte über die Allgemeine Ausstellung, III. Heft, 14. und 15. Klasse

9 Schasler, KG, 1867, S. 74, 81

10 Führer durch die Allgemeine Industrie-Ausstellung, S. 16. — Die Firma Macks hatte Möbel im Wert von insgesamt 3 403 Talern ausgestellt. — Zur Angabe der Werte in Talern: „Die Bauarbeiter haben sich übrigens relativ wohl befunden, besonders die Steinträger. Sie tranken Champagner und andere Weine und verzehrten die teuersten Delicatessen. Sie konnten es, denn sie verdienten 30 Thlr. die Woche". (Aus: Berliner Statistisches Jahrbuch, 1874, S. 218)

11 Catalog der Allgemeinen Industrie-Ausstellung Klasse XI, Mobiliar, S. 97, Nr. 114, Thonet, Wien und Berlin; Nr. 539, Stoevesandt & Kolmar, Karlsruhe; S. 96, Nr. 554, „Renaissance" Commanditgesellschaft für Holzschnitzkunst, Inhaber L. und S. Lövinson, R. Kemnitz, Berlin (vgl. Anm. 56); S. 94, Nr. 741 Macks, Berlin; S. 96, Nr. 742, Neitemeyer, Mainz; S. 93, Nr. 943 Hoffmeister & Comp., Coburg

12 Allgemeine Industrie-Ausstellung, KG, 1870, S. 233

13 Vgl. S. 28, 29 – Zu Thonet-Möbeln: Allgemeine Industrie-Ausstellung, KG, 1870, S. 250 (von Andrecht & Bingel in Kassel und der „Oderfelder Fabrik" waren ebenfalls Möbel aus gebogenem Holz ausgestellt). – Luxusinterieurs auf der Weltausstellung in Wien 1873 siehe: Wiener Weltausstellung, Amtlicher Katalog, Gruppe VIII, Holzindustrie, S. 339 ff

14 Pecht, Aus dem Münchner Glaspalast, S. 189 f. – Zu den folgenden Zitaten: Regnet, Führer, S. 153, 146 – Siehe auch: Katalog der Kunst- und Kunstindustrie-Ausstellung, S. 103, 133 ff und Anm. 74

15 Zur „Berliner Gewerbe-Ausstellung" 1879 siehe S. 42. – Auf der Weltausstellung Paris 1878 waren keine deutschen Möbel ausgestellt gewesen. Lessing, Berichte, S. 155: „Einige Zimmer in der Art, wie sie die Münchener Ausstellung aufzuweisen hatte, würden dem verblaßten und schmalsüchtigen Charakter der französischen Möbelformen ein kräftiges Gegengewicht gehalten haben. Übrigens würde unsere Berliner Möbeltechnik, ebenso die Mainzer und die Dresdener wohl im Stande gewesen sein, über das, was in München geleistet war, erheblich hinauszugehen.

16 Gmelin, ZKGV, 1888, S. 50. – Voss, BAK, 1888, S. 55. – Siehe auch: Offizieller Katalog der Deutsch-nationalen Kunstgewerbe-Ausstellung, S. 57 f, Nr. 143, 170, 932

17 Zu Seidl, Fritzsche, Pössenbacher: Gmelin, ZKGV, 1888, S. 71, 69, Abb. T.36. Zum Folgenden: Lüders, Das Projekt, S. 7

18 Offizieller Katalog der Ausstellung von Wohnungs-Einrichtungen, Nr. 10, 190, 177, 17. – Schliepmann, Zld, 1892, S. 205. Siehe auch: Morgenstern, HZ, 1892, S. 429 ff. – Auf der Berliner Ausstellung von 1892 zeigte man zum Teil für die Weltausstellung in Chicago bestimmte Interieurs, so etwa die von Schliepmann erwähnten Möbel von Groschkus. – Zur Weltausstellung Chicago 1893: Lessing, Julius: Kunstgewerbe. Möbel und Zimmereinrichtungen. Abgedruckt in: Amtlicher Bericht über die Weltausstellung in Chicago 1893, Bd 2, S. 762 ff. – Columbische Weltausstellung, Gruppe 90, S. 132 ff

19 Gmelin, ZKGV, 1896, S. 68 f. – Zu den Räumen der Firma Gerson: Offizieller Haupt-Katalog der Berliner Gewerbe-Ausstellung, Abb. vor S. 43. – Weitere Abbildungen von Ausstellungsstücken: Zld, 1896, Abb. S. 212 f, 216 ff

20 Gmelin, ZKGV, 1896, S. 68

21 Zu diesem und zum folgenden Zitat: Illustrierter Amtlicher Führer durch die Berliner Gewerbe-Ausstellung, S. 72. – Naumann, Ausstellungsbriefe, S. 47 f, siehe auch S. 46 f Vorschlag zu einem „Haus der Arbeit"

22 Marx, Karl; Engels, Friedrich: Manifest der kommunistischen Partei (1847/48). Abgedruckt in: Marx/Engels, Werke, Bd 4, S. 459 ff, 463

23 Reformversuche zur Rettung des Handwerks bestanden zumeist darin, es künstlerisch neu zu beleben. – Vgl. dazu: Ruskin, Wie wir arbeiten, S. 184 f, S. 231. – Morris, William: Einleitung. In: Kunst und Handwerk, Arts and Crafts Essays, o.S.: „... unsere Kunst aber ist das Werk einer kleinen, aus gebildeten Leuten bestehenden Minderheit, die sich ihres Bestrebens, Schönheit zu schaffen, vollkommen bewußt ist und dadurch, daß sie es hat, sich von der großen Menge der Handwerker unterscheidet ... Dieser bewußten Kunstpflege und dem Versuch, die Öffentlichkeit dafür zu interessieren, sich zu widmen, das hat sich die Arts and Crafts-Ausstellungsgesellschaft vorgenommen, indem sie die besondere Aufmerksamkeit auf jenes in der That wichtigste Kunstgebiet der Dekoration von Gebrauchsgegenständen hinlenkt, deren Schmuck statt warenmäßiger, echte künstlerische Vollendung besitzt". – Velde, Kunstgewerbliche Laienpredigten, S. 84. – Zeitler, Julius: Vorrede. In: Kunst und Handwerk, Arts and Crafts Essays, o.S. – Berendt, Der Kampf um den Stil, S. 88, 91

24 Vgl. dazu: Marx, Karl; Engels, Friedrich: Lohnarbeit und Kapital (1849). Abgedruckt in: Marx/Engels, Werke, Bd 6, S. 397 ff, 420 f: „Die Maschinerie bringt dieselben Wirkungen auf viel größerer Stufenleiter hervor, indem sie geschickte Arbei-

ter durch ungeschickte, Männer durch Weiber, Erwachsene durch Kinder verdrängt, indem die Maschinerie da, wo sie neu eingeführt wird, die Handarbeiter massenhaft aufs Pflaster wirft und da, wo sie ausgebildet, verbessert, durch fruchtbarere Maschinen ersetzt wird, (Arbeiter) in kleineren Haufen abdankt".

25 Siehe: Engels, Friedrich: Zur Wohnungsfrage (1872/73). Vorwort zur 2. Auflage (1887). Abgedruckt in: Marx/Engels, Werke, Bd 18, S. 209 ff, 647 ff

26 Engels, Friedrich: Die Lage der arbeitenden Klasse in England. Nach eigner Anschauung und authentischen Quellen. Die großen Städte (1844/45). Abgedruckt in: Marx/Engels, Werke, Bd 2, S. 256 ff, 292, 294 f

27 Bodelschwingh, BfA, 1889, S. 22 ff. – Literatur zu Arbeiterwohnungen siehe auch: Albrecht, Die Wohnungsnot. – Zur Arbeiterwohnungsfrage, G, 1885, S. 601 ff. – Balmer-Rinck, Die Wohnung des Arbeiters. – Huber, ZsCP, 1859, S. 3 ff. – Huber, ZsCP, 1861, S. 123 ff. – Kritik, Aw, 1884, S. 61 ff. – Zur Lösung der Wohnungsfrage, DG, 1888, S. 67 ff. – Manega, Die Anlage von Arbeiterwohnungen. – Reichardt, Die Grundzüge der Arbeiterwohnungsfrage. – Ruprecht, Die Wohnungen. – Sax, Die Wohnungszustände. – Senftleben, Af, 1868, S. 365 ff. – Senftleben, Af, 1869, S. 82 ff, 213 ff, 376 ff. – Trüdinger, Die Arbeiterwohnungsfrage. – Verbesserung der Armenwohnungen, BfA, 1886, S. 193 ff. – Wiss. VKP, 1887, 1. Bd, S. 1 ff, 165 ff, 2. Bd, S. 1 ff, 145 ff. – Zur Wohnungsfrage, DG, 1887, S. 193 ff, 210 ff. – Die Wohnungsfrage, G, 1890, S. 170 ff. – Die Wohnungsfrage, Af, 1865, S. 187 ff. – Wolf, Die Wohnungsfrage. Siehe auch Literaturangaben in Af, X, 1872, S. 296 ff

28 Great Exhibition, Vol. I, Section II, Class 7, p. 320, Nr. 176, Class 9, p. 359, Nr. 41, p. 374, Nr. 136; Vol. II, Section III, Class 27, p. 768, Nr. 67, 68, p. 774 f, Nr. 124, Class 30, p. 831, Nr. 175. – Zu folgenden Zitaten: Great Exhibition, Vol. I, Section II, Class 7, p. 320, Nr. 176, Class 9, p. 359, Nr. 41; Vol. II, Section III, Class 30, p. 831, Nr. 175

29 Great Exhibition, Vol. II, Section III, Class 27, p. 774 f, Nr. 124, Abb. p. 774. Zur „Society for Improving the Condition of the Labouring Classes", p. 775: „The Society, since it was reconstructed in 1844, under its present desgination, has embraced a much more extensive field of operation than that of the Labourer's Friend Society – a considerable portion of its energies being directed to the important object of the improvement of the dwellings of the labouring classes, in which difficult department it was the first Society to exhibit practical examples, and to commence a series of model buildings adapted to the various circumstances of those classes... The model buildings, Bagnigge Wells... The lodging house in George Street, St. Giles's ... The model houses in Streatham Street, Blommsbury... The Thanksgiving model buildings, Portpool Lane, Gray's Inn Lane..."

30 Amtlicher Bericht über die Allgemeine Pariser Ausstellung 1855, S. 733

31 Helm, ZsCP, 1858, S. 139

32 „Collections d'objets d'économie domestique et hygiénique à l'usage des classes ouvrières par Twining". Abgedruckt in: Amtlicher Bericht, S. 733 ff. – Siehe auch: „Vorschläge zu Sammlungen von Gegenständen der häuslichen und sanitärischen Ökonomie zum Gebrauche der arbeitenden Klassen". Auszugsweise abgedruckt in: Schmidt, Af, 1899, S. 270 ff. – T. Twining war 1855 Mitglied der „Society of Arts", 1862 Ehrensekretär des Londoner Wohltätigkeitskongresses, 1874 Vizepräsident der „Society of Arts". Vgl. Schmidt, Af, 1899, S. 269, 274

33 Zur Genehmigung von Twinings Vorschlag: Amtlicher Bericht, S. 738

34 Helm, ZsCP, 1858, S. 140

35 Amtlicher Bericht, S. 739 ff

36 Schmidt, Af, 1899, S. 271. – Nach Schmidt ist es nicht sicher, ob die Abteilungen „Household, social, and political economy" und „Hygiene, and means of physical training" im Londoner South Kensington Museum auf Twinings Vorschläge hin entstanden.

37 Helm, ZsCP, 1858, S. 140. – Siehe auch: K.B., Der internationale Wohlthätigkeits-Kongreß zu London, Af, 1863, S. 209 ff. – „Ehrensecretair des internationalen Wohltätigkeitscongresses für 1862" war „J. Twining d.J" (Twining, ZsCP, 1861, S. 465 ff)

38 Böhmert, Af, 1900, S. 335

39 Berichte über die Allgemeine Ausstellung zu Paris im Jahre 1867, VII. Heft, S. 541, 587. – Zu den folgenden Zitaten: Berichte, VII. Heft, S. 541, 544 f

40 Senftleben, Af, 1869, S. 110

41 Central-Comité, Bericht über die Weltausstellung, S. 327 f

42 Lage, Af, 1868, S. 67. – Siehe auch: III. Bericht, Af, 1868, S. 24 ff. – Königl. Centralkommission, Af, 1867, S. 296 ff. – Centralverein, Berichte preußischer Gewerbetreibender. – Commission der Hamburger Gesellschaft, Berichte. – Berichte, Af, 1867, S. 155 ff. – Lette, Af, 1868, S. 3 ff. – Zum Folgenden: Senftleben, Af, 1869, S. 112 ff

43 Zu den folgenden Zitaten: Grothe, Af, 1870, S. 1 ff. – Die Anregung zur Ausstellung kam von seiten des Direktors der Utrechter Eisengießerei J. van den Wall-Bake; den Vorsitz des Komitées führte Baron Donald J. Mackay. – Die Zahl der Aussteller war wie folgt verteilt: Holland 1050, Beligen 440, Frankreich 350, Norddeutschland 347, England 230, Württemberg 190, Österreich 160, Dänemark 66, Schweden 18, Bayern 15, Schweiz 7, Baden 5, Amerika 3, Italien 3, Hessen 1

44 Die genannte Einrichtung kostete 30 holl. Gulden, Hersteller waren „Duyk fils" in Brüssel; die erwähnten, österreichen Stühle (S. 29) waren von August Knoblauch in Wien hergestellt und kosteten 3 holl. Gulden; die Stühle von Jensen (S. 29) kosteten ca. 1 Thlr. 5 Sgr. (Grothe, Af, 1870, S. 15, 17)

45 Böhmert, Af, 1900, S. 336

46 Welt-Ausstellung 1873, offizieller General-Catalog, Gruppe XIX, Nr. 705

47 Böhmert, Af, 1873, S. 343 ff

48 Welt-Ausstellung 1873, offizieller General-Catalog, S. 549, Gruppe XIX, Nr. 9 „möblirtes Zimmer für Arbeiterhäuser", Josef Kraus & Sohn, Wien; Nr. 11 „Pläne und Beschreibungen der Arbeiterhäuser der Spinnfabrik in Strazig", Ritter Rittmeyer & Cie, Görz; Nr. 12 „Modelle von Arbeiterhäusern", „Societâ Triestina Costrutrice di Edifici Populare, Triest". – Zum folgenden Zitat: Böhmert, Af, 1873, S. 351. – Zu Hausrat und Möbel auf der Wiener Weltausstellung: Welt-Ausstellung 1873, offizieller General-Catalog, S. 137, 549. – Literatur siehe auch: Brinckmann, Justus: Holz-Industrie. Abgedr. in: Amtlicher Bericht über die Wiener Weltausstellung, S. 369 ff. – Lützow, Kunst und Kunstgewerbe. – Wiener Weltausstellung, Amtlicher Katalog

49 Zur Weltausstellung Paris 1878: Exposition Universelle internationale de 1878 â Paris, Groupe III, Classes 17, 18 „Les meubles â bon marché et les meubles de luxe". Zu den ausstellenden Ländern gehörten: Belgien, Dänemark, England, Frankreich, Italien, Niederlande, Norwegen Österreich, Portugal, Rußland, Schweden, Schweiz, Spanien. – Siehe auch: Lessing, Berichte. – Stockbauer, KG, 1879, S. 67 f, 76 ff, 84 ff

50 Museum für Sozialökonomie, SZ, 1892/93, S. 542 f. – Siehe auch: Exposition Universelle Internationale de 1889 à Paris, Tome 2, 3

51 Katscher, Af, 1898, S. 399 ff

52 Schmidt, Af, 1899, S. 277, 281

53 Zur Weltausstellung Chicago 1893: World's Columbian Exposition, 1893, official Catalogue, Part VIII, Group 90, p. 19. – Bode, VZ, 1893. – Von der Weltausstellung, HZ, 1893, S. 26. – Amtlicher Bericht über die Weltausstellung in Chicago. – Columbische Weltausstellung in Chicago

54 Nach Schmid, Af, 1899, S. 268

55 Literatur zur Arbeiterwohnungsfrage: Bodelschwingh, Was kann die christliche Liebesthätigkeit zur Abhülfe des Wohnungselendes in den großen Städten thun?. –

Böhmert, Af, 1885, S. 129 ff. – Emminghaus, Af, 1868, S. 213 ff. – Weber, Wohnungen. – Wintzingeroda-Knorr, Die deutschen Arbeitshäuser. – Die Wohnungsnoth der ärmeren Klassen. – Wohnverhältnisse, SZ, 1893/94, S. 155. – Klette, Af, 1865, S. 187 ff. – Senftleben, Af, 1865, S. 173 ff. – Aufschluß geben auch die Literaturzusammenstellungen in „Der Arbeiterfreund", siehe u.a.: Af, 1899, S. 44 ff. – Zu den Slums in Berlin siehe: Hegemann, Das steinerne Berlin. – Siehe auch: Emmerich, Proletarische Lebensläufe

56 1844 „Allgemeine Deutsche Gewerbe-Ausstellung Berlin". – 1870 „Allgemeine Industrie-Ausstellung für das Gesammtgebiet des Hauswesens in Cassel". – 1876 „Kunst- und Kunstindustrie-Ausstellung alter und neuer deutscher Meister sowie der deutschen Kunstschulen im Glaspalaste zu München". – 1879 „Berliner Gewerbe Ausstellung". – 1888 „Deutsch-nationale Kunstgewerbe-Ausstellung zu München". – 1892 „Ausstellung von Wohnungseinrichtungen und damit verwandter Gewerbe Berlin". – Zu den genannten Ausstellungen siehe S. 14 ff.

57 Zu Twining siehe S. 25 ff. – Nach Schmidt, Af, 1899, S. 268 ff: „Germania", Hrsg. Victor Böhmert; „Ökonomisches Museum für die arbeitenden Klassen". In: Germania, 1856, S. 106. – „Vorschläge zu Sammlungen von Gegenständen der häuslichen und sanitären Ökonomie zum Gebrauche der arbeitenden Klassen". In: Germania, 1856, S. 107. Vor den Versuchen in England gab es schon in Deutschland – so z.B. in Nürnberg, in Halle, in Frankfurt/Main – „Naturwissenschaftliche Institute für den Gewerbstand"; in Nürnberg gab es einen sog. „Bazar" zur Unterstützung der Armen. Als Kleinträger der „Socialen Museen" gelten auch die „Gewerbshallen". Später nahmen auch einzelne Gewerbemuseen – etwa das 1848 gegründete Landesgewerbe-Museum in Stuttgart – Hausgerät für Arbeiter in ihre Sammlungen auf.

58 In Deutschland existierten 1865 an folgenden Orten Baugesellschaften: Berlin (1847 „Berliner gemeinnützige Baugesellschaft", 1852 „Alexandra Stiftung"); Halle a.S. (1851); Stettin (1853); Lüdenscheid (1853); Heilbronn (1854); Pforzheim (1857); Stuttgart (1859); Frankfurt/Main (1860); Hagen (1861); Königsberg (1861); Nürnberg (1862); Hamburg (1862); Görlitz (1864). Siehe dazu: Parisius, Af, 1865, S. 292 ff; Angelegenheiten der gemeinnützigen Baugesellschaft in Berlin, MC, 1849/50, S. 1 ff. – Zum „Central-Verein in Preußen für das Wohl der arbeitenden Klassen": Lette, Af, 1863, S. 1 ff; siehe auch: Elster, Handwörterbuch, S. 1098 ff

59 Goltz, Ländliche Arbeiterwohnungen, S. 7 f, 12. – Siehe auch: Goltz, Af, 1868, S. 149 ff

60 Sax, Die Wohnungszustände, S. 28, 46 f. – Zum Folgenden: Engels, Friedrich: Zur Wohnungsfrage (1872/73). Vorwort zur 2. Auflage (1887). Abgedruckt in: Marx/ Engels, Werke, Bd 18, S. 209 ff, 647 ff

61 Elster, Handwörterbuch, S. 1098 ff. – Zu Arbeiterheimen: Apel, L, 1897, S. 293 ff. – Berthold, Die Entwicklung. – Bodelschwingh, Der eigene Herd. – Bodelschwingh, Af, 1897, S. 354. – Carneri, Der moderne Mensch. – Die Herstellung der Reinlichkeit. – Lauxmann, Das Familienleben. – Morgenstern, HZ, 1886, S. 73 f. – Schmidt, Af, 1879, S. 146 ff. – Schmidt, Af, 1892, S. 34 ff. – Zum folgenden Zitat: Hansen, Die Wohnungsverhältnisse, S. 36 f. – Siehe auch: Hansen, Ga, 1884, S. 563 f. – Morgenstern, HZ, 1894, S. 133

62 Programm für die Allgemeine deutsche Ausstellung auf dem Gebiete der Hygiene (Gesundheitspflege und Gesundheitstechnik) und des Rettungswesens, S. 9, Gruppe 10 „Das Wohnhaus"; S. 9 f, Gruppe 11 „Gebäude, in welchen viele Menschen dauernd wohnen"; S. 10, Gruppe 12 „Räume, in welchen sich viele Menschen zeitweise aufhalten"; S. 10 f, Gruppe 14 „Fabriken, Laboratorien (chemische, Pulver-, Feuerwerks-), Hüttenwerke einschließlich der Arbeiterwohnhäuser und Colonien". – Zu den Zitaten: B.S., Die Hygiene-Ausstellung, HZ, 1882, S. 117. – Roth, Af, 1884, S. 7. – Zur genannten Ausstellung siehe auch: Morgenstern, HZ, 1883, S. 145 ff

63 Zum Berliner „Hygiene-Museum": Schmidt, Af, 1899, S. 282 f „Das mit dem am 1. Oktober 1885 begründeten hygienischen Institut der Universität Berlin . . . ver-

bundene Hygiene Museum (eingerichtet in der alten Gewerbe-Akademie...) wurde am 1. Oktober 1886 eröffnet". Siehe auch: Schwabe, Af, 1867, S. 19 ff

64 Bericht über den Bau von Arbeiterwohnungen, Af, 1886, S. 154 ff. – Die Wohnungsfrage, G, 1890, S. 170 ff. – Weitere Literatur: Emminghaus, Af, 1885, S. 287 ff. – H., Deutsche Arbeitsstätten, Af, 1885, S. 304 ff

65 Gumprecht, Af, 1887, S. 3, 22 (Agitationsschrift „Wider den Trunk"). – Zum Folgenden: Schmidt, Af, 1899, S. 284

66 Albrecht, Die Wohnungsnot, S. 7. – Nathan, Die Wohnungsfrage, S. 12 f: „Das einzelne Individuum besitzt nichts, auch nicht den kleinsten Raum mit seiner Ausstattung, in dem es sich mit Stolz sein eigener Herr fühlt, in dem es ganz unabhängig und selbständig sich der anderen Welt gegenüberstellen kann. Wer unter diesen Umständen lebt, wird sich ein ausgebildetes Eigenthumsgefühl nicht zu erwerben im Stande sein; der Begriff des Privateigenthums, das Verständniß für den Werth persönlichen Besitzes geht hier naturgemäß nur allzuleicht verloren"; S. 48 f: Für das Steuerjahr vom 1. April 1887 – 1888 wurden in Berlin veranlagt: mit einem Einkommen von 420-600 Mark = 157602 Personen, mit einem Einkommen von 1350-1500 Mark = 17067 Personen. Der durchschnittliche Wochenlohn betrug von 1885 bis 1888 für einen Werkmeister nicht unter rund 30 Mark; für einen Gehilfen und Gesellen nicht unter rund 16 Mark; für einen Arbeiter nicht unter rund 15 Mark; für eine Arbeiterin nicht unter rund 9 Mark. „Bei einem Einkommen von 600 bis 1200 Mark mußten nach einer Enquéte im Jahre 1876 24,7 % und bei einem Einkommen von 1201 bis 1800 Mark 21,8 % desselben für die Wohnung aufgewandt werden". – Der durchschnittliche Brotpreis für 100 kg Roggenbrot betrug in der Stadt Berlin im Jahre 1889 = 21,22 Mark und im Jahre 1890 = 24,72 Mark; im Kleinverkauf kosteten 100 kg Schweinefleisch im Jahre 1889 = 130 Mark (nach: Hirschberg, Die Brotpreise in Berlin im Jahre 1889 und Hirschberg, Die Fleischpreise in Berlin. In: Jahrbücher für Nationalökonomie und Statistik, N.F., 1890, S. 205 ff, S. 289

67 Leitfaden für Wohnungspfleger, S. 7. – Wurm, Die Lebenshaltung der deutschen Arbeiter, S. 49. – Literatur siehe auch: Berliner Arbeiterhaushaltungen, Vw, 1891, S. 199 ff. – Bodelschwingh, Der evangelisch-soziale Kongreß. – Bodelschwingh, Mehr Luft, mehr Licht. – Kamp, Erwerb und Wirtschaftsführung. – Lieber („S.v.S.") – Bielefeld, Das Wohnungselend. – Maßregeln zur Erreichung gesunden Wohnens, Af, 1890, S. 75 ff. – May, Wie der Arbeiter lebt. – May, Die Heidelberger Wohnungsuntersuchung

68 Albrecht, Heinrich: Bericht über die Ausstellung von Plänen von Arbeiterwohnungen. Abgedruckt in: Die Verbesserung der Wohnungen. Vorberichte und Verhandlungen, S. 177 ff

69 Offizieller Spezial-Katalog VIII, Gruppe XVIII und XIX der Berliner Gewerbe-Ausstellung 1896, S. 33 ff, 43 ff

70 Katalog der allgemeinen deutschen Industrie-Ausstellung zu München, X. Gruppe Holzwaaren und kurze Waaren verschiedener Art, S. 2, 5 ff, 26 ff, 36, 41, 45, 53 f, 64, 67, 74 f, 81 f, 84, 89 f, 95, 100, 104 f, 110, 169, 171 f, 175 f, 178 f, 183, 203, 208, 210, 224. – Zu Ausstellungen in Deutschland siehe auch Anm. 56 und Offizieller Katalog der Gewerbe-Ausstellung Düsseldorf 1880, Gruppe IX, Hölzer und Holz-Industrie, S. 180 ff

71 Catalog der Allgemeinen Industrie-Ausstellung Cassel, Klasse XI, Mobiliar, S. 91 ff

72 Rudolf Seitz (1842 München – 1910 München), siehe: Thieme-Becker, Bd 30. – Gabriel Seidl (1848 München – 1913 München), siehe: Thieme-Becker, Bd 30. – Duncker, Über die Bedeutung, S. 18

73 Engels, VKM, 1902/03, S. 203

74 Duncker, Über die Bedeutung, S. 19. – Siehe auch: Katalog der Kunst und Kunstindustrie-Ausstellung, S. 133. – Regnet, Führer, S. 153: „Das Cabinet Nr. 89 nun zeigt in strengster Durchführung die Wohnstube einer wohlhabenden Bürgerfamilie des

16. Jahrhunderts und ist ein überaus verdienstliches Werk des Architekten Gabriel Seidl in München". – Zum Raum von Pössenbacher, siehe S. 18

75 Schmädel, KH, 1910/11, S. 188, Abb. 371. – Es ist nicht bekannt, ob Seidl von der englischen kunstgewerblichen Bewegung beeinflußt wurde. – Zum folgenden Zitat: Engels, VKM, 1902/03, S. 203·

76 Nekrologe, Kch, 1912/13, Sp. 464. – Zu Arbeiten von Seitz und Seidl: Büffet. ZKGV, 1879, T. 8; Klavier. ZKGV 1879, T. 14; Zimmereinrichtung. ZKGV, 1879, T. 22; Schlafzimmereinrichtung. ZKGV, 1880, T. 5; Einflammiger, dreiflammiger und fünfflammiger Gaslüster in Schmiedeeisen, bunt bemalt und lackiert, ausgeführt von Seitz und Seidl, Entwurf: Emanuel Seidl. ZKGV, 1884, T. 4; Einrichtungsgegenstände aus dem kunstgewerblichen Atelier Seitz und Seidl, Entwurf: Gabriel und Emanuel Seidl. ZKGV, 1884, T. 5; Pitschen in Ahornholz und bunter Bemalung. Malerei: Hupp, Schleißheim. ZKGV, 1884, T. 27; Ladeneinrichtung für Hofbäckermeister Anton Seidl, Entwurf: Gabriel Seidl, Malerei der Decken und Wandf. erfunden und ausgeführt von Seitz. ZKGV, 1891, T. 8. – Siehe auch: Columbische Weltausstellung, Gruppe 90, S. 132 ff, Inseratenteil, S. 86 (hier wird Emanuel Seidl als Inhaber der Firma Seitz und Seidl genannt)

77 Erst Eberhard von Ihne (1848 Elberfeld – 1917 Berlin), siehe Thieme-Becker, Bd 18. – Paul Stegmüller, siehe Thieme-Becker, Bd 31

78 Zum Wettbewerb „Musterausstattung bürgerlicher Wohnräume": Kch, 1879, Sp. 20 f. – Zu Arbeiten von Ihne und Stegmüller: Ofen. Kch, 1878, Sp. 354; Bücherschrank. Gh, 1878, T. 35; Silberner Pathenbecher und Weinflaschenteller. Gh, 1879, T. 59; Sofa, Fauteuil und Stuhl für ein Herrenzimmer, Ausführung: Langer, Schweidnitz. Gh, 1880, T. 17; Schreibtisch für ein Herrenzimmer, Ausführung: Langer, Schweidnitz. Gh, 1880, T. 83; Kamin in Rosso di Levante mit Bronze Applikationen, Ausführung: Schleicher, Berlin. Gh, 1881, T. 1; Bücherschrank für ein Herrenzimmer Ausführung: Langer, Schweidnitz. Gh, 1881, T. 5; Eingelegte Holzornamente. Gh, 1881, T. 14; Tisch für ein Herrenzimmer, Ausführung: Langer, Schweidnitz. Gh, 1881, T. 34; Tischplatte mit eingelegter Arbeit, Ausführung: Langer, Schweidnitz. Gh, 1881, T. 35; Eingelegte Holzornamente. Gh, 1881, T. 41; Eichene Möbel eines altdeutschen Speisezimmers, Ausführung: Hege, Bromberg. Gh, 1881, T. 51; Kaminofen, Ausführung: Dankberg, Berlin. Gh, 1881, T. 78; Sofa für ein Herrenzimmer, Ausführung: Hege, Bromberg. Gh, 1882, T. 52; Ornamente für Holzeinlage. Gh, 1883, T. 28; Haustür, Gh, 1883, T. 61; Ornamente für Holzeinlage, Gh, 1884, T. 28; Treppengitter im Café Keck in Berlin. Gh, 1885, T. 39; Herrenschreibtisch, Ausführung: Vogts, Berlin. Gh, 1885, T. 71; Balkon- und Zwischengaubengitter, Ausführung: Lauchhammer. Gh, 1885, T. 83; Sofa in Verbindung mit Bücherschränken, Ausführung: Vogts, Berlin. Gh, 1886, T. 17; In Messing geschmiedete Beschläge, Ausführung: Marcus, Berlin. Gh, 1886, T. 48; Büffet, Ausführung: Hege, Bromberg. Gh, 1886, T. 55; Rauchschrank und Spieltisch, Ausführung: Vogts, Berlin. Gh, 1886, T. 64; Beschläge in Schmiedeeisen, Ausführung: Marcus, Berlin. Gh, 1887, T. 65; Kabinettschrank, Ausführung: Vogts, Berlin. Gh, 1888, T. 4. – Etwa um 1890 hatte Stegmüller eine eigene Schreinerei, das Baubüro hatte sich zu diesem Zeitpunkt wohl bereits aufgelöst. Vgl. dazu: Gh, 1890, T 66 und Gh, 1891, T. 42

79 Siehe: Günther, Interieurs, S. 15 ff

80 Berlepsch, Kgbl, 1886, S. 8, 10. – Schliepmann, Zld, 1892, S. 193

81 Offizieller Haupt-Katalog der Berliner Gewerbe-Ausstellung 1896, S. 28 ff, XV, XXXVI: „Dem Kunstgewerbe wird in jeder gewerblichen Gruppe volle Aufmerksamkeit gewidmet werden; auch soll ein Ehrensaal für die besten Erzeugnisse desselben geschaffen werden. Um gleichzeitig dem Kunstgewerbe neue Ideen zuzuführen, sollen kunstgewerbliche Arbeiten früherer Zeiten ausgestellt werden". Siehe auch: Offizieller Spezial-Katalog II, Gruppe III und IV der Berliner Gewerbe-Ausstellung 1896. Bau- und Ingenieurwesen, Holz-Industrie: – Siehe auch: Schliepmann, Zld, 1896, S. 133 f

82 Offizieller Katalog der Ausstellung von Wohnungs-Einrichtungen und damit verwandter Gewerbe, S. 16, Nr. 17; S. 17, Nr. 20 Georg Meyer: Möbel zur Kücheneinrichtung in Eichenholz mit Kacheleinlagen, Preis 3250 Mark. Schlafzimmer Nußbaum, innen eichen poliert (1 Gardarobe Schrank mit „Eingericht", 2 Bettstellen mit Federboden und Keilkissen, 2 Nachtspinden mit Etagèren, 1 Waschtoilette mit Spiegel-Aufsatz und 2 Handtuchhalter), Preis 1550 Mark, 1 Buffetkasten mit verstellbarem „Eingericht" 75 Mark, 1 Speisetisch Nußbaum 130 Mark. – Offizieller Katalog, S. 6. – Zum folgenden Zitat: Schliepmann, Zld, 1892, S. 205. – Siehe auch: Gurlitt, ZKGV, 1892, S. 58 ff

83 Siehe dazu: Ein Dokument deutscher Kunst

84 Schaefer, DK, 1908, S. 79

85 Schaefer, Id, 1907, S. 294. – Zum Folgenden: Schaefer, DK, 1908, S. 79

86 Schaefer, DK, 1908, S. 82. – Poppe hatte auf dem Schiff „Kronprinzessin Cecilie" die Räume eingerichtet: „Speise-Saal 1. Klasse", „Gesellschafts-Zimmer 1. Klasse", „Wiener Café für Raucher", „Wiener Café für Nichtraucher", „Schreib- und Lesezimmer, „Salon". – Siehe dazu: Id, 1907, Abb. S. 294 ff. – KH, 1907/08, Abb. S. 41. – Ausführende Firmen waren Bembé, Mainz; Kümmel, Berlin; Pfaff, Berlin; Schäfer, Bremen

87 Osborn, Kgbl N.F., 1907, S. 230, 232. – Siehe auch: G.L., Wk, 1907/08, S. 23 ff, Tafel 3, 4

88 Osborn, Kgbl N.F., 1907, S. 232. – Zu den von Riemerschmid auf dem Schiff „Kronprinzessin Cecilie" eingerichteten Räumen: Id, 1907, Abb. S. 300 ff. – Kgbl N.F. 1907, Abb. S. 229, 233, 236, 238. – KH , 1907/08, Abb. 37 ff. – DK, 1908, Abb. S. 82 ff. – KH, 1913/14, Abb. S. 21 f. – FfH, 1915, Abb. S. 87. – Ausführende Firma waren die Dresdener Werkstätten für Handwerkskunst, Dresden

89 Schaefer, DK, 1908, S. 89. – Zum folgenden Zitat: Schaefer, Id, 1907, S. 299. – Zu den von Olbrich auf dem Schiff „Kronprinzessin Cecilie" eingerichteten Räumen: Id, 1907, Abb. S. 306 f. – Kgbl N.F. 1907, Abb. S. 231, 239. – KH, 1907/08, Abb. S. 41. – DK, 1908, Abb. S. 80 f. – Ausführende Firma war Bauer, Berlin

90 Schaefer, Id, 1907, S. 301. – Zum folgenden Zitat: Schaefer, DK, 1908, S. 89. – Zu den von Paul auf dem Schiff „Kronprinzessin Cecilie" eingerichteten Räumen: Id, 1907, Abb. S. 308 ff. – Kgbl N.F. 1907, Abb. S. 235, 237, 240. – KH, 1907/08, Abb. S. 42 f. – DK, 1908, Abb. S. 77 ff. – Waldmann, Moderne Schiffsräume, Abb. S. 24 f. – FfH, 1915, Abb. S. 88. – Ausführende Firma waren die Vereinigten Werkstätten für Kunst im Handwerk, München

91 Zu den von Eeg und Runge auf dem Schiff „Kronprinzessin Cecilie" eingerichteten Räumen: Id, 1907, Abb. S. 312 f, 317. – Kgbl N.F., 1907, Abb. S. 233, 240. – KH, 1907/08, Abb. S. 44. – DK, 1908, Abb. S. 87 f. – FfH, 1915, Abb. S. 84. – Ausführende Firma war Schäfer, Bremen. – Zu den von Abbehusen und Blendermann auf dem Schiff „Kronprinzessin Cecilie" eingerichteten Räumen: Id, 1907, Abb. S. 318 f. – DK, 1908, Abb. S. 90. – Ausführende Firma war Bremer, Bremen. – Zu den von Runge und Scotland auf dem Schiff „Kronprinzessin Cecilie" eingerichteten Räumen: Id, 1907, Abb. 314 ff, 325 ff. – Kgbl N.F., 1907, Abb. S. 235, 239. – KH, 1907/08, Abb. S. 46. – DK, 1908, Abb. S. 87. – Zu den von Wellermann und Frölich auf dem Schiff „Kronprinzessin Cecilie" eingerichteten Räumen: Id, 1907, Abb. S. 320 ff. Ausführende Firma war Schneider & Hanau, Frankfurt

92 „Rauchsalon" auf dem Reichspostdampfer „Derfflinger": DKuD, 1907, Abb. S. 252 ff. – Waldmann, Moderne Schiffsräume, Abb. S. 32 f.– Ausführende Firma waren die Vereinigten Werkstätten für Kunst im Handwerk, München. – Siehe auch Lloyddampfer „Derfflinger": FfH, 1911, Abb. S. 161, 163 („Speisesaal", „Damensalon", Entwurf und Ausführung: Schäfer, Bremen)

93 Zu diesem und zum folgenden Zitat: Waldmann, DK, 1909, S. 59 f – Zum Lloyddampfer „Prinz Friedrich Wilhelm": Waldmann, Moderne Schiffsräume, Abb. S. 1 ff. – KH, 1913/14, Abb. S. 22 ff. – Außer Paul fungierten Margaretha von Brauchitsch, Theodor von Gosen und Krüger als Entwerfer

94 „Damensalon II. Kajüte" Entwurf und Ausführung: Groschkus, Berlin, siehe: FfH, 1909, Beilage 17

95 Breuer, Id, 1909, S. 339 und Breuer, FfH, 1909, S. 194. – Zu den von Krüger auf dem Schiff „George Washington" eingerichteten Räumen: Waldmann, Moderne Schiffsräume, Abb. S. 28. – DK, 1909, Abb. S. 28. – Zu den Schröder auf dem Schiff „George Washington" eingerichteten Räumen: Waldmann, Moderne Schiffsräume, Abb. S. 30. – DK, 1909, Abb. S. 30. – FfH, 1909, Abb. S. 198 („Kaiserkabine"). – Poppenberg, KgH, 1910/11, S. 6 f. – KH, 1913/14, Tafel 2 („Speisesaal")

96 Breuer, FfH, 1909, S. 194. – Zum Schiff „George Washington": Waldmann, Moderne Schiffsräume, Abb. S. 26 ff. – KH, 1908/09, Abb. S. 34 ff. – Michel, DK, 1909, Abb. S. 26 ff. – Breuer, Id, 1909, S. 333 ff, Abb. – Breuer, FfH, 1909, S. 193 ff, Abb. – Post, DKuD, 1909/10, Abb. S. 206 ff. – Poppenberg, KgH, 1910/11, S. 5 ff. – KH, 1913/14, Abb. S. 26 ff. – Siehe auch: Günther, Vereinigte Werkstätten, Katalog III

97 Poppenberg, KgH, 1910/11, S. 6

98 Breuer, Id, 1909, S. 339, 343, Abb. S. 358 f

99 Breuer, FfH, 1915, S. 82 f

100 G.H.: DK, 1905, S. 429 ff, Abb. – Siehe dazu auch: DK, 1906, S. 48

101 Thieme-Becker. – Zum Haus Chillingworth siehe: Wolf, DK, 1910, S. 201 ff, Abb.

102 Osborn, DKuD, 1911, S. 253. – Zu den frühen Arbeiten von Troost siehe auch: DK, 1902, Abb. S. 144 ff. – Kgbl N.F., 1905, Abb. S. 203. – Bredt, DK, 1905, Abb. S. 504 f. – Högg, DKuD, 1905, Abb. S. 682 f, 692. – L.G., KH, 1905/06, Abb. S. 7 f, 41. – Schulze, DKuD, 1907/08, Abb. S. 20 ff. – Deutschlands Raumkunst, Abb. S. 61 ff. – L.D., Id, 1911, S. 320 ff, Abb. – Pechmann, DK, 1911, Abb. S. 109 ff. – Lory, KH, 1911/12, Abb. S. 293. – Wolf, DK, 1912, 2 Abb. vor S. 189

103 Wolf, DK, 1923, S. 94, Abb. – Zum Dampfer „Columbus" („Homeric") siehe auch: Günther, Vereinigte Werkstätten, Katalog III. – Mitarbeiter von Troost waren Fuchs, Walter Geffcken, Hagel, Wackerle, Weiß. Die Schreinerarbeiten stammten größtenteils von den Vereinigten Werkstätten. Das Treppenhaus in Mahagoniholz hatte Schäfer, Bremen ausgeführt, den „Rauchsalon" Pallenberg, Köln

104 Wolf, DK, 1923, S. 93

105 Lux, Id, 1918, S. 359. – Vgl. damit: Paul, Bruno: Das Neue. Abgedruckt in: Deutsches Kunstgewerbe 1927, S. 6: „Das für unsere Periode charakteristische Ziel ist letzten Endes das maschinell hergestellte billige Massenprodukt (Natürlich in guter Form, gutem Material, höchster Zweckmäßigkeit). Die Voraussetzung dafür ist und bleibt das handwerklich hergestellte Einzelstück (das natürlich die Form maschineller Herstellung bereits haben muß, obwohl es ein Stück Handwerkarbeit ist). Es ist also nur ein scheinbarer Gegensatz, der die innere Untrennbarkeit von Künstler, Handwerker und Konstrukteur in einer Person beweist, wodurch auch bewiesen wird, daß der reine Handwerker, der zugleich Künstler und Konstrukteur ist, auch in Zukunft da sein wird, das Einzelstück neben dem Serienprodukt da sein wird und zwar als befruchtende Zelle".

106 R., Id, 1924, S. 267. – Zum Dampfer „Columbus" siehe auch: Siedle, FfH, 1922, S. 177 ff, Abb. – Heilmeyer, Id, 1923, S. 180 ff, Abb. – Arens, DK, 1924, S. 169 ff, Abb. – Arens, DBz, 1925, S. 3 ff, 17 ff, Abb. – Siehe auch: Hellwag, FfH, 1922, S. 97 ff, Abb. – Günther, Vereinigte Werkstätten, Katalog III. – Ausführende Firmen waren: Vereinigte Werkstätten („Halle", „Verbindungs-Räume", „Bibliothek", „Speisesaal"); Pallenberg, Köln („Rauch-Salon", „Lauben", „Kabinen"); siehe weitere Angaben: Id, 1924, S. 275

107 Siedle, FfH, 1922, S. 177, 180

108 Arens, DBz, 1925, S. 3

109 Zu diesem und zum folgenden Zitat: Paul, F, 1928, S. 404, 402

110 Michel, DKuD, 1929/30, S. 113. – Siehe auch: Düssel, MB, 1929, S. 477 ff, Abb.

— Webstoffe, DKuD, 1929/30, S. 343, Abb. — Hellwag, FfH, 1930, S. 97 ff, Abb. — Zum Dampfer „Europa": H.H., MB, 1930, S. 307 ff, Abb. — Günther, Vereinigte Werkstätten, Katalog III. — Ausführende Firmen waren die Vereinigten Werkstätten und die Deutschen Holzkunstwerkstätten, Bremen

111 H.H., MB, 1930, S. 308. — Vgl. dazu: Paul, Bruno: Passagierdampfer und ihre Einrichtungen. Abgedruckt in: Der Verkehr. Jahrbuch des deutschen Werkbundes 1914, S. 55 ff, S. 58

112 Düssel, MB, 1929, S. 480

113 Schaukal, Die Mietwohnung, S. 21, 23, 26. — Siehe auch: Schulze, KH, 1902, S. 198 ff. — Selle, Jugendstil. — Kunst und Industrie. Abgedruckt in: Velde, Essays, S. 137 ff. — Zum folgenden Zitat: Lankheit, Klaus: Wert oder Unwert des Jugendstils. Abgedruckt in: Aus der Zeit um 1900, o.S.

114 Koch, ZId, 1897, S. 1, Abb. S. 3 ff. — Die einzelnen Verkaufspreise sollten betragen: Empfangszimmer 600 bis 800 Mark, Wohn- und Eßzimmer 400 bis 650 Mark, Schlafzimmer 350 bis 550 Mark, Küche 150 bis 250 Mark. — In Hamburg hatte 1888 der „Gewerbeverein" eine „Konkurrenz" für „einfache und geschmackvolle Zimmereinrichtungen" ausgeschrieben (Zimmermann, KH, 1899/1900, S. 146)

115 Zu diesem und zum folgenden Zitat: Schumann, DK, 1900, S. 135

116 Zimmermann, KH, 1899/1900, S. 145. — Folgende Zitate: Schumann, DK, 1900, S. 136; Zimmermann, KH, 1899/1900, S. 150

117 Haenel, DK, 1903, S. 165. — Möbel von Groß und Kleinhempel: KH, 1899/1900, Abb. S. 146 f, 150; DK, 1900, Abb. S. 213 ff

118 Lessing, Julius: Das Kunstgewerbe. Abgedruckt in: Weltausstellung in Paris 1900. Amtlicher Katalog, S. 317 ff. — Siehe auch: Weltausstellung in Paris 1900. Amtlicher Katalog, S. 324 ff, 116 ff, 418. — Böhmert, Af, 1900, S. 335 ff. — Zur Ausstellung der „Darmstädter Künstlerkolonie": Polaczek, Kch N.F., 1901, Sp. 471 f

119 Wohlfahrtseinrichtungen, Bd 1, S. 21; Bd 2, Abb. S. 58 ff. — BA, 1903, Abb. 318 „Arbeiterwohnung von Fried. Krupp in Essen. Küche Preis 199 M., lasirtes Kiefernholz. Wohnzimmer Preis 308 M., leicht rötlich angebeizt und poliert. Ausgeführt von Tischlermeister Gr. Bröse, Berlin. Entwurf von Architekt Hans Stehn, Charlottenburg". — Siehe auch: Die Bedeutung, DK, 1901, S. 218 ff. — Nußbaum, Bau und Einrichtung, S. 33 ff. — Scheffler, DK, 1901, S. 140 ff. — Sombart, Wirthschaft und Mode. — Zur Düsseldorfer „Industrie-, Gewerbe- und Kunst-Ausstellung": Stoffers, Die Industrie- und Gewerbe-Ausstellung, Abb. S. 324. — Naumann, Ausstellungsbriefe, S. 116 ff, 128

120 Obrist, DK, 1902, S. 82

121 Schliepmann, Id, 1903, S. 14. — Zum folgenden Zitat: Julius Posener in einem persönlichen Schreiben an die Verfasserin am 17.3.1977. — Ausführung, Id, 1903, S. 16 ff, Schlechta und Wytrlik: Abb. S. 16 ff: Kosten: Empfangszimmer 841,65 Mark, Wohn- und Eßzimmer 657 Mark, Schlafzimmer 549,98 Mark, Küche 288 Mark. — Siehe auch: Muthesius, DK, 1902, S. 52 ff. — Ein Nachwort, Id, 1903, S. 69. — Obrist, Kgbl N.F., 1900, S. 62 ff, 91 ff. — Sinzheimer, Die Arbeiterwohnungsfrage. — van de Velde, Id, 1902, S. 101 ff

122 Lehmann, DKuD, 1903/04, S. 222. — zu den „Dresdener Werkstätten für Handwerkskunst": Beutinger, Id, 1904, S. 160 ff. — Kleinpaul, KgH, 1901/02, S. 131 ff. — O.Sch.-K., DKuD, 1905/06, S. 76. — Schumann, DK, 1900, S. 4 f. — van de Velde, Id, 1902, S. 153 ff. — Dresdener Werkstätten, DKuD, 1904/05, S. 73

123 Haenel, DK, 1904, S. 160, 165, Abb. S. 166 f

124 Haenel, DK, 1903, S. 161. — Zu den „Werkstätten für deutschen Hausrat": E.H., DK, 1907, S. 126. — Meissner, Id, 1903, S. 178. — Zimmermann, DKuD, 1905, S. 494 f

125 Haenel, DK, 1903, S. 165, 168. — Abbildungen zu den genannten Zimmereinrichtungen: DK, 1903, S. 162 ff (Endell), S. 170 (Müller), S. 169 ff (Nicolai), S. 168 (Kleinhempel). — Paul Göhre 18.4.1864 Wurzen — 3.6.1928 Lübeck. Theologe, sozialdemokratischer Reichstagsabgeordneter

126 Grautoff, DK, 1904, S. 110, Abb. der Möbel von Keppler, S. 101 ff. Die beiden anderen Künstler waren Karl Steger und Albert Fochler. – Siehe auch: Endell, BA, 1906, S. 214 ff

127 Lux, Die moderne Wohnung, S. 172 f. – Zur Konferenz der „Zentralstelle für Arbeiter-Wohlfahrtseinrichtungen", siehe: Erdberg, Af, 1906, S. 389 ff. – Die künstlerische Gestaltung des Arbeiterwohnhauses. – Zur Weltausstellung St. Louis: Paquet, Af, 1904, S. 256 ff. – Weltausstellung in St. Louis. Amtlicher Katalog, S. 455 ff. – Zacher, Af, 1904, S. 397 ff

128 Naumann, Kunst und Industrie. Abgedruckt in: Naumann, Ausstellungsbriefe, S. 161 ff, S. 166. – Zur „3. Deutschen Kunstgewerbeausstellung": Haenel, DK, 1906, S. 393 ff. – Offizieller Katalog Dresden 1906, S. 192 f, Abb. 60. – Das deutsche Kunstgewerbe 1906, Abb. S. 268 ff („Arbeiter-Wohlfahrt"). – Schur, Rh, 1906, S. 56 ff. – Zimmermann, DKuD, 1905/06, S. 165 ff. – Zimmermann, DKuD, 1906, S. 747 ff

129 Muthesius, FfH, 1906, S. 9 (vgl. Muthesius, Hermann: Das Maschinenmöbel. Abgedruckt in: Dresdener Werkstätten, S. 9 ff. – Siehe auch: Zimmermann, FfH, 1906, S. 117 ff. – Zu den „Dresdener Werkstätten für Handwerkskunst": H., DK, 1906, S. 210 ff

130 Zum Möbelprogramm von Riemerschmid: Günther, Sonja: Richard Riemerschmid und die Dresdener Werkstätten für Handwerkskunst. Abgedruckt in: Nerdinger, Richard Riemerschmid, S. 34 ff, Abb. – Jaumann, Id, 1906, S. 21 ff, Abb. – Naumann, Der Geist im Hausgestühl. – Dresdener Werkstätten. – Siehe auch: (Arbeiterwohnhaus), Wk, 1906/07, Tafel 27. – (Arbeiterwohnung), Wk, 1906/07, Tafel 35. Lux, FfH, 1907, S. 25 ff. – Scheffler, Karl: Kultur und Geschmack des Wohnens. Abgedruckt in: Heyck, Moderne Kultur, Bd 1, S. 151 ff

131 Zum Deutschen Werkbund: Breuer, DKuD, 1909/10, S. 161 ff. – L., DKuD, 1908, S. 337. – M., DKuD, 1908, S. 335. – Naumann, Deutsche Gewerbekunst. – Vom Deutschen Werkbund, KgH, 1909/10, S. 61 f

132 Naumann, Deutsche Gewerbekunst, S. 29 f

133 Breuer, Ww, 1908, S. 206. – Publikationen der Typenmöbel von Bruno Paul: Breuer, FfH, 1909, S. 1 ff. – Paepke, DK, 1910, S. 190 ff. – Post, DK, 1909, S. 258 ff. – Bruno Pauls Typenmöbel, DK, 1909, S. 86 f. – FfH, 1912, Abb. S. 117

134 Siehe komplettes Programm der Typenmöbel: Günther, Vereinigte Werkstätten, Katalog II. – Zu Bruno Paul: Günther, S, 1982, S. 18 ff, 56 ff, Abb.

135 Bruno Pauls Typenmöbel, DK, 1909, S. 86

136 Post, DK, 1909, S. 260

137 Zur Einkommenssteuerstatistik in Berlin 1907: DK, 1909, S. 263. – Breuer, Ww, 1908, S. 206. – Zu Riemerschmids Möbelprogramm: Dresdener Werkstätten, Dresdener Hausgerät. – Zu Pauls Typenmöbelprogramm siehe: Vereinigte Werkstätten, Typenmöbel (1913 kosteten Speisezimmer, Herrenzimmer, Wohnzimmer, Schlafzimmer, Küche, Flur 5681 Mark)

138 DKuD, 1911, Abb. S. 138. – Zur Ausstellung in Hannover: DKuD, 1911, Abb. S. 146. – Siehe auch Typenmöbel von Paul: Creutz, DK, 1913, Abb. S. 159, 167, 173. – Deubner, VKM, 1918/19, Abb. S. 590 f. – Gischler, Rh, 1912, Abb. S. 419. – Hampe, Kgbl N.F., 1907, Abb. S. 4 ff. – Post, DKuD, 1909/10, Abb. S. 173. – Schur, DK, 1911, Abb. S. 81 ff. – FfH, 1910, Abb. S. 155

139 Vereinigte Werkstätten, Typenmöbel, S. 7

140 Siehe: Günther, Vereinigte Werkstätten, Katalog II

141 Osborn, Wk, 1906/07, S. 323. – Siehe auch: Breuer, Id, 1908, S. 359 ff. – Breuer, FfH, 1910, S. 65. – Breuer, FfH, 1910, S. 129 ff. – Breuer, FfH, 1912, S. 21 f. – Breuer, FfH, 1913, S. 81 f. – D., DK, 1908, S. 229. – Dohrn, Wk, 1910/11, S. 102, 105. – Heidrich, FfH, 1908, S. 9 ff. – Jessen, WK, 1908/09, S. 305 ff. – Lux, FfH, 1907, S. 182 ff. – Lux, FfH, 1907, S. 209. – Lux, FfH, 1908, S. 97 ff. – Lux, Wk, 1908/09, S. 225 ff. – Mackowsky, Das Arbeiterwohnhaus. – Migge, Id, 1907, S. 379. – Poppenberg, KgH, 1908/09, S. 261 ff. – Schulze, Id, 1909, S. 346 ff. – Schur, DK,

1912, S. 281 ff. – Sombart, Kunstgewerbe. – Zimmermann, DKuD, 1905/06, S. 247 ff

142 Zur ,,Bauausstellung" Stuttgart 1908: Zetsche, AR, 1908, S. 88 ff. – Zur Ausstellung ,,München 1908": Amtlicher Katalog München 1908, S. 171. – L.G., KH, 1907/08, Abb. S. 317, 339, 341

143 Vetterlein, DKuD, 1908, S. 224. – Zum folgenden Zitat: Schölermann, Kch N.F., 1908, Sp. 467. – Zur ,,Hessischen Landes-Ausstellung für freie und angewandte Kunst" Darmstadt 1908: Breuer, Das Kunsthandwerk. – Högg, AR, 1908, S. 86 ff. – Kleinwohnungs-Kunst DKuD, 1908, S. 323 ff. – r., DK, 1908, S. 485 ff. – Schulze, DKuD, 1908/09, S. 121 ff

144 Lux, Olbrich, S. 114, Abb. – Siehe auch: Illustrierter Katalog Darmstadt 1908, S. 90 f, Abb. 54. – Zum ,,Oberhessischen Haus": Führer durch das oberhessische Ausstellungshaus

145 Tessenow, Der Wohnhausbau, S. 16

146 Pechmann, DK, 1912, S. 223 f. – Zu den ,,Deutschen Werkstätten" siehe auch: Breuer, DKuD, 1909, S. 165 ff. – Dohrn, Id, 1909, S. 49 ff. – Haenel, DK, 1911, S. 297 ff. – Haenel, DK, 1913, S. 337 ff.

147 Werkstätten für deutschen Hausrat, (2.), S. 4

148 Siehe: ,,Bürgerliche Wohnungsausstellung" Elberfeld 1909: Widmer, Id, 1909, S. 155 ff. – ,,9. Internationaler Wohnungskongreß in Wien 1910": Katscher, Af, 1910, S. 163 ff. – Walde, Id, 1910, S. 437 ff. – ,,Internationale Hygiene-Ausstellung in Dresden 1911": Böhmert, Af, 1911, S. 1 ff. – Corvey, Af, 1910, S. 74 ff. – Haenel, DK, 1911, S. 481 ff. – Hillig, FfH, 1911, S. 141 ff. – Siehe auch: Hillig, FfH, 1911, S. 240 ff. – Einfache Wohnungseinrichtungen, FfH, 1911, S. 189

149 Breuer, Eine Bilanz des deutschen Stils. Abgedruckt in: Deutschlands Raumkunst, o.S., Abb. S. 106 ff. – Zum folgenden Zitat: Stoffers, Deutschland in Brüssel, S. 133, Abb. S. 83 f, 123. – Siehe auch: L., Id, 1909, S. 65

150 Naumann, Kunst und Volkswirtschaft, S. 28 f

151 Gurlitt, Id, 1912, S. 207 f. – Zum Folgenden: Katalog der ständigen Ausstellung für Arbeiterwohlfahrt. – Bourquin, Af, 1910, S. 401 ff

152 Zu den Möbeln von Münchhausen: BR., DKuD, 1911, S. 446, Abb. – FfH, 1911, Abb. S. 124 ff. – Breuer, Die Wohnungseinrichtung, S. 6 f. – Hellwag, Kgbl N.F., 1912, S. 179 f, Abb. S. 16, 181

153 Breuer, Die Wohnungseinrichtung, S. 4 f

154 Breuer, DKuD, 1912, S. 132, Abb. S. 131 ff. – Zu den Möbeln von Behrens: Breuer, FfH, 1912, S. 61 f, Abb. – Das Arbeitermöbel, S. 11 f. – Reich, E.: Erfahrungen, die wir mit der ersten Type machten. Abgedruckt in: Das Arbeitermöbel, S. 7 ff, Abb. S. 3 ff, S. 10 (folgendes Zitat). – ,,Das Mannheimer Museum kaufte dann als erstes die von Peter Behrens geschaffenen Möbel bereits 1912 an" (Meyer, FfH, 1920, S. 113). Nach Auskunft der Städtischen Kunsthalle und des Reißmuseums in Mannheim sind die Möbel verschollen.

155 Gurlitt, Id, 1912, S. 208 f, Abb. – 1. Preis: H. Ruscheweyh, Berlin; 2. Preis: Robert Koepsel, Biesdorf; 3. Preis: Max Lehmann, Südende. – Zu den Möbeln von Koepsel: Breuer, FfH, 1913, S. 207 f, Abb. S. 208 f. – Siehe auch: Breuer, FfH, 1910, S. 233. – Gurlitt, Id, 1912, S. 210 ff. – Kißner, Franz: Die Entwicklung zum Arbeitermöbel. Abgedruckt in: Das Arbeitermöbel, S. 3 ff. – Reich, FfH, 1912, S. 63 ff. – Stängle, FfH, 1924, S. 81 ff, 106 ff, 118 ff. – Weiß, FfH, 1913, S. 43 ff. – Wettbewerb, KH, 1911/12, S. 91 f

156 Vogt, Id, 1916, S. 85. – Zur Werkbundausstellung Köln 1914: Deutsche Form im Kriegsjahr. – Heilmeyer, KH, 1913/14, S. 269 ff, 295 ff. – Kalkschmid, MB, 1914, S. 401 ff. – Offizieller Katalog der Deutschen Werkbund-Ausstellung. – Siehe auch: Les années ‚25'

157 Muthesius, Handarbeit und Massenerzeugnis, S. 3 f, 17 f, 27. – ,,Nun soll gern zugegeben werden, daß sich im sozialen Arbeiterleben des 19. Jahrhunderts gewisse un-

günstige Einwirkungen der neuen Beschäftigungsart gezeigt haben... Der Stand der Maschinenarbeiter ist in der Entwicklung begriffen... Daß die Geistigkeit des Arbeiters angerufen wird, zeigt z.B. das in Amerika aufgestellte Taylor-System der ergiebigsten Arbeit, das jeden Stumpfsinn ausscheidet. Es wird sich beim aufmerksamen Arbeiter eine hohe Anteilnahme, ja unter Umständen eine Liebe für seine Maschine herausbilden..." (Muthesius, Handarbeit und Massenerzeugnis, S. 26 f)

158 das bauhaus dessau, Ausstellung Basel, o.S. — Siehe auch: Adler, Das Weimarer Bauhaus. — Andrä, Ars, 1969, S. 140 ff. — Emgé, Die Idee des Bauhauses. — Erler, Das Gesellschaftsbild im Bauhaus. — Hübner, Die soziale Utopie des Bauhauses. — Kunstgewerbemuseum Zürich. Die zwanziger Jahre. — Timm, FfH, 1928, S. 145 ff.

159 Ära Gropius 1919 — 1928: Adler, WMB, 1928, S. 100. — Behne, FfH, 1927, S. 33 ff. — Breuer, FfH, 1925, S. 17 ff. — Fuchs-Röll, Nb, 1927, S. 197 ff. — Grohmann, W, 1928, S. 4 ff. — Ära Meyer 1928 — 1930: Hegemann, WMB, 1926, S. 1 ff. — Junghanns, DAr, 1964, S. 441 ff. — Meyer, W, 1926, S. 205 ff. — Ära Mies 1930 — 1933: Mies, Id, 1927, S. 459. — Mies, Id, 1931, S. 257. — Neugass, KuKü, 1930, S. 121 f.

160 Lang, Das Bauhaus, S. 19. — Zum folgenden Zitat über Gropius: das bauhaus dessau, Ausstellung Basel, o.S.

161 Gropius, Vwg, 1919, S. 105. — Siehe auch: Gropius, Id, 1919, S. 200. — Gropius, Id, 1927, S. 360. — Gropius, F, 1927, S. 275 ff. — Gropius, Bw, 1928, S. 868

162 Meyer, Arch +, 1974, S. 28. — Zur Aussage von Nina Kandinsky: Neumann, Bauhaus und Bauhäusler, S. 131

163 Zur Schließung des Bauhauses: Lotz, F, 1932, S. 291. — Schliebener, FfH, 1932, S. 241 ff.

164 Mies, F, 1927, S. 257. — Siehe auch: Mies, Id, 1928, S. 262. — Die neue Zeit, F, 1930, S. 406. — Zur Aussage von Kállai: B, 1928, Heft 4, S. 15

165 Wegleitungen des Kunstgewerbemuseums der Stadt Zürich, S. 10

166 Bauhaus Dessau, Hochschule für Gestaltung, Prospekt, S. 12

167 Siedlung Dessau-Törten: Gropius, Bz, 1927, S. 151 f. — Gropius, Id, 1927, S. 42. — Gropius, Bw, 1927, S. 197 ff. — Gropius, Bauhausbauten, Abb. 170 ff. — B, 1927, Abb. S. 1. — SH, 1930/31, Abb. S. 218. — Siehe auch: Hegemann, WMB, 1929, Abb. 2 f. — Krüger, Nb, 1927, S. 1 ff. — Nonn, WMB, 1927, S. 406 ff. — Stein, NB, 1926, S. 281. — Zechlin, WMB, 1929, Abb. 9. — Zu den „preiswerten Serienmöbeln": Gropius, Bauhausbauten, Abb. 169. — „Kombinationsmöbel": 50 Jahre Bauhaus, Abb. 281. — „Bauhaus-Volkswohnung": B, 1929, Heft 4, Abb. S. 22 ff. — Wingler, Das Bauhaus, Abb. 466. — Schmidt, bauhaus, Abb. 60. — „Einheitsmöbel": Bm, 1931, Abb. S. 190. — Gropius, Die neue Architektur, Abb. 19. — Naylor, The Bauhaus, Abb. S. 118. — Reinhardt, F, 1929, S. 532. — „Wettbewerb für genormte Wohnungs-Einrichtung": Wingler, Das Bauhaus, Abb. S. 489 ff

168 Zu den Verkaufspreisen: Lotz, Wie richte ich meine Wohnung ein, Abb. S. 107. — B, Heft 4, 1927, Abb. 15 f. — Siehe auch: Gräff, Innenräume. — Gräff, Jetzt wird ihre Wohnung eingerichtet

169 Tautz, SB, 1927, S. 254. — Zu den Exponaten des Bauhauses: Werkbundausstellung „Die Wohnung" Stuttgart 1927: Id, 1927, Abb. S. 445, 447, 453, 458 f. — Ausstellung „Die Gebrauchswohnung" in der Siedlung Dammerstock Karlsruhe 1929: Bier, F, 1929, S. 595 ff. — F.R., Nb, 1929, S. 443 ff. — Gropius, Bz, 1929, Heft 44, S. XVII. — Ausstellung im Gewerbemuseum Basel 1929: das bauhaus, dessau. — Kállai, W, 1929, S. 246 ff. — „Deutsche Bau-Ausstellung Berlin 1931: Hilberseimer, F, 1931, S. 249 ff. — Lotz, F, 1931, S. 241 ff. — Rischowski, Id, 1931, S. 251 ff

170 Muthesius, Kleinhaus und Kleinsiedlung, S. 253. — Siehe auch: Warnatsch, FfH, 1917, S. 79. — Westheim, FfH, 1915, S. 61 ff.

171 Endell, Vwg, 1919, S. 146 f. — Zur Aussage von May; May, Hr, 1921, S. 75. — Siehe auch: Fischel, Id, 1918, S. 282 ff. — Häuselmann, Id, 1918, S. 132 ff

172 Leyser, Hausrat, S. 8, 10 ff, S. 15. – Siehe auch: Gut, Hr, 1920, S. 49 f. – Deutscher Werkbund, Deutscher Hausrat. – Zur Berliner „Hausrat, gemeinnützigen Gesellschaft": Hr, 1920, Abb. S. 14 f, 59

173 Siehe dazu Tabellen: Hr, 1920, S. 18, 22 und Leyser, Hausrat (siehe auch Preise). – Literatur: Adolph, Vwg, 1922, S. 133 ff. – Ausstellungen, Vwg, 1922, S. 248. – er., Hr, 1922, S. 36 ff. – Frick, Vwg, 1919, S. 183 ff. – Gartenstadt, Hr, 1920, S. 4 f. – Hausrat, DK, 1915, S. 310 ff. – Die bayerische Hausrathilfe, Hr, 1921, S. 65 ff. – Jost, Vwg, 1920, S. 14 ff. – Maier, Hr, 1922, S. 55 ff. – May, Hr, 1922, S. 113 ff. – Meyer, FfH, 1920, S. 113 f. – Müller-Oestreich, Hr, 1920, S. 89 ff. – Wagner-Speyer, Vwg, 1919, S. 144 ff. – Zu Möbelpreisen: Beurteilung, Hr, 1920, S. 11. – Levin, FfH, 1921, S. 17 f. – Hr, 1922, S. 138

174 Zu den Möbeln für „Kriegsgetraute": Hellwag, FfH, 1918, S. 150 ff, Abb. S. 150 und Leyser, Hausrat, Abb. 16. – Ausstellung in Königsberg: –er., Hr, 1921, S. 117 ff. – Hr, 1922, Abb. S. 85 ff. – Möbel von Tessenow: Berendt, Hr, 1920, S. 121 ff, Abb. („Deutsche Werke A.-G. Berlin"). – Breuer, FfH, 1917, S. 81 ff, Abb. – Förthmann, Hr, 1922, Abb. S. 6. – Leyser, Hausrat, Abb. 12. – Maier, Hr, 1922, Abb. S. 59. – Siehe auch: Landsberg, Id, 1919, S. 166 ff (Arbeiterhaus von Muthesius) und Taut, Vwg, 1920, S. 235 ff

175 Eine Ausstellung, Vwg, 1919, S. 123 f. – Siehe auch: Zur Beurteilung, Hr, 1920, S. 11, Abb. S. 24. – Die Berliner Hausrat-Ausstellung, FfH, 1919, S. 115 ff. – Kurzrock, Hr, 1921, S. 17 ff. – Lang, Id, 1919, S. 207 ff

176 Levin, FfH, 1921, S. 17 f. – Hr, 1920, Abb. S. 25 ff, 114, 116. – Zum Preisausschreiben des Landesmuseums Stuttgart: Hr, 1920, S. 50. – Siehe auch ein Preisausschreiben der „Möbelversorgung Schleswig-Holstein G.m.b.H. zu Kiel": Hr, 1921, S. 95 und Hr, 1922, Abb. S. 132 ff. – Förthmann, Hr, 1922, S. 6 ff

177 „Deutsche Gewerbeschau" München 1922: Amtlicher Katalog der deutschen Gewerbeschau, S. 155 ff, 175 ff. – Riezler, FM, 1922, S. 29 ff. – Wolf, DK, 1922, S. 225 ff

178 Riemerschmid, F, 1926, S. 234

179 Muthesius, Die schöne Wohnung, Vorwort zur 2. Auflage, S. V

180 Werkbund-Ausstellung, F, 1927, S. 24. – Siehe auch: Bauer, Bz, 1927, S. 306 ff, 341 ff. – Ergebnis, Bz, 1927, S. 333 ff. – Hellwag, IH, 1927, S. 505 ff. – Pfister, Bm, 1928, S. 33 ff. – Riezler, F, 1927, S. 258 ff. – Taut, F, 1927, S. 282 f. – Werkbund-Ausstellung. Amtlicher Katalog. – Noch einmal die Werbund-Siedlung, WMB, 1928, S. 60. – Ausstellung „Deutsche Kunst" Düsseldorf 1928: Michel, Id, 1928, S. 271 ff. – Wohnung und Werkraum. Werkbund Ausstellung Breslau 1929. – „Hygieneausstellung" Dresden 1930/31: Wolf, FfH, 1931, S. 49 ff. – „Exposition de la Société des Artistes Décorateurs" Paris 1930: Durand-Dupont, W, 1930, S. 197 f. – Lotz, F, 1930, S. 281 ff. – Posener, Bg, 1930, S. 986 ff. – Section Allemande

181 Cohn, Julius: Wohnungsnot und Krankenkassen. Abgedruckt in: 30 Jahre Wohnungsreform, S. 192 ff. – Siehe auch: Rading, F, 1927, S. 47 ff. – Als der Staat noch keine Wohlfahrtsanstalt war, SB, 1932, S. 174 ff. – Tautz, SB, 1929, S. 223 ff

182 Siedlungs-Ausstellung, Id, 1934, S. 298 ff. – Siehe auch: Harbers, Bm, 1934, S. 369 ff. – Siedlung München-Ramersdorf, Bm, 1934, S. 289 ff. – Weitere Typen, Bm, 1934, S. 337 ff. – Vgl. auch die Ausstellungen „Deutsches Heimatwerk" 1933 und „Deutsches Volk – Deutsche Arbeit" 1934. Literatur: Deutsches Heimatwerk und Die Wohnung des Meisters

183 Siedlungs-Ausstellung, Id, 1934, S. 300. – Zum „Tochterzimmer": Harbers, Bm, 1934, Abb. S. 388 f.

184 Zu diesem und zu den folgenden Zitaten: Deutsche Siedlungsausstellung, W, 1934, S. 340 ff

185 Siedlermöbel, SB, 1937, S. 228 f. – Zum Folgenden: Siedlermöbel, FfH, 1937, S. 141 f

186 Deutscher Hausrat, S. 5, 7. — Siehe auch Abbildungen: Heimstättensiedlung, SB, 1935, Abb. S. 438. — Fauth, SB, 1936, Abb. S. 325 ff. — KR, I, 1, 1937, Abb. S. 135 ff. — Siedlermöbel, SB, 1937, Abb. S. 227 ff. — Redlich, SB, 1938, Abb. S. 779 ff. — Eichhorn, SB, 1938, Abb. S. 763 ff. — Schlenker, SH, 1943/44, Abb. S. 102

187 Eichhorn, SB, 1938, S. 763, 766

188 Als der Staat, SB, 1932, S. 175

189 Fauth, SB, 1936, S. 325

190 Heimstättensiedlung, SB, 1935, S. 437 f. — Zum „Kleinhaus": Hoffmann, MB, 1934, Abb. S. 358

191 Weingarten, Id, 1937, Abb. S. 353 ff

192 Weingarten, Id, 1937, S. 355 f

193 Hoffmann, MB, 1938, S. 181 ff. — Kiener, KR, 1938, S. 36 ff. — Rittich, KR, 1938, S. 52 ff

194 Zum „Eßzimmer" von Paul: Deutsche Architektur- und Kunsthandwerk-Ausstellung, Id, 1938, Abb. S. 164 f. — 1. Deutsche Architektur- und Kunsthandwerkausstellung, S. 82, lauf. Nr. 282 — 287 (dort als Entwerfer Otto Hans Veit genannt); Zum „Herrenzimmer" von Paul: Deutsche Architektur- und Kunsthandwerk-Ausstellung, Id, 1938, Abb. S. 174. — 1. Deutsche Architektur- und Kunsthandwerkausstellung, S. 81, lauf. Nr. 273 - 278 (dort Entwerfer nicht genannt)

195 SH, 1934/35, Abb. S. 304 f. — Vgl. auch „Speisezimmer" von Paul: Klapheck-Strümpeli, SH, 1941/42, Abb. S. 221 und „Herrenzimmer" von Paul: Haenel, SH, 1934/35, Abb. S. 10

196 Hellwag, SH, 1936/37, S. 330, 332

197 Zum „Speisezimmer" von Troost: Deutsche Architektur- und Kunsthandwerk-Ausstellung, Id, 1938, Abb. S. 170. — Rittich, KR, 1938, Abb. S. 52. — 1. Deutsche Architektur- und Kunsthandwerkausstellung, S. 89, lauf. Nr. 353 a-359; Zu weiteren Möbeln von Troost: Deutsche Architektur- und Kunsthandwerk-Ausstellung, Id, 1938, Abb. S. 174, 176. — 1. Deutsche Architektur- und Kunsthandwerkausstellung, S. 88, lauf. Nr. 343, lauf. Nr. 345-351; S. 91, lauf. Nr. 377f. — Ein gleiches „Speisezimmer" wie Abb. 43 im Berliner Werkbund-Archiv

198 Rüdiger, KR, 1939, S. 23. — Zum „Frühstückszimmer" von Troost: Rüdiger, KR, 1939, Abb. S. 20. — 2. Deutsche Architektur und Kunsthandwerkausstellung, S. 78, lauf. Nr. 39 — 48

199 Siehe dazu: Riedrich, DBz, 1936, S. 546 f

200 Hellwag, SH, 1943/44, S. 35

201 Hoffmann, MB, 1938, S. 183

202 Fuchs-Hartmann, KR, 1937, S. 10

203 Siehe dazu meine Habilitationsschrift, eingereicht an der Universität Oldenburg „Innenräume des ‚Dritten Reiches'. Der Beitrag der Vereinigten Werkstätten für Kunst im Handwerk München zur Innenraumgestaltung für Repräsentanten des ‚Dritten Reiches'" (Arbeitstitel)

204 Der Begriff „Dampferstil" findet sich in: Speer, Erinnerungen, S. 98

205 Günther, Salonwagen, EuM, 1979

206 Hegner, Die Reichskanzlei, S. 37

207 Speer, Erinnerungen, S. 98, 107

208 Ein Haus, D, 1935, S. 5

209 Stunden in Carinhall, D, 1937, Abb. S. 8 f

210 Lankheit, Klaus: Wert oder Unwert des Jugendstils. Abgedruckt in: Aus der Zeit um 1900, o.S. Quelle bei Lankheit nicht angegeben (im Literaturverzeichnis zu II)

211 Siehe dazu mein Beitrag „Bürgerliche Wohnkultur", in: Boberg, Jochen; Fichter, Tilmann; Gillen, Eckhart (Hrsg.): Industriekultur in Berlin im 19. Jh., Verlag H.C. Beck, München (bisher nicht erschienen)

212 Präraffaeliten. Staatliche Kunsthalle Baden-Baden 1974

213 Günther, S, 1982, S. 18 (im Literaturverzeichnis zu II)

214 Haus Bloemenwerf in Uccle bei Brüssel (1895) von van de Velde; Riemerschmids Wohnhaus in München-Pasing (1898); Haus Behrens auf der Mathildenhöhe in Darmstadt (1901)

215 „Maschinenmöbelprogramm" von Riemerschmid 1906; „Typenmöbel" von Bruno Paul 1908; Arbeitermöbelprogramm von Behrens 1912, siehe S. 81 ff, 85 ff, 95 ff.

Zeitgenössisches Schrifttum und Literatur

Zu I: Wohnungen von 1844 – 1900

Albrecht, Heinrich: Die Wohnungsnot in den Großstädten und die Mittel zur ihrer Abhülfe, München 1891

Albrecht, (Heinrich): Das Arbeiterhaus. Gesammelte Pläne von Arbeiterwohnhäusern und Ratschläge zum Entwerfen von solchen auf Grund praktischer Erfahrungen mit Entwürfen von Professor Alfred Messel, Berlin 1896

Angelegenheiten der gemeinnützigen Baugesellschaft in Berlin. In: MC, II, 1849/50, 9. Heft, S. 1 ff

Apel, P.: Schmücke dein Heim. In: L, V, 1897, S. 293 ff

Berliner Arbeiterhaushaltungen. In: Vw, XV, 1891, S. 199 ff

Zur Arbeiterwohnungsfrage. In: G, XLIV, 2. Quartal, 1885, S. 601 ff

Ascher, Ludwig: Die ländlichen Arbeiterwohnungen in Preußen. Eine Umfrage. Schriften der Centralstelle für Arbeiter-Wohlfahrtseinrichtungen, Nr. 13, Berlin 1897

Balmer-Rinck, J.: Die Wohnung des Arbeiters. Mit Rücksicht auf die neueren Bestrebungen zur Förderung des Wohls der Arbeiterfamilien durch XXII Grundrisse ausgeführter Arbeiterhäuser erläutert von Dr. J. Balmer-Rinck, Basel 1883

Berendt, Walther Curt: Der Kampf um den Stil im Kunstgewerbe und in der Architektur, Berlin, Stuttgart 1920

Amtlicher Bericht über die allgemeine Deutsche Gewerbe-Ausstellung zu Berlin im Jahre 1844, Teil 1, Berlin 1845, Teil 2 und 3, Berlin 1846

Amtlicher Bericht über die Allgemeine Pariser Ausstellung von Erzeugnissen der Landwirthschaft, des Gewerbefleißes und der schönen Kunst im Jahre 1855. Erstattet unter Mitwirkung der Herren Preisrichter und Berichterstatter der Deutschen Staatsregierungen durch Dr. G. von Viebahn und Dr. Schubarth, Berlin 1856

Amtlicher Bericht über die Wiener Weltausstellung im Jahre 1873 erstattet von der Centralcommission des Deutschen Reiches für die Wiener Weltausstellung Bd 3, 2. Abteilung, Braunschweig 1874

Amtlicher Bericht über die Weltausstellung in Chicago 1893 erstattet vom Reichskommisar, Bd 1 und 2, Berlin 1894

Bericht über den Bau von Arbeiterwohnungen in Berlin erstattet an den Vorstand des Centralvereins für das Wohl der arbeitenden Klassen. In: Af, XXIV, 1886, S. 154 ff

Bericht über die Berliner Kunst-Ausstellung im Jahre 1836, Nr. 22, Architektur. Aus dem „Museum" besonders abgedruckt, Berlin (1836)

III. Bericht über die Tischlerarbeiten in der Pariser Ausstellung vom Jahre 1867. In: Af, VI, 1868, S. 24 ff

Berichte über die Allgemeine Ausstellung zu Paris im Jahre 1867 erstattet von den für Preußen und die Norddeutschen Staaten ernannten Mitgliedern der internationalen Jury, III. und VII. Heft, Berlin 1868

Berichte von Berliner Arbeitern über die Pariser Weltausstellung von 1867. In: Af, V, 1867, S. 155 ff

Berlepsch, Hans Eduard von: Kunstgewerbliches aus München. In: Kgbl, II, 1886, S. 6 ff

Berlin. Ausstellung Berliner Gewerbe-Erzeugnisse im Jahre 1879. In: KG, XII, 1878, S. 36

Berlin. Zur Eröffnung der Gewerbe-Ausstellung. In: KG, XIII, 1879, S. 181 f, 187 ff

Berlin. Gewerbe-Ausstellung 1879. In: KG, XII, 1878, S. 108, 204

Berlin. Die Gewerbeausstellung 1879. In: KG, XII, 1878, S. 334 f

Berlin. Die Zimmereinrichtungen in der Berliner Gewerbe-Ausstellung. In: KG, XIII, 1879, S. 323 ff, 332 ff

Berthold, G.: Die Entwicklung der deutschen Arbeiterkolonien. Schriften des deutschen Vereins für Armenpflege und Wohlthätigkeit, 3. Heft, Leipzig 1887
Bode, Wilhelm: Kunst und Kunstgewerbe hüben und drüben. Berichte zur Weltausstellung in Chicago 1893. In: VZ, 2.-5. November 1893
Bodelschwingh, Friedrich von: Was kann die christliche Liebesthätigkeit zur Abhülfe des Wohnungselendes in den großen Städten thun? Vortrag gehalten beim 25. Kongreß für Innere Mission zu Cassel von (Friedrich) von Bodelschwingh, Cassel (1888). Aus: Verhandlungen des 25. Congresses für Innere Mission zu Cassel 1888
Bodelschwingh, Friedrich von: Das Wohnungselend in den großen Städten. Vortrag von Pastor D. von Bodelschwingh auf dem Kongreß für Innere Mission zu Cassel. In: BfA, XLII, 1889, S. 22 ff
Bodelschwingh, Friedrich von: Mehr Luft, mehr Licht und eine ausreichend große Scholle für den Arbeiterstand. Ein Beitrag zur Lösung der sozialen Frage. Vortrag gehalten auf dem 1. evangelisch-sozialen Kongreß zu Berlin am 28. Mai 1890, Bielefeld 1890
Bodelschwingh, Friedrich von: Der evangelisch-soziale Kongreß und die Arbeiterwohnungsfrage, Bielefeld 1890
Bodelschwingh, Friedrich von: Der eigene Herd als Grundlage eines gesunden christlichen Familienlebens. Vortrag gehalten in der General-Versammlung des Deutschen Hauptvereins „Arbeiterheim" am 29. Juli 1891, Bielefeld 1891
Bodelschwingh, Friedrich von: Arbeiterheim. In: Af, XXXV, 1897, S. 354
Böhmert, Victor: Die Arbeiterfürsorge auf der Wiener Weltausstellung mit besonderer Beziehung auf die Arbeiterwohnungsfrage. In: Af, XII, 1873, S. 343 ff
Böhmert, Victor: Der Verein „Arbeiterheim" zur Beschaffung eigener Wohnungen mit Grundbesitz für die deutschen Fabrikarbeiter. In: Af, XXIII, 1885, S. 129 ff
Böhmert, Victor: Die Weltkongresse für Arbeiterwohl auf der Pariser Weltausstellung von 1900. In: Af, XXXVIII, 1900, S. 335 ff
Bollerey, Franziska; Hartmann, Christiana: Wohnen im Revier. Siedlungen vom Beginn der Industrialisierung bis 1933. Analyse-Bewertung-Chancen. In: SBw, LXVI, 1975, S. 85 ff
Bredt, Wilhelm: Die Wohnstätte eines Maler-Fürsten als Vorbild für Jedermann's Heim. In: ZId, IX, 1898, S. 97 ff
B.S.:Die Hygiene-Ausstellung. In: HZ, IX, 1882, S. 117 f
Bucher, Lothar: Die Londoner Industrie-Ausstellung von 1862, Berlin 1863
Bugholzmöbel — Das Werk Michael Thonets. Ein Wiener Sessel erobert die Welt. Ausstellung im österreichischen Bauzentrum Wien — Palais Liechtenstein. 21. September — 10. Oktober 1965, (Wien 1965)
Carneri, Bartholomäus: Der moderne Mensch. Versuche über Lebensführung, (1. Aufl. 1890) 5. Aufl. Leipzig 1901
Catalog der Allgemeinen Industrie-Ausstellung für das Gesammtgebiet des Hauswesens in Cassel vom 1. Juni bis 1. September 1870, Cassel (1870)
Catalog der Lokal-Industrie-Ausstellung in München 1869, (München 1869)
K.K. österreichisches Central-Comité (Hrsg.): Bericht über die Welt-Ausstellung zu Paris im Jahre 1867, Bd 6, Wien 1869
Königl. Centralkommission für die Pariser Ausstellung von 1867: Bericht über Vereine und Anstalten in Berlin und Umgegend zur Hebung und Verbesserung der Lage der arbeitenden Klassen. In: Af, V, 1867, S. 269 ff
Centralverein in Preußen für das Wohl der arbeitenden Klassen in Verbindung mit dem Komitée zur Beförderung des Besuchs der Pariser Industrie-Ausstellung seitens preussischer unbemittelter Gewerbetreibender (Hrsg.): Berichte preußischer Gewerbetreibender über die Industrie-Ausstellung zu Paris im Jahre 1867. Besonderer Abdruck aus dem „Arbeiterfreund", Halle 1868
Commission der Hamburger Gesellschaft zur Beförderung der Künste und nützlichen Gewerbe (Hrsg.): Berichte Hamburger Gewerbetreibender über die Pariser Ausstellung 1867, Hamburg 1868

Devas, Carlos Stanton: Das Familienleben in seiner Entwicklung von der frühesten Zeit bis auf die heutigen Tage. Ein Beitrag zur Gesellschaftswissenschaft, Paderborn 1896
Duncker, D.: Über die Bedeutung der deutschen Ausstellung in München in Beziehung auf ihre Anordnung und den kunstgewerblichen Theil, Berlin 1876
Elster, Ludwig; Weber, Adolf (Hrsg.): Handwörterbuch der Staatswissenschaften. 4. gänzlich umgearbeitete Auflage, Ergänzungsband, Jena 1929
Emmerich, Wolfgang (Hrsg.): Proletarische Lebensläufe. Autobiographische Dokumente zur Entstehung der zweiten Kultur in Deutschland. Bd 1: Anfänge bis 1914. Reinbek 1974
Emminghaus, Arwed: Zur Wohnungsfrage. In: Af, VI, 1868, S. 213 ff
Emminghaus, Arwed: Noch einmal der Verein „Arbeiterheim". In: Af, XXIII, 1885, S. 287 ff
Engels, Eduard: Gabriel von Seidl. In: VKM, XVII, Bd 2, 1902/03, S. 199 ff, Abb.
Great Exhibition of the Works of Industry of all Nations. Official descriptive and illustrated Catalogue, Vol. 1-3, London 1851
Exposition Universelle internationale de 1878 à Paris. Groupe III. – Classes 17 et 18. Rapport sur les meubles à bon marché et les meubles de luxe, ouvrages du tapissier et du décorateur, Paris 1880
Exposition Universelle Internationale de 1889 à Paris. Catalogue Général officiel, Tome 2, Groupe II., Education et Enseignement. Matériel et procédés des Arts liberaux, Lille 1889
Exposition Universelle Internationale de 1889 à Paris. Catalogue Général officiel, Tome 3, Groupe III., Mobilier et Accessoires, Lille 1889
World's Columbian Exposition 1893, official Catalogue, Chicago 1893
Fischbach, Friedrich: Die Pflege der deutschen Kunstindustrie. In: ZKGV, XXIII, 1874, S. 2 ff
Fischbach, Friedrich: Die Dekoration der Wohnräume. In: HZ, X, 1883, S. 154 f, 163 f
Förster, Carl: Rückblicke auf die nun beendigte Kunst- und Kunstgewerbe-Ausstellung in München 1876, München (1876)
Freund, Richard; Malachowski, Hermann: Zur Berliner Arbeiterwohnungsfrage. Ein Beitrag, Berlin 1892
Führer durch die Allgemeine Industrie-Ausstellung, Cassel 1870
Illustrierter Amtlicher Führer durch die Berliner Gewerbe-Ausstellung 1896, Berlin (1896)
G.C.: Einiges über den Luxus. In: VPK, XXII, 1. Bd, 1885, S. 24 ff
Allgemeine Gewerbe-Ausstellung der Provinz Hannover für das Jahr 1878. Offizieller Katalog mit geschichtlich-statistischen Einleitungen, 5. verb. und verm. Aufl., Hannover 1878
Gmelin, Leopold: Deutsch-nationale Kunstgewerbe-Ausstellung zu München 1888. In: ZKGV, 1888, S. 49 ff, 69 ff, 81 ff
Gmelin, Leopold: Das Kunstgewerbe auf der Berliner Gewerbeausstellung. In: ZKGV, 1896, S. 65 ff
Goltz, Theodor Freiherr von der; Kinzel, W.: Ländliche Arbeiterwohnungen oder Darstellung der Nothwendigkeit einer Verbesserung der ländlichen Arbeiterwohnungen nebst Vorschlägen und Zeichnungen zu ihrer zweckmäßigen Ausführung, Königsberg, Tilsit 1865
Goltz, Theodor Freiherr von der: Über einige Einrichtungen zur Verbesserung der Lage der ländlichen Arbeiter. In: Af, VI, 1868, S. 149 ff
Grothe, Hermann: Bericht über die internationale Ausstellung von Gegenständen für den häuslichen und gewerblichen Bedarf der arbeitenden Klassen, abgehalten in Amsterdam vom 15. Juli bis 18. Oktober 1869. In: Af, VIII, 1870, S. 1 ff
Grothe, Hermann: Stimmen über Kunstgewerbe auf der Ausstellung in Wien 1873. Eine kritische Beleuchtung, Berlin 1874
Günther, Sonja: Interieurs um 1900, München 1971

Gumprecht, Adolf: Die Arbeiterwohnungsfrage. In: Af, XXV, 1887, S. 1 ff
Gurlitt, Cornelius: Die Kunstrichtung des 19. Jahrhunderts. In: ZKGV, 1892, S. 58 ff
H.: Deutsche Arbeitsstätten in ihrer Fürsorge für das Wohl der Arbeiter. I. Die Arbeiterwohnungen des Bochumer Vereins für Bergbau und Gußstahlfabrikation zu Bochum i.W. In: Af, XXIII, 1885, S. 304 ff
Hansen, P. Chr.: Die Wohnungsverhältnisse in den größeren Städten. Nach einem Vortrage gehalten in Altona am 4. November 1882. Sammlung von Vorträgen für das deutsche Volk 2., Heidelberg 1883
Hansen, P. Chr.: „Eigener Herd, Goldes werth". Ein Wort an die Arbeiter und Arbeiterfreunde. In: Ga, 1884, Nr. 34, S. 563 f
Offizieller Haupt-Katalog der Berliner Gewerbe-Ausstellung 1896. Illustrirte Pracht-Ausgabe. Herausgegeben im Auftrag des Arbeitsausschusses der Berliner Gewerbe-Ausstellung, Berlin (1896)
Hegemann, Werner: Das steinerne Berlin. Geschichte der größten Mietskasernenstadt der Welt, Berlin 1930
Helm, Carl: Einige Worte über Ausstellungen von Haushaltungsgegenständen, Expositions d'économie domestique zum Verständniß ihres Zweckes und ihres Nutzens. In: ZsCP, 1. Bd, 1858, S. 139 ff
Die Herstellung der Reinlichkeit in den Wohnungen der Armen. Ein Beitrag zu sozialer Verbesserung, 4. Aufl., Darmstadt 1886
Hirth, Georg: Über Zimmereinrichtung im Renaissancegeschmack. In: ZKGV, 1879, S. 33 ff
Huber, V.A.: Die Wohnungsfrage in Frankreich und England. In: ZsCP, 2. Bd, 1859, S. 3 ff
Huber, V.A.: Die Wohnungsfrage in Frankreich und England. In: ZsCP, 3. Bd, 1861, S. 123 ff
Allgemeine Industrie-Ausstellung für das Gesammtgebiet des Hauswesens in Kassel I. Möbel. In: KG, IV, 1870, S. 233 ff, 249 ff
Berliner Statistisches Jahrbuch für Volkswirtschaft und Statistik, I, 1874
Jahrbücher für Nationalökonomie und Statistik N.F. 20. Bd, 1890
Kamp, Otto: Erwerb und Wirtschaftsführung im Arbeiterhaushalt. Evangelisch-soziale Zeitfragen, 2. Reihe, 3. Heft, Leipzig 1892
Katalog der allgemeinen deutschen Industrie-Ausstellung zu München im Jahre 1854, München 1854
Katalog der Kunst- und Kunstindustrie-Ausstellung alter und neuer deutscher Meister sowie der deutschen Kunstschulen im Glaspalaste zu München 1876, München (1876)
Offizieller Katalog der Ausstellung von Wohnungs-Einrichtungen und damit verwandter Gewerbe Berlin 13. August bis Mitte Oktober 1892, Berlin (1892)
Offizieller Katalog der Deutsch nationalen Kunstgewerbe-Ausstellung zu München 1888 2. verb. Aufl., München (1888)
Offizieller Katalog der Gewerbe-Ausstellung, 3. Aufl., Düsseldorf (1880)
K. B.: Der internationale Wohlthätigkeits-Kongreß zu London 1862. In: Af, I, 1863 S. 209 ff
Katscher, Leopold: Das Pariser Museum für Arbeiterwohlfahrt und Volkswirtschaft. In: Af, XXXVI, 1898, S. 399 ff
Klette, Reinhold: Die Wohnungsfrage vom Standpunkt der Technik aus. In: Af, III, 1865, S. 187 ff
Kritik und Vorschläge bezüglich der verschiedenen Systeme der Arbeiterwohnungen In: Aw, IV, 1884, Heft 4, 5, S. 61 ff
Kroker, Evelyn: Die Weltausstellungen im 19. Jahrhundert, Göttingen 1975
Kunst und Handwerk, Arts and Crafts Essays, Teil I-V, Leipzig 1901/02
Lage, Friedrich: VI. Bericht des Bildhauers und Tischlers Friedrich Lage über Mobiliar, Bau- und Zimmerdekorationen, Entwürfe und Zeichnungen dazu. In: Af, VI, 1868, S. 63 ff
Lauxmann, Richard: Das Familienleben. Seine Bedeutung, Gefährdung und Pflege, Gotha 1890

Leitfaden für Wohnungspfleger, Hamburg 1898
Lessing, Julius: Berichte von der Pariser Weltausstellung 1878, Berlin (1878)
Lette, Adolf: Zur Geschichte der Bildung und Wirksamkeit des Central-Vereins in Preussen für das Wohl der arbeitenden Klassen. In: Af, I, 1863, S. 1 ff
Lette, Adolf: Rechenschaftsbericht des Komitees zur Beförderung des Besuchs der Pariser Industrie-Ausstellung seitens preußischer unbemittelter Gewerbetreibender. In: Af, VI, 1868, S. 3 ff
Lichtenstein: Die deutsche Kunst- und Kunstindustrie-Ausstellung in München. In: ZKGV, XXVI, 1876, 7, 8, S. 1 ff, 9, 10, S. 1 ff, 11, 12, S. 1 ff
Lieber („S.v.S.")-Bielefeld: Das Wohnungselend und seine Abhilfe. Sammlung theologischer und sozialer Reden und Abhandlungen, VI. Serie, Leipzig 1896
Zur Lösung der Wohnungsfrage. In: DG, XXVII, 1888, S. 67 ff
Lüders, K.: Das Projekt einer Weltausstellung zu Berlin im Jahre 1885. Abdruck aus dem 44. Bd der Preußischen Jahrbücher, Berlin (1885)
Lützow, Carl von: Kunst und Kunstgewerbe auf der Wiener Weltausstellung 1873, Leipzig 1875
Manega, Rudolf: Die Anlage von Arbeiterwohnungen vom wirtschaftlichen, sanitären und technischen Standpunkte mit einer Sammlung der besten Arbeiterhäuser Englands, Frankreichs und Deutschlands, 3. neubearb. Aufl. Atlas, Leipzig 1894
Marx, Karl; Engels, Friedrich: Werke, Bd 2, 6. Auflage, Berlin 1970, Bd 4, 4. Auflage, Berlin 1968 (1969); Bd 6, 1. Auflage, Berlin 1959; Bd 18, 3. Auflage, Berlin 1969
Maßregeln zur Erreichung gesundenen Wohnens. Jahresbericht des Aufsichtsrats und Vorstandes des Vereins zur Verbesserung kleiner Wohnungen in Berlin für 1889. In: Af, XXVIII, 1890, S. 75 ff
Maurer, J.H. (Bearb.): Offizieller Katalog der Berliner Gewerbe-Ausstellung 1879, 5. Aufl., Berlin (1879)
May, Max: Wie der Arbeiter lebt. Arbeiter-Haushaltungs-Rechnungen aus Stadt und Land. Gesammelt, im Auszug mitgetheilt und besprochen von Max May, Berlin 1897
May, Max: Die Heidelberger Wohnungsuntersuchung in den Wintermonaten 1895/96 und 1896/97, deren Ergebnisse und deren Fortsetzung durch eine ständige Wohnungsinspektion, Jena 1903
Morgenstern, Lina: Zum Pfingstfest und zur Eröffnung der Ausstellung für Hygiene und Rettungswesen. In: HZ, X, 1883, S. 145 ff
Morgenstern, Lina: Unsere Wohnungen. In: HZ, XIII, 1886, S. 73 ff
Morgenstern, Lina: Die Ausstellung für Wohnungs-Einrichtungen. In: HZ, XIX, 1892, S. 429 ff
Morgenstern, Lina: Unsere Wohnung in Beziehung zur Gesundheit und Gesittung. In: HZ, XXI, 1894, S. 133 f
M. Sr.: (Peter, Christoph, Wilhelm) Beuth, eine Lebensskizze. In: KG, IV, 1870, S. 1 ff
Museum für Sozialökonomie in Paris. In: SZ, II, 1892/93, S. 542 f
Nathan, Paul: Die Wohnungsfrage und die Bestrebungen der Berliner Baugenossenschaft, Berlin 1890
Naumann, Friedrich: Ausstellungsbriefe, Berlin 1909
Nekrologe. München. Professor Dr. hon. c. Gabriel Ritter von Seidl. In: Kch N.F., XXIV, 1912/13, Sp. 464 f
Parisius, Ludolf: Bericht über die in Deutschland bestehenden Baugesellschaften und Baugenossenschaften. In: Af, III, 1865, S. 292 ff
Pecht, Friedrich von: Aus dem Münchener Glaspalast. Studien zur Orientierung in und außer demselben während der Kunst- und Kunstindustrie-Ausstellung des Jahres 1876, Stuttgart 1876
Programm für die Allgemeine deutsche Ausstellung auf dem Gebiete der Hygiene (Gesundheitspflege und Gesundheitstechnik) und des Rettungswesens. Festgestellt in der Sitzung des Central-Comitees am 2. Juni 1881, (Berlin 1882)
Regnet, Karl, Albert: Führer durch die Kunst- und Kunstgewerbe-Ausstellung in München (1876), Wien 1876

Reichardt, Erwin: Die Grundzüge der Arbeiterwohnungsfrage mit besonderer Berücksichtigung der Unternehmungen, die Arbeiter zu Hauseigentümern zu machen, Berlin 1885
Riegl, Alois: Kunsthandwerk und kunstgewerbliche Massenproduktion. In: ZKGV, 1895, S. 1 ff
Roth: Die allgemeine deutsche Ausstellung für Hygiene und Rettungswesen zu Berlin 1883 mit besonderer Rücksicht auf das Wohl der Arbeiter. In: Af, XXII, 1884, S. 1 ff
Ruprecht, Wilhelm: Die Wohnungen der arbeitenden Klassen in London. Mit besonderer Berücksichtigung der neueren englischen Gesetzgebung und ihrer Erfolge, Göttingen 1884
Ruprecht, Wilhelm: Gesunde Wohnungen, ein Wort für die Baugenossenschaften nach hannoverschem Muster. Göttinger Arbeiterbibliothek, 1. Bd, 6. Heft, Göttingen 1895
Ruskin, John: Wie wir arbeiten und wirthschaften müssen, eine Gedankenlese aus den Werken des John Ruskin, Straßburg 1896
Satzungen der Stiftung der Berliner Gewerbe-Ausstellung im Jahre 1879, Berlin 1881
Sax, Emil: Die Wohnungszustände der arbeitenden Klasse und ihre Reform, Wien 1869
Schasler, Max: Die Kunst-Industrie vom kulturgeschichtlichen Gesichtspunkt. Ein Beitrag zur Philosophie des Luxus. In: KG, I, 1867, S. 65 ff, 73 ff, 81 ff, 90 ff, II, 1868, S. 57 ff, 65 ff, 73 f, 81 f, 89 f, 97 ff, 105 ff, 113, 121 ff
Schinkel, Friedrich u.a. (Hrsg.): Vorbilder für Fabrikanten und Handwerker, Abtheilung 1-3, Berlin 1831-36
Schliepmann, Hans: Mobiliarstil und Architekturstil. In: Zld, III, 1892, S. 192 f
Schliepmann, Hans: Die Ausstellung von Wohnungs-Einrichtungen zu Berlin. In: Zld, III, 1892, S. 205 ff
Schliepmann, Hans: Von der Berliner Gewerbe-Ausstellung. In: Zld, VII, 1896, S. 133 f
Schlußbericht an die Mitglieder des Haupt-Comitees der Gewerbe- und Kunst-Ausstellung Düsseldorf 1880 erstattet vom Vorstande, (Düsseldorf 1880)
Schmädel, Jos. von: Zweck und Ziel der allgemeinen deutschen Kunst- und Kunstgewerbe-Ausstellung in München. In: ZKGV, XXV, 1876, S. 1 ff
Schmädel, Jos. von: Rudolf von Seitz. In: KH, LXI, 1910/11, S. 173 ff
(Schmidt, P.): Des Arbeiters Daheim. In: Af, XVIII, 1879, S. 146 ff
Schmidt, P.: Der Spar- und Bauverein zu Hannover als Muster für die Lösung der „Klein-Wohnungs-Frage" in den Großstädten. In: Af, XXX, 1892, S. 34 ff
Schmidt, P.: Sociale Museen. In: Af, XXXVII, 1899, S. 268 ff
Schmoller, Gustav: Statistische Untersuchungen zur Geschichte der deutschen Kleingewerbe im 19. Jahrhundert. In: Af, VII, 1869, S. 1 ff
Schorn, Otto von: Die Kunst- und Kunstindustrie-Ausstellung in München. In: KG, X, 1876, S. 209 ff
Schwabe, H.: Ein deutsches Gewerbemuseum in Berlin. Bericht über die bisherigen Bestrebungen. In: Af, V, 1867, S. 19 ff
Semper, Gottfried: Der Stil in den technischen und tektonischen Künsten, Bd 2, 2. Aufl., München 1879
Senftleben, Hugo: Über gesundheitsmäßige Einrichtungen ländlicher Arbeiterwohnungen. In: Af, III, 1865, S. 173 ff
Senftleben, Hugo: Die Bedeutung und der Fortschritt der Wohnungsfrage. In: Af, VI, 1868, S. 365 ff
Senftleben, Hugo: Die Bedeutung und der Fortschritt der Wohnungsfrage. II. Die Wohnungsfrage für Arbeiter in Frankreich und auf der Pariser Ausstellung von 1867, III. Die Wohnungsfrage in Deutschland. In: Af, VII, 1869, S. 82 ff, 213 ff, 376 ff
Offizieller Spezial-Katalog II, Gruppe III und IV der Berliner Gewerbe-Ausstellung 1896. Bau- und Ingenieurwesen, Holz-Industrie. Herausgegeben im Auftrage des Arbeitsausschusses, Berlin (1896)
Offizieller Spezial-Katalog VIII, Gruppe XVIII und XIX der Berliner Gewerbe-Ausstellung 1896. Gesundheitspflege, Wohlfahrts-Einrichtungen, Unterricht und Erziehung

Herausgegeben im Auftrage des Arbeitsausschusses, Berlin (1896)
Stockbauer: Von der Pariser Ausstellung. Die Möbel. In: KG, XIII, 1879, S. 67 ff, 76 ff, 84 ff
Thieme-Becker: Allgemeines Lexikon der bildenden Künstler, Bd 18, Leipzig 1925, Bd 30, Leipzig 1936, Bd 31, Leipzig 1937
Gebrüder Thonet AG (Hrsg.): Das Haus Thonet. Entwurf und Zusammenstellung Karl Mang, Frankenberg, Wien 1969
Trüdinger, Otto: Die Arbeiterwohnungsfrage und die Bestrebungen zur Lösung derselben, Jena 1888
Twining, J.: Internationaler Wohlthätigkeitscongreß. In: ZsCP, 3. Bd, 1861, S. 465 ff
Velde, Henry van de: Kunstgewerbliche Laienpredigten, Leipzig 1902
Verbesserung der Armenwohnungen. In: BfA, XXXIX, 1886, S. 193 ff
Die Verbesserung der Wohnungen. Vorberichte und Verhandlungen der Konferenz vom 25. und 26. April 1892 nebst Bericht über die mit derselben verbundenen Ausstellung. Schriften der Centralstelle für Arbeiter-Wohlfahrtseinrichtungen, Nr. 1, Berlin 1892
Deutscher Verein für Wohnungsreform e.V. (Hrsg.):Dreißig Jahre Wohnungsreform 1898 – 1928. Denkschrift aus Anlaß des dreißigjährigen Bestehens, Berlin 1928
Voss, Georg: Die Deutsch-nationale Kunstgewerbe-Ausstellung in München. In: BAK, I, 1888, S. 54 ff
Waentig, Heinrich: Wirtschaft und Kunst, eine Untersuchung über die Geschichte und Theorie der modernen Kunstgewerbebewegung, Jena 1909
Weber, Ludwig: Wohnungen und Sonntagsbeschäftigungen der deutschen Arbeiter. Nach urkundlichen Quellen geschildert, Leipzig 1892
Weinmayer, Konrad: Gabriel von Seidl. In: KH, LXIII, 1912/13, S. 261 ff
Welt-Ausstellung 1873 in Wien. Offizieller General-Catalog, 2. verm. Aufl., Wien 1873
Columbische Weltausstellung in Chicago. Amtlicher Katalog der Ausstellung des Deutschen Reiches, Berlin (1893)
Von der Weltausstellung in Chicago. In: HZ, XX, 1893, S. 26
Wiener Weltausstellung. Amtlicher Katalog der Ausstellung des Deutschen Reiches, Berlin 1873
Wintzingeroda-Knorr, Levin von: Die deutschen Arbeitshäuser, ein Beitrag zur Lösung der Vagabonden-Frage. Bericht erstattet im Auftrage des Deutschen Vereins für Armenpflege und Wohlthätigkeit, Halle 1885
Wiss, Eduard: Die Wohnungsnot der ärmeren Klassen der Bevölkerung in den Großstädten. In: VPK, XXIV, 1. Bd, 1887, S. 1 ff
Wiss, Eduard: Die gesundheitswirtschaftlichen Übelstände der kleineren Wohnungen in den Großstädten. In: VPK, XXIV, 1. Bd, 1887, S. 165 ff
Wiss, Eduard: Der Einfluß der Gesetzgebung auf die Wohnungsnot. In: VPK, XXIV, 2. Bd, 1887, S. 1 ff
Wiss, Eduard: Die Vorschläge und Versuche der Privatwirtschaft, dem Mangel an kleinen und gesunden Wohnungen in den großen Städten abzuhelfen. In: VPK, XXIV, 2. Bd, 1887, S. 145 ff
Wohlfahrts-Einrichtungen der Gußstahlfabrik von Friedrich Krupp zu Essen an der Ruhr, 2. Ausg., Essen 1891
Die Wohnungsfrage. In: G, XLIX, 1. Vierteljahr, 1890, S. 170 ff
Die Wohnungsfrage vom Standpunkte der Technik aus. Frei bearbeiteter Auszug aus den in „F.L. Haarmann's Zeitschrift für Bauhandwerker" erschienenen Abhandlungen: a. die Wohnung und die Wohnungsnoth; b. Häusergruppen. In: Af, III, 1865, S. 187 ff
Zur Wohnungsfrage. In: DG, XXVI, 1887, S. 193 ff, 210 ff
Die Wohnungsnoth der ärmeren Klassen in deutschen Großstädten und Vorschläge zu deren Abhülfe. Gutachten und Berichte herausgegeben im Auftrage des Vereins für Socialpolitik. Schriften des Vereins für Socialpolitik, XXX, Bd 1, XXXI, Bd 2, Leipzig 1886

Wohnverhältnisse der Ziegelarbeiter in Preußen. In: SZ, III, 1893/94, S. 155
Wolf, Julius: Die Wohnungsfrage als Gegenstand der Sozialpolitik. Vortrag gehalten im Rathaus zu Zürich am 5. Dezember 1895, Jena 1896
Wurm, Emanuel: Die Lebenshaltung der deutschen Arbeiter, ihre Ernährung und Wohnung, Einkommen, indirekte Besteuerung, Erkrankung und Sterblichkeit. Nebst einem Anhang: Die Zusammensetzung der Nahrungsmittel, Dresden 1892

Zu II: Wohnungen von 1900 – 1933

Adler, Bruno: Das Weimarer Bauhaus. Vorträge zur Ideengeschichte des Bauhauses, veranstaltet vom Bauhaus-Archiv in Darmstadt. Für das Bauhaus-Archiv herausgegeben von Hans M. Wingler. 1. Veröffentlichung (o.J.)
Adler, Leo: Walter Gropius und das Dessauer Bauhaus. In: WMB, XII, 1928, S. 100
Adolph, Robert: Hausrat unserer Zeit, In: Vwg, IV, 1922, S. 133 ff
Andrä, Erwin: Die Auswirkungen des Bauhauses in der DDR. In: Ars, II, 1969, S. 140 ff
Anger, R.: Kunst und Stil. In: FfH, 1917, S. 33 ff, Abb.
Les années ‚25'. Art Déco, Bauhaus, Stijl, Esprit Nouveau. Musée des Arts Décoratifs, Paris 1966
Das Arbeitermöbel. Zwei Typen nach Entwürfen von Professor Peter Behrens und Hermann Münchhausen, Berlin (1912)
(Arbeiterwohnhaus). In: Wk, II, 1906/07, Tafel 27
(Arbeiterwohnung). In: Wk, II, 1906/07, Tafel 35
Arens, Franz: Der neue „Columbus" des Norddeutschen Lloyd. In: DK, XXVII, 1924, S. 169 ff, Abb.
Arens, Franz: Die Innenarchitektur auf den Dampfern des Norddeutschen Lloyd. In: DBz, LIX, 1925, S. 3 ff, 17 ff, Abb.
Augst, Wilhelm: Möbeltypen für kleine Räume. In: FfH, XXIII, 1928, S. 12 ff, 37, Abb.
Augst, Wilhelm: Neue Massenmöbeltechnik. In: FfH, XXV, 1930, S. 224 f, Abb.
Augst, Wilhelm: Neue Massenmöbeltechnik. In: FfH, XXVI, 1931, S. 206
Ausführung der preisgekrönten Entwürfe und deren Kosten. In: Id, XIV, 1903, S. 16 ff, 46 ff, 79 ff, Abb.
Eine Ausstellung einfachen Hausrates... In: Vwg, I, 1919, S. 123 f
Ausstellung von Wohnungseinrichtungen und Erzeugnissen der Berliner Holzindustrie 1909 in den Ausstellungshallen am Zoo, Berlin (1909)
Ausstellungen. In: Vwg, IV, 1922, S. 248
Wirtschaftliches Bauen auf der Stuttgarter Werkbund-Ausstellung „Die Wohnung" 1927. In: Bz, XXIV, 1927, S. 304 ff, Abb.
Bauer, Michel: Ein Rundgang durch die Werkbund-Ausstellung „Die Wohnung" Stuttgart 1927. In: Bz, XXIV, 1927, S. 306 ff, 341 ff
Bauhaus Dessau, Hochschule für Gestaltung. Prospekt, Dessau (o.J.)
das bauhaus dessau. Ausstellung 21. April bis 20. Mai 1929 Gewerbemuseum Basel
Baur, Albert: Schweizer Arbeiter-Möbel. In: Id, XXI, 1910, S. 61 ff, Abb.
Die Bedeutung des Komforts als Element der Nutzkunst. In: DK, IV, 1901, S. 218 ff
Behme, Th.: Möbel für Kleinwohnungen. Ergebnis der Münchener Ausstellung „Heim und Technik". In: FfH, XXIII, 1928, S. 241 ff, Abb.
Behne, Adolf: Das Bauhaus Dessau. In: FfH, XXII, 1927, S. 33 ff, Abb.
Behne, Adolf: Neues Wohnen, neues Bauen, Leipzig 1927
Behrens, Peter: Wohnkultur. In: Hr, II, 1921, S. 1 ff, Abb.
Behrens, Peter; Fries, H. de: Vom sparsamen Bauen. Ein Beitrag zur Siedlungsfrage, Berlin 1918
Behrendt, Walter Curt: Kleinwohnungsmöbel. Zu den Arbeiten von Professor Dr.-Ing.

E. h. Heinrich Tessenow in Dresden. In: Hr, I, 1920, S. 121 ff, Abb.
Berlepsch-Valendås, H.E. von: Der neue Bodenseedampfer „Lindau". In: KH, LVI, 1905/06, S. 1 ff, Abb.
Berlepsch-Valendås, H.E. von: Der Bodensee-Dampfer „Lindau". In: DK, IX, 1906, S. 221 ff, Abb.
Berlepsch-Valendås, H.E. von: Ein neuer Bodenseedampfer. In: DK, X, 1907, S. 199 ff, Abb.
Bernoulli, Hans: Die Wohnungsausstellung Stuttgart 1927. In: W, XIV, 1927, S. 259 ff
Zur Beurteilung der heutigen Möbelpreise. In: Hr, I, 1920, S. 11
Beutinger, E.: Die Dresdener Werkstätten für Handwerkskunst. In: Id, XV, 1904, S. 160 ff, Abb.
Bier, Justus: Ausstellung „Die Gebrauchswohnung" in der Siedlung Dammerstock Karlsruhe. In: F, IV, 1929, S. 595 ff, Abb.
Böhmert, Victor: Die Weltkongresse für Arbeiterwohl auf der Pariser Weltausstellung von 1900. In: Af, XXXVIII, 1900, S. 335 ff
Böhmert, Victor: Die internationale Hygiene-Ausstellung in Dresden 1911. In: Af, XLIX, 1911, S. 1 ff
Böhmert, Wilhelm: Die Hamburg-Amerika-Linie und der Norddeutsche Lloyd. In: Af, XLVI, 1908, S. 253 ff, 389 ff
Böhmert, Wilhelm: Die Hamburg-Amerika-Linie und der Norddeutsche Lloyd als Arbeitgeber. In: Af, XLVII, 1909, S. 1 ff
Bosselt, Rudolf: Die neue Wohnung und der neue Mensch. In: IH, 1927, S. 644 ff, Abb.
Bourquin, Hans: Die ständige Ausstellung für Arbeiterwohlfahrt in Charlottenburg. In: AF, XLVIII, 1910, S. 401 ff
BR.: Arbeiter-Möbel. „Aus der Musterwohnung im Gewerkschaftshause in Berlin". In: DKuD, Bd 28, 1911, S. 446, Abb.
Bredt, E.W.: Bruno Paul. In: DK, V, 1902, S. 66 ff, 138 f, Abb.
Bredt, E.W.: Bruno Paul – Biedermeier-Empire. In: DK, VIII, 1905, S. 217 ff, Abb
Bredt, E.W.: Ausstellung der „Vereinigung für angewandte Kunst" München 1905. In: DK, VIII, 1905, S. 469 ff, Abb.
Breuer, Marcel: Die Möbelabteilung des staatlichen Bauhauses zu Weimar. In: FfH, XX, 1925, S. 17 ff, Abb.
Breuer, Marcel: Aus einem Vortrag von Marcel Breuer (gehalten im Kunstgewerbemuseum Zürich). In: W, XIX, 1932, S. 337 ff
Breuer, Robert: Der Einkauf als kulturelle Funktion. In: DKuD, Bd 21, 1907/08, S. 78 ff, Abb.
Breuer, Robert: Moderne Etagen-Wohnungen im Möbelhaus Hermann Gerson in Berlin. In: Id, XIX, 1908, S. 359 ff, Abb.
Breuer, Robert: Das Kunstgewerbe. In: Ww, III, 1908, II. Teil, S. 203 ff
Breuer, Robert: Typenmöbel. In: FfH, IV, 1909, S. 1 ff, Abb.
Breuer, Robert: Die Berliner Möbelausstellung. In: FfH, IV, 1909, S. 145 f
Breuer, Robert: Der Dampfer George Washington. In: FfH, IV, 1909, S. 193 ff, Abb
Breuer, Robert: Die „George Washington". In: Id, XX, 1909, S. 333 ff, Abb.
Breuer, Robert: Deutsche Werkstätten für Handwerkskunst Dresden und München. In: DKuD, Bd 24, 1909, S. 165 ff, Abb.
Breuer, Robert: Tagung des deutschen Werkbundes in Frankfurt am Main 30. September bis 2. Oktober 1909. In: DKuD, Bd 25, 1909/10, S. 161 ff
Breuer, Robert: Gute bürgerliche Möbel. In: FfH, V, 1910, S. 65, Abb.
Breuer, Robert: Bürgerliche Möbel von Alfred Altherr. In: FfH, V, 1910, S. 129 ff, Abb.
Breuer, Robert: Arbeitermöbel. In: FfH, V, 1910, S. 233 f, Abb.
Breuer, Robert: Die Gartenstadt Hellerau. In: DKuD, Bd 27, 1910/11, S. 447 ff, Abb.
Breuer, Robert: Das Kunsthandwerk in Hessen. Mit einem Vorwort von Victor Zobel, Berlin 1911
Breuer, Robert: Die Wohnungseinrichtung. Führer durch die erste Musterwohnung von zwei Zimmern und Küche nach Entwürfen von H. Münchhausen, Berlin (1912)

Breuer, Robert: Arbeiter-Möbel von Peter Behrens. In: DKuD, Bd 30, 1912, S. 131 f, Abb.
Breuer, Robert: Die Berliner Möbelindustrie. In: Kgbl N.F., XXIII, 1912, S. 5 ff, Abb.
Breuer, Robert: Prinzipien. Neue Möbel der Paderborner Werkstätten. In: FfH, VII, 1912, S. 21 f, Abb.
Breuer, Robert: Das Programm. In: FfH, VII, 1912, S. 61 f, Abb.
Breuer, Robert: Anständige Ware. In: FfH, VIII, 1913, S. 81 f, Abb.
Breuer, Robert: Neues vom Arbeitermöbel. In: FfH, VIII, 1913, S. 207 f, Abb.
Breuer, Robert: Gutbürgerlich. Zur Ausstellung „Moderne Wohnräume" A. Wertheim Berlin. In: DKuD' Bd 33, 1913/14, S. 73 ff, Abb.
Breuer, Robert: Schiffsarchitektur. In: FfH, X, 1915, S. 81 ff., Abb.
Breuer, Robert: Heinrich Tessenow. In: FfH, XII, 1917, S. 81 ff, Abb.
Collin, Ernst: Der gebildete Arbeiter. In: Wk, I, 1905/06, S. 274 f
Collin, Ernst: Arbeiterbewegung und Kunstgewerbe. In: Wk, III, 1907/08, S. 225
Cor, de: Moderne Möbelgestaltungen der staatlichen Hochschule für Handwerk und Baukunst Weimar. Nach Entwürfen von Erich Dieckmann. In: IH, III, 1929, S. 14 ff, Abb.
Corvey, Johannes: Die Internationale Hygiene-Ausstellung in Dresden. In: Af, XLVIII, 1910, S. 74 ff
Creutz, Max: Die Heilanstalt Pützchen bei Bonn. In: DK, XVI, 1913, S. 153 ff, Abb.
D.: Werkstatt-Möbel. In: DK, XI, 1908, S. 229, Abb.
Karlsruher Dammerstocksiedlung „Die Gebrauchswohnung". In: Bz, XXVI, 1929, Heft 40, S. XVII f
Dal Co, Francesco: El arquitecto en la lucha de clases y otros escritos. Hannes Meyer, Barcelona 1972
Delius, Rudolf von: Die neue billige Wohnung der Deutschen Werkstätten. Nach Entwürfen von Professor A.G. Schneck, Stuttgart. In: DK, XXXI, 1928, S. 10 ff, Abb.
Deubner, Ludwig: Bruno Paul, ein Meister neuzeitlicher Wohnungskunst. In: VKM, XXXIII, 1918/19, Bd 2, S. 589 ff, Abb.
Dieckmann, Erich: Möbelbau. Holz, Rohr, Stahl. Die Baubücher, Bd 11, Stuttgart (1931)
Dohrn, Wolf: Deutsche Werkstätten für Handwerkskunst. In: Id, XX, 1909, S. 49 ff, Abb.
Dohrn, Wolf: Das Arbeiterwohnhaus. In: Wk, V, 1910/11, S. 102, 105
Ein Dokument deutscher Kunst Darmstadt 1901-1976. Mathildenhöhe, Hessisches Landesmuseum, Kunsthalle Darmstadt 22.Oktober 1976 bis 30. Januar 1977, Bd. 1-5
Düssel, Karl Konrad: Der Dampfer „Bremen" des Norddeutschen Lloyd. In: MB, XXVIII, 1929, S. 477 ff, Abb.
Durand-Dupont: Der deutsche Werkbund im Salon der „Artistes-Décorateurs" Paris. In: W, XVII, 1930, S. 197 f
Die Durchgeistigung der deutschen Arbeit. Jahrbuch des deutschen Werkbundes, Jena 1912
Eberhard, R.: Von der Gemeinnützigkeit zur Gemeinwirtschaft. Baugenossenschaften und soziale Baubetriebe müssen zusammenarbeiten. In: SB, VIII, 1928, S. 38, Abb.
E.H.: Billige Möbel der Werkstätten für deutschen Hausrat Theophil Müller, Dresden. In: DK, X, 1907, S. 126, Abb.
Emgé, August: Die Idee des Bauhauses. Kunst und Wirklichkeit, Berlin (1924)
Endell, August: Werkring-Ausstellung. In: BA, VIII, 1906, S. 214 ff, Abb.
Endell, August: (Einfacher Hausrat). In: Vwg, I, 1919, S. 146 f
Ender, Hans: Ausstellung einfacher Möbel in Dornbirn. In: FfH, XVIII, 1923, S. 102, Abb.
-er.: Der Hausratgedanke im Osten. In: Hr, II, 1921, S. 117 ff, Abb.
-er.: Baubundmöbel. In: Hr, III, 1922, S. 36 ff, Abb.
Erdberg, Robert von: Die künstlerische Gestaltung des Arbeiterwohnhauses. In: Af, XLIV, 1906, S. 389 ff
Ergebnis? Ein Rückblick auf die Werkbundausstellung „Die Wohnung" Stuttgart 1927.

In: Bz, XXIV, 1927, S. 333 ff, Abb.
Erler, Michael: Das Gesellschaftsbild im Bauhaus. Diplomarbeit Freie Universität Berlin 1969
Fischel, Hartwig: Die Wohnung des Mittelstandes einst und jetzt. In: Id, XXIX, 1918, S. 282 ff
Förthmann: Die Hausratbewegung in Schleswig-Holstein. In: Hr, III, 1922, S. 6 ff, Abb.
Deutsche Form im Kriegsjahr. Die Ausstellung Köln 1914. Jahrbuch des deutschen Werkbundes 1915, München 1915
F.R.: Die Dammerstock-Siedlung in Karlsruhe. In: Nb, XI, 1929, S. 443 ff, Abb.
Frank, Josef: Drei Behauptungen und ihre Folgen. In: F, II, 1927, S. 289 ff
Frick, Kurt: Typengrundriß und Einheitsmöbel. In: Vwg, I, 1919, S. 183 ff, Abb.
Fuchs-Röll, Willi P.: Neues Wohnen. In: Nb, IX, 1927, S. 197 ff, Abb.
Führer durch das oberhessische Ausstellungshaus, Darmstadt 1908
Gartenstadt Laatzen bei Hannover. In: Hr, I, 1920, S. 4 f, Abb.
Die künstlerische Gestaltung des Arbeiterwohnhauses, Berlin 1906
G.H.: Die Villa Becker in München. In: DK, VIII, 1905, S. 429 ff, Abb.
G.H.: Einfache Wohnungs-Einrichtungen. In: Id, XXX, 1919, S. 374, Abb.
Giedion, Siegfried: Bauhaus und Bauhauswoche zu Weimar. In: W, X, 1923, S. 232 ff
Gischler, W.: Die Neubauten der Heilanstalt Pützchen erstellt von Bruno Paul. In: Rh, XII, 1912, S. 413 ff, Abb.
G.L.: Innenkunst im Dampfer. In: Wk, III, 1907/08, S. 23 ff, Abb.
Gottstein, A.: Die Zusammenarbeit der Gesundheitsfürsorge mit der Wohnungspflege. In: Vwg, I, 1919, S. 85 ff
Gräff, Werner: Werkbund-Ausstellung. Die Wohnung Stuttgart 23. Juli bis 9. Oktober 1927. In: F, II, 1927, S. 249 ff, Abb.
Gräff, Werner (Hrsg.): Innenräume. Räume und Inneneinrichtungsgegenstände aus der Werkbundausstellung „Die Wohnung", insbesondere aus den Bauten der städtischen Weißenhofsiedlung in Stuttgart. Herausgegeben im Auftrag des deutschen Werkbundes von Werner Gräff, Stuttgart 1928
Gräff, Werner (Schriftleitung): Staatliche Bauhochschule Weimar 1929
Gräff, Werner: Jetzt wird ihre Wohnung eingerichtet. Das Warenbuch für den neuen Wohnbedarf, Potsdam 1933
Grautoff, Otto: Streifzüge durch Architektur und Kunstgewerbe in München. In: DK, VII, 1904, S. 89 ff, Abb.
Grohmann, Will: Das Bauhaus in Dessau und seine Arbeiten. In: W, XV, 1928, S. 4 ff, Abb.
Gropius, Walter: „Sparsamer Hausrat" und falsche Dürftigkeit. In: Vwg, I, 1919, S. 105
Gropius, Walter: Die handwerkliche Grundlage. In: Id, XXX, 1919, S. 200
Gropius, Walter: Das Individuum. In: Id, XXXVII, 1926, S. 356
Gropius, Walter: Normung und Wohnungsnot. In: Bz, XXIV, 1927, S. 151 f, Abb.
Gropius, Walter: Das Typen-Wohnhaus. Ein Aufruf zur Förderung neuzeitlichen Bauens. In: Id, XXXVIII, 1927, S. 42.
Gropius, Walter: Standartisierung und Handwerk. In: Id, XXXVIII, 1927, S. 360
Gropius, Walter: Systematische Vorarbeit für rationellen Wohnungsbau. In: Bw, XVIII, 1, 1927, S. 197 ff, Abb.
Gropius, Walter: Wie bauen wir billigere, bessere, schönere Wohnungen? In: F, II, 1927, S. 275 ff
Gropius, Walter: Staffelung der Energien. Von der neuen Einstellung zur Arbeit. In: Id, XXXIX, 1928, S. 478 f
Gropius, Walter: Masa. In: Bw, XIX, 2, 1928, S. 868
Gropius, Walter: Warum die knappe Möblierung in der Karlsruher Dammerstocksiedlung? In: Bz, XXVI, 1929, Heft 44, S. XVII, Abb.
Gropius, Walter: Der geistige Generalnenner. In: Id, XL, 1929, S. 14
Gropius, Walter: Bauhausbauten Dessau. Bauhausbücher Bd 12, München 1930

Gropius, Walter: Die neue Architektur und das Bauhaus. Grundzüge und Entwicklung einer Konzeption. Neue Bauhausbücher (1.) N.F. der von Walter Gropius und László Moholy-Nagy begründeten „Bauhausbücher", herausgegeben von Hans M. Wingler, Mainz, Berlin 1965
Günther, Herbert: Alt und Neu. In: F, VII, 1932, S. 55 ff, Abb.
Günther, Sonja: Interieurs um 1900, München 1971
Günther, Sonja (Bearb.): Vereinigte Werkstätten für Kunst im Handwerk München. Archivbestände, Katalog II. Typenmöbel nach Entwürfen von Bruno Paul, München 1975
Günther, Sonja (Bearb.): Vereinigte Werkstätten für Kunst im Handwerk München. Archivbestände, Katalog III. Interieurs auf Luxusschiffen aus den Vereinigten Werkstätten für Kunst im Handwerk, München 1976
Günther, Sonja: Art Déco – Bauhaus. In: KsH, LXXXVIII, 1976, S. 37 ff, Abb.
Günther, Sonja: Typenmöbel von Bruno Paul. Abgedruckt in: Werkbund-Archiv, Jahrbuch 3, 1. Aufl. Lahn-Gießen 1978, S. 265 ff, Abb.
Günther, Sonja: Das Werk des Karikaturisten, Möbelentwerfers und Architekten Bruno Paul (1874 – 1968). In: S, XXIX, 1982, Heft 10, S. 18 ff, 56 ff, Abb. (mit Werk- und Literaturverzeichnis)
Gurlitt, Cornelius: Ein Wettbewerb für Arbeiter-Möbel. In: Id, XXIII, 1912, S. 207 ff, Abb.
Gurlitt, Cornelius: Von der Standes-Bewegung der Kunstgewerbe-Zeichner. In: Id, XXIII, 1912, S. 210 ff, Abb.
Gut, Albert: Möbel für die minderbemittelte Bevölkerung. Zu den Arbeiten der städtischen Möbelfürsorgestelle. In: Hr, I, 1920, S. 49 f, Abb.
H.: Maschinenmöbel der „Dresdener Werkstätten für Handwerkskunst". In: DK, IX, 1906, S. 210 ff, Abb.
Haenel, Erich: Das Kunstgewerbe auf der Düsseldorfer Kunstausstellung. In: DK, VI, 1903, S. 25 ff, Abb.
Haenel, Erich: Neue Wohnungseinrichtungen. Ausstellung der Werkstätten für deutschen Hausrat Theophil Müller, Dresden-Striesen. In: DK, VI, 1903, S. 161 ff, Abb.
Haenel, Erich: Neues Interieurs von Bruno Paul. In: DK, VI, 1903, S. 425 ff, Abb.
Haenel, Erich: Ausstellung der Dresdener Werkstätten für Handwerkskunst. In: DK, VII, 1904, S. 154 ff, Abb.
Haenel, Erich: Die dritte deutsche Kunstgewerbe-Ausstellung Dresden 1906. In: DK, IX, 1906, S. 393 ff, 433 ff, 481 ff, Abb.
Haenel, Erich: Die Gartenstadt Hellerau. In: DK, XIV, 1911, S. 297 ff, Abb.
Haenel, Erich: Die Bauten der Internationalen Hygiene-Ausstellung Dresden 1911. In: DK, XIV, 1911, S. 481 ff, Abb.
Haenel, Erich: Neuer deutscher Hausrat. In: DK, XVI, 1913, S. 337 ff, Abb.
Haenel, Erich: Wohnung und Siedlung Dresden 1925. In: DK, XXIX, 1926, S. 133 ff, Abb.
Haesler, Otto: Grundsätzliches zum Wohnproblem. In: Bz, XXVI, 1929, Heft 42, S. XIII f
Häuselmann, J.F.: Vom zukünftigen Heim des kleinen Mannes. In: Id, XXIX, 1918, S. 132 ff
Hampe, Theodor: Die Bayerische Jubiläums-Landesausstellung in Nürnberg. In: Kgbl N.F., XVIII, 1907, S. 1 ff, Abb.
Harbers, Guido: Ausstellungsquerschnitt 1930. Lüttich, Dresden, Paris, Wien. In: Bm, XXVIII, 1930, S. 500, Abb.
Hartmann, Hans: Möbel unserer Zeit. In: Bg, XIV, 1932, S. 17 ff, Abb.
„Einfacher Hausrat" im österreichischen Museum für Kunst und Industrie in Wien. In: Hr, II, 1921, S. 151, Abb.
Der „Einfache Hausrat" in der Schweiz. In: Hr, III, 1922, S. 17 ff, Abb.
Hausrat für Ostpreußen. In: DK, XVIII, 1915, S. 310 ff, Abb.
Die Berliner Hausrat-Ausstellung. In: FfH, XIV, 1919, S. 115 ff, Abb.

Die bayerische Hausrathilfe. In: Hr, II, 1921, S. 65 ff, Abb.
Hegemann, Werner; Klein, Alexander: Siedlungs-Genossenschaft „Freidorf" bei Basel. In: WMB, X, 1926, S. 1 ff, Abb.
Hegemann, Werner: Neue Baukunst und Wohnungspolitik. In: WMB, XIII, 1928, S. 1 ff, Abb.
Heidrich, M: Eine Arbeiterwohnung. In: FfH, III, 1908, S. 9 ff, Abb.
Heilmeyer, Alexander: Die deutsche Werkbundausstellung in Köln. In: KH, LXIV, 1913/14, S. 269 ff, 295 ff, Abb.
Heilmeyer, Alexander: Deutsche Schiffs-Ausstattung. Schiffs-Räume des „Norddeutschen Lloyd". In: Id, XXXIV, 1923, S. 180 ff, Abb.
Heiniz, Oscar: Die Innenausstattung der Wohnungen in der Werkbundsiedlung. In: BZ, XXIV, 1927, S. 338 ff, Abb.
Hellwag, Fritz: Neue Wohnräume von Bruno Paul. In: Kgbl N.F., XX, 1909, S. 141, Abb.
Hellwag, Fritz: Arbeitermöbel. Musterausstellung im Berliner Gewerkschaftshause. In: Kgbl N.F., XXIII, 1912, S. 179 f, Abb.
Hellwag, Fritz: Der deutsche Werkbund und seine Künstler. In: Kgbl N.F., XXVII, 1916, S. 21 ff, Abb.
Hellwag, Fritz: Die Ausstellung des deutschen Werkbundes in Bern im Sommer 1917. In: MB, XVII, 1918, S. 1 ff, Abb.
Hellwag, Fritz: Möbel für Kriegsgetraute. In: FfH, XIII, 1918, S. 150 ff, Abb.
Hellwag, Fritz: Neue Dampfer der Hamburg-Amerika-Linie. In: FfH, XVII, 1922, S. 97 ff, Abb.
Hellwag, Fritz: Die Deutschen Werkstätten in Hellerau. Zu ihrem 25-jährigen Bestehen im Oktober 1923. In: FfH, XIX, 1924, S. 17 ff, Abb.
Hellwag, Fritz: Grundsätzliches über Schiffseinrichtungen. In: FfH, XVIII, 1923, S. 129 ff, Abb.
Hellwag, Fritz: Was sagen uns die Pioniere der neuen Wohnkultur? Nachdenkliches zur „Werbund-Ausstellung: Die Wohnung, Stuttgart 1927". In: IH, I, 1927, S. 505 ff, Abb.
Hellwag, Fritz: Die Deutschen Werkstätten in Hellerau und München. In: FfH, XXIV, 1929, S. 97 ff, Abb.
Hellwag, Fritz: Läßt sich Schönheit mit Billigkeit vereinen? In: SH, I, 1929/30, S. 100 ff, Abb.
Hellwag, Fritz: Kunsthandwerkliche Holzarbeiten auf dem Lloyddampfer „Bremen". In: FfH, XXV, 1930, S. 97 ff, Abb.
Herrmann, Wolfgang: Hochhäuser am Kleistpark. In: KuKü, XXVII, 1929, S. 239 ff Abb.
Heuss, Theodor: Werkbund-Ausstellung in Kopenhagen. In: DKuD, Bd 43, 1918/19 S. 253 ff
Heyck, Eduard (Hrsg.): Moderne Kultur. Ein Handbuch der Lebensbildung und des guten Geschmacks. Bd 1 Grundbegriffe. Die Häuslichkeit, Stuttgart, Leipzig (1906); Bd 2 Die Persönlichkeit und ihr Kreis, Stuttgart, Leipzig (1907)
H.D.F.: Aus den Verkaufsstellen der Deutschen Werkstätten in München und Berlin. In: DKuD, Bd 46, 1920, S. 206, Abb.
H.H.: Der Lloyddampfer „Europa". In: MB, XXIX, 1930, S. 307 ff, Abb.
Hilberseimer, Ludwig: Die Wohnung unserer Zeit. In: F, VI, 1931, S. 249 ff, Abb.
Hillig, Hugo: Eine Arbeiterwohnung des Vereins für Kunstpflege in Hamburg. In: FfH, V, 1910, S. 240 ff, Abb.
Hillig, Hugo: Die Arbeitermöbel in der Internationalen Hygieneausstellung zu Dresden In: FfH, VI, 1911, S. 141 ff, Abb.
Himmelreich, R.: Was beim Möbelkauf zu beachten ist. In: FfH, XXVII, 1932, S. 125 ff
Högg, E.: A. Wertheim. Neue Wohn-Räume und neues Kunstgewerbe dem Hause eigen. Nach Entwürfen von Künstlern unter Leitung von Professor Curt Stoeving. In: DKuD, Bd 16, 1905, S. 643 ff, Abb.
Högg, E.: Hessische Landesausstellung für freie und angewandte Kunst in Darmstadt

1908. In: AR, XXIV, 1908, S. 86 f, Abb.
Hoffmann, Herbert: „Die Wohnung unserer Zeit" auf der deutschen Bauausstellung Berlin 1931. In: MB, XXX, 1931, S. 329 f, 373, Abb.
Hübner, Herbert: Die soziale Utopie des Bauhauses. Ein Beitrag zur Wissenssoziologie in der bildenden Kunst. Dissertation westfälische Wilhelms-Universität zu Münster 1963
Itner, Karl: Siedlermöbel. In: FfH, XX, 1925, S. 114 ff, Abb.
Dreißig Jahre Wohnungsreform 1898 – 1928. Denkschrift aus Anlaß des dreißigjährigen Bestehens herausgegeben vom deutschen Verein für Wohnungsreform e.V., Berlin 1928
Fünfzig Jahre Bauhaus. Ausstellung 5. Mai bis 28. Juli 1968 Kunstgebäude am Schloß platz, Stuttgart (1968)
Jahrbuch der Deutschen Werkstätten 1928, Hellerau, München (1928)
Jahrbuch der Deutschen Werkstätten 1929, Hellerau, München (1929)
Jaumann, A.: Richard Riemerschmid und die Dresdener Werkstätten für Handwerks kunst. In: Id, XVII, 1906, S. 21 ff, Abb.
Jensen, Joh.: Tischlerarbeit auf Überseedampfern. In: FfH, XV, 1920, S. 179 f, Abb.
Jessen, Peter: Die Ausstellung von Wohneinrichtungen. In: Wk, IV, 1908/09, S. 305 ff Abb.
Jost, Wilhelm: Hausrat für Kleinwohnungen. In: Vwg, II, 1920, S. 14 ff, Abb.
Junghanns, Kurt: Hannes Meyer und das Bauhaus. In: DAr, XIII, 1964, S. 441 ff
Kain, Robert: Paul Ludwig Troosts neue Räume der Jacobihalle in Bremen. In: DK, XXVIII, 1925, S. 185 ff, Abb.
Kalkschmidt, Eugen: Die Möbel- und Raumkunst auf der Werkbund-Ausstellung zu Köln am Rhein. In: MB, XIII, 1914, S. 401 ff, Abb.
Kállai, Ernst: Ein beliebter Vorwurf gegen das Bauhaus. In: B, II, 1928, Heft 4, S. 15
Kállai, Ernst: Bauhausausstellung. In: W, XVI, 1929, S. 246 ff, Abb.
Amtlicher Katalog der Ausstellung München 1908, 3. Aufl. München (1908)
Amtlicher Katalog der deutschen Gewerbeschau München 1922, 2. Aufl. München (1922)
Illustrierter Katalog der hessischen Landesausstellung für freie und angewandte Kunst Darmstadt 1908
Offizieller Katalog der deutschen Werkbund-Ausstellung Cöln 1914, Köln, Berlin (1914)
Offizieller Katalog der dritten deutschen Kunstgewerbe-Ausstellung Dresden 1906, 2. Aufl., illustrierte Ausgabe, Dresden 1906
Offizieller Katalog der 2. Möbel- und Einrichtungs-Schau Berlin 1932, 19. März bis 3. April, Berlin (1932)
Katalog der ständigen Ausstellung für Arbeiterwohlfahrt Charlottenburg, (Berlin o.J.)
Katscher, Leopold: Englische Gartenstädte. Ein Beitrag zur Lösung der Arbeiterwohnungsfrage. In: Af, XLII, 1904, S. 409 ff
Katscher, Leopold: Der neunte internationale Wohnungskongreß. In: Af, XLVIII, 1910 S. 163 ff
Kleinpaul, Johannes: Museumskunst. Wohnungskunst. Lebenskunst. In: KgH, II, 1901/02, S. 131 ff, Abb.
Kleinwohnungs-Kunst auf der hessischen Landes-Ausstellung. In: DKuD, Bd 22, 1908, S. 323 ff, Abb.
Klopfer, Paul: Bruno Paul. In: MB, VIII, 1909, S. 1, Abb.
Koch, Alexander: Billige, einfache – aber geschmackvolle Wohnungs-Einrichtungen (Ergebniß des Preis-Ausschreibens unserer Zeitschrift). In: Zld, VIII, 1897, S. 1 ff, 9 ff, Abb.
Koch, Alexander: Das schöne Heim, Darmstadt 1920
Krüger: Das neue Baujahr 1927. In: Nb, IX, 1927, S. 1 ff
Krummacher, Friedrich Arnold; Wucher, Albert: Die Weimarer Republik. Ihre Geschichte in Texten, Bildern und Dokumenten 1918 – 1933, München, Wien, Basel 1965
Das deutsche Kunstgewerbe 1906. III. deutsche Kunstgewerbeausstellung Dresden 1906, München 1906

Deutsches Kunstgewerbe 1927. Mostra internaionale delle arti decorative di Monza. Sezione germanica, (Monza 1927)
Kunstgewerbemuseum Zürich. Die zwanziger Jahre. Kontraste eines Jahrzehnts, Zürich 1973
Kurzrock, Otto: Kleinwohnungs-Möbel, Hannover (1920)
Kurzrock, Otto: Farbiger Hausrat. In: Hr, 1921, S. 17 ff, Abb.
L.: Das Arbeiterhaus von Georg Metzendorf. In: Id, XX, 1909, S. 65, Abb.
L.: Der deutsche Werkbund. In: DKuD, Bd 22, 1908, S. 337
L.: Räume von Bruno Paul. In: Id, XL, 1929, S. 205 ff, Abb.
Landsberg, Max: Sparsame Baustoffe in ihrer künstlerischen Bedeutung. In: Id, XXX, 1919, S. 166 ff, Abb.
Lang, H.: Einfacher Hausrat im Berliner Kunstgewerbemuseum. In: Id, XXX, 1919, S. 207 ff, Abb.
Lang, Lothar: Das Bauhaus 1919 – 1933. Idee und Wirklichkeit. Studienreihe angewandte Kunst – Neuzeit. Zentralinstitut für Formgestaltung, Berlin 1965
L.D.: Aufblühen der Schnitzerei. In: Id, XXII, 1911, S. 320 ff, Abb.
Lehmann, Alfred: Heirat und Hausrat. Rand-Bemerkungen zur Ausstellung der ,,Dresdener Werkstätten für Handwerks-Kunst'' von Schmidt & Müller in Dresden. In: DKuD, Bd 13, 1903/04, S. 211 ff, Abb.
Lessing, Julius: Zur Weltausstellung in Chicago 1893, o.O., o.J.
Levin, Else: Neue Hausrat-Möbel. Möbelpreise einst und jetzt. In: FfH, XVI, 1921, S. 17 f, Abb.
Leyser, Erich: Hausrat. Die Beschaffung preiswerten Hausrates für Kriegsgetraute, Kriegsbeschädigte und kinderreiche Familien durch gemeinnützige Anstalten, Berlin 1919
L.G.: Ausstellung für angewandte Kunst, München 1905. In: KH, LVI, 1905/06, S. 8 ff, 40 ff, Abb.
L.G.: Die Ausstellung ,,München 1908''. Vorgeschichte, das Programm der Ausstellung. In: KH, LVIII, 1907/08, S. 289 ff, Abb.
Lory, Karl: Die bayerische Gewerbeschau München 1912. In: KH, LXII, 1911/12, S. 285 ff, 317 ff, Abb.
Lotz, W.: Der Raum im Verkehrsmittel. In: F, III, 1928, S. 397 ff, Abb.
Lotz, Wilhelm: Wie richte ich meine Wohnung ein? Modern, gut, mit welchen Kosten?, Berlin 1930
Lotz, Wilhelm: Ausstellung des deutschen Werkbundes in Paris. In: F, V, 1930, S. 281 ff, Abb.
Lotz, Wilhelm: Kritik der Bauausstellung. In: F, VI, 1931, S. 212 ff, Abb.
Lotz, Wilhelm: Die Halle II auf der Bauausstellung. In: F, VI, 1931, S. 241 ff, Abb.
Lotz, Wilhelm: Das Ende des Bauhauses in Dessau. In: F, VII, 1932, S. 291
Lüer, Herm.: Neue Gruppe Berlin. In: BA, VI, 1904, S. 197 ff, Abb.
Lux, Joseph August: Die moderne Wohnung und ihre Ausstattung, Wien, Leipzig 1905
Lux, Joseph August: Grundsätze für die Arbeiterwohnung. In: FfH, II, 1907, S. 25 ff, Abb.
Lux, Joseph August: Wie sollen wir die Wohnung einrichten? In: FfH, II, 1907, S. 182 f
Lux, Joseph August: Deutsche Werkstätten München und Dresden. In: FfH, II, 1907, S. 185 ff
Lux, Joseph August: Das Maschinenmöbel der Zukunft. In: FfH, II, 1907, S. 209 ff
Lux, Joseph August: Bruno Paul. In: FfH, III, 1908, S. 73 ff, Abb.
Lux, Joseph August: Amerikanische Maschinenmöbel. In: FfH, III, 1908, S. 97 ff, Abb.
Lux, Joseph August: Amerikanische Maschinenmöbel. In: Wk, IV, 1908/09, S. 225 ff
Lux, Joseph August: Biedermeiers Geheimnis. In: Id, XXIX, 1918, S. 357 ff
Lux, Joseph August: Joseph M. Olbrich. Eine Monographie, Berlin 1919
M.: 1. Jahres-Versammlung des deutschen Werkbundes. In: DKuD, Bd 22, 1908, S. 335
Mackowsky, Walter; Weißbach, Karl (Hrsg.): Das Arbeiterwohnhaus. Anlage, innere Ein-

richtung und künstlerische Ausgestaltung. Arbeiterkolonien und Gartenstädte, Berlin 1910
Märker, Adolf: Normalisierung des Kleinmöbels. In: Vwg, II, 1920, S. 309 f
Maier, Hans: Die gemeinnützige Ausgestaltung des Möbel-Abzahlungswesens. In: Hr, I, 1920, S. 13 ff
Maier, Hans: Ausstellung und Käufer gemeinnütziger Möbelgesellschaften. In: Hr, III, 1922, S. 55 ff, Abb.
Malkowsky, Georg: Die Pariser Weltausstellung in Wort und Bild, Berlin 1900
May, Ernst: Kleinwohnungstypenmöbel. In: Hr, II, 1921, S. 75 ff, Abb.
May, Ernst: Kleinwohnungshausrat. In: Hr, III, 1922, S. 113 ff, Abb.
Meissner, E.: Typenbildung und angewandte Kunst. In: Kgbl N.F., XXVIII, 1917, S. 125 ff
Meissner, Karl: Die Werkstätten für deutschen Hausrat in Dresden. In: Id, XIV, 1903, S. 178 f, Abb.
Meyer, Hannes: Die neue Welt. In: W, XIII, 1926, S. 205 ff, Abb.
Meyer, Hannes: Der Architekt im Klassenkampf. In: Arch+, VI, 1974, S. 26 ff
Meyer, Otto: Vorbildlichen Hausrat in die Museen. In: FfH, XV, 1920, S. 113 f, Abb.
Michel, Wilhelm: Bruno Paul als Innenkünstler. In: Id, XVIII, 1907, S. 49 ff, Abb.
Michel, Wilhelm: Die Ausstellung München 1908. In: DK, XII, 1909, S. 9 ff, Abb.
Michel, Wilhelm: Neuzeitliche Innenräume in der Ausstellung deutsche Kunst Düsseldorf 1928. In: Id, XXXIX, 1928, S. 271 ff, Abb.
Michel, Wilhelm: Ozean-Expreß „Bremen". In: DKuD, Bd 65, 1929/30, S. 111 ff, Abb.
Michel, Wilhelm: Wohnraum und Biologie. In: Id, XLII, 1931, S. 259
Mies van der Rohe, Ludwig: (Einleitung). In: 1. Sonderheft für die „Werkbundausstellung die Wohnung Stuttgart 1927", F, II, 1927, S. 257
Mies van der Rohe, Ludwig: Die Probleme der neuen Wohnung. In: Id, XXXVIII, 1927, S. 459
Mies van der Rohe, Ludwig: „Wir stehen in der Wende der Zeit". Baukunst als Ausdruck geistiger Entscheidung. In: Id, XXXIX, 1928, S. 262
Mies van der Rohe, Ludwig: Die Wohnung unserer Zeit. In: Id, XLII, 1931, S. 257
Migge, L.: Miet-Wohnungen. In: Id, XVIII, 1907, S. 379
Möbelnormung. In: FfH, XXII, 1927, S. 99
Möbel- und Einrichtungs-Schau Berlin 1930 veranstaltet von dem deutschen Möbelfachverband, Gruppe Groß-Berlin und Mark Brandenburg und dem Ausstellungs-, Messe- und Fremdenverkehrs-Amt der Stadt Berlin, Berlin (1930)
Müller-Oestreich, Ilse: Verbraucher und „Hausrat" – Gesellschaften. In: Hr, I, 1920, S. 89 ff
Müller-Wulckow, Walter: Die deutsche Wohnung der Gegenwart, Königstein, Leipzig 1930
Muthesius, Hermann: Kunst für die Armen. In: DK, V, 1902, S. 52 ff
Muthesius, Hermann: Kunstgewerbe, Jugendstil und bürgerliche Kunst. In: Rh, IV, 1903, S. 53 ff
Muthesius, Hermann: Das Maschinenmöbel. In: FfH, I, 1906, S. 7 ff
Muthesius, Hermann: Das Kunstgewerbe. In: Ww, I, 1. Teil, 1906, S. 312 ff
Muthesius, Hermann: Der Weg und das Ziel des Kunstgewerbes. In: FfH, II, 1907, S. 65 ff, 85 ff
Muthesius, Hermann: Handarbeit und Massenerzeugnis. Technische Abende im Zentralinstitut für Erziehung und Unterricht, 4. Heft, Berlin 1917
Muthesius, Hermann: Kleinhaus und Kleinsiedlung, München 1918
Muthesius, Hermann: Vereinfachung der Inneneinrichtung. In: Hr, I, 1920, S. 76 ff, Abb.
Muthesius, Hermann (Hrsg.): Die schöne Wohnung. Beispiele neuer deutscher Innenräume, herausgegeben und mit einer Einleitung versehen von Hermann Muthesius, München 1926
Ein Nachwort zu unseren Wettbewerben. In: Id, XIV, 1903, S. 69
Naumann, Friedrich: Der Geist im Hausgestühl. Ausstattungsbriefe, Dresden (1906)
Naumann, Friedrich: Die Kunst im Zeitalter der Maschine, Berlin 1908

Naumann, Friedrich: Deutsche Gewerbekunst. Eine Arbeit über die Organisation des deutschen Werkbundes, Berlin 1908

Naumann, Friedrich: Ausstellungsbriefe, Berlin 1909

Naumann, Friedrich: Neudeutsche Wirtschaftspolitik, 3., veränderte Aufl., Berlin 1911

Naumann, Friedrich: Kunst und Volkswirtschaft. Vortrag gehalten auf der 5. Jahresversammlung des deutschen Werkbundes in Wien am 7. Juni 1912, Berlin 1912

Naumann, Friedrich: Werkbund und Handel. In: KH, LXIV, 1913/14, S. 124 f, 150 ff, 175 f

Naylor, Gillian: The Bauhaus, London 1968

Neidel, Walter: Mensch, Typ, Norm: In: Vwg, V, 1923, S. 1 ff, 21 ff

-ner: Kunstgewerbe, Formveredelung und Geschmackserziehung. In: FfH, XVIII, 1923, S. 17 ff

Nerdinger, Winfried (Hrsg.): Richard Riemerschmid. Vom Jugendstil zum Werkbund. Werke und Dokumente, München 1982

Neugass, Fritz: Die Weltausstellung in Barcelona. In: KuKü, XXVIII, 1930, S. 121 f, Abb.

Neumann, Eckhard (Hrsg.): Bauhaus und Bauhäusler. Bekenntnisse und Erinnerungen, Bern, Stuttgart 1971

Niemeyer, Wilhelm: Schiffskabinen. Entwürfe des Architekten Hans Heller. In: FfH, XIV, 1919, S. 78 f, Abb.

Nonn, Konrad: Unabänderliches im Kleinwohnungsbau. In: WMB, XI, 1927, S. 406 ff, Abb.

Der deutsche Normenausschuß auf der Werkbund-Ausstellung „Die Wohnung". In: Bz, XXIV, 1927, S. 309 ff

Nußbaum, Hans Christian: Bau und Einrichtung von Kleinwohnungen. Schriften der Centralstelle für Arbeiter-Wohlfahrtseinrichtungen Nr. 20, Berlin 1901

Obrist, Hermann: Hat das Publikum ein Interesse daran, selber das Kunstgewerbe zu heben? In: Kgbl N.F., XI, 1900, S. 62 ff, 91 ff

Obrist, Hermann: Luxuskunst oder Volkskunst? In: DK, V, 1902, S. 81 ff, Abb.

O.R.: Billige kombinierte Wohnräume von Bruno Paul. In: SH, II, 1930/31, S. 113 ff, Abb.

Orbanz, Fritz: Typen und Normen in der Möbelindustrie. In: FfH, XIX, 1924, S. 168 ff, 186 ff, Abb.

Osborn, Max: Eine Wohnungsausstellung. In: Wk, II, 1906/07, S. 321 ff, Abb.

Osborn, Max: Moderne Schiffskunst. In: Kgbl N.F., XVIII, 1907, S. 229, Abb.

Osborn, Max: Architekt P.L. Troost – München. In: DKuD, Bd 28, 1911, S. 251 ff, Abb.

Osborn, Max: Meister Bruno Paul. In: Id, XXXV, 1924, S. 76 ff, Abb.

Osborn, Max: Wohnräume für die Firma Herrman Gerson in Berlin von Bruno Paul. In: DK, XXVIII, 1925, S. 81 ff, Abb.

O. Sch.-K.: Dresdener Werkstätten für Handwerkskunst. In: DKuD, Bd 17, 1905/06, S. 76, Abb.

Otto, Heinrich: Imitation und Surrogat. In: Id, XIX, 1908, S. 225 ff

Paepcke, Paul: Vom Hausrat der Mietwohnung. In: DK, XIII, 1910, S. 190 ff, Abb.

Paquet, Alfons: Die sozialen und Wohlfahrts-Einrichtungen auf der Weltausstellung in St. Louis 1904. In: Af, XLII, 1904, S. 256 ff

Paul, Bruno: Schwimmende Hotels. In: F, III, 1928, S. 400 ff

Pechmann, Günther von: Der Künstler und die Industrie. In: DK, XII, 1909, S. 306 ff, Abb.

Pechmann, Günther von: Die Münchner Ausstellung angewandter Kunst im Pariser Herbstsalon. In: KH, LXI, 1910/11, S. 145 ff, Abb.

Pechmann, Günther von: Die Müchner Ausstellung angewandter Kunst in Paris 1910. In: DK, XIV, 1911, S. 97 ff, Abb.

Pechmann, Günther von: Die Deutschen Werkstätten für Handwerkskunst G.m.b.H. in München. In: DK, XV, 1912, S. 217 ff, Abb.

Pfister, Rudolf: Stuttgarter Werkbundausstellung „Die Wohnung". In: Bm, XXVI, 1928, S. 33 ff, Abb.
Polaczek, Ernst: Die Ausstellung der Darmstädter Künstler-Kolonie. In: Kch N.F., XII, 1901, Sp. 465 ff
Popp, Josef: Zur Neuausstattung eines Hapag-Dampfers. In: DK, XX, 1917, S. 241 ff, Abb.
Popp, Josef: Bruno Paul auf der Deutschen Gewerbeschau. In: DK, XXVI, 1923, S. 137 ff, Abb.
Poppenberg, Felix: Dekorative Variationen. Raumkunst. In: KgH, III, 1902/03, S. 291 ff, Abb.
Poppenberg, Felix: Kultur in der Mietswohnung. In: KgH, IX, 1908/09, S. 261 ff
Poppenberg, Felix: Moderne Schiffskultur. In: KgH, XI, 1910/11, S. 5 ff
Posener, Julius: Die deutsche Abteilung in der Ausstellung der Société des artistes décoratifs français. In: Bg, XII, 1930, S. 968 ff, Abb.
Post, Hermann: Typenmöbel. In: DK, XII, 1909, S. 258 ff
Post, Hermann: Bruno Paul als Architekt. In: DKuD, Bd 25, 1909/10, S. 165 ff, Abb.
P. W.: Kleinwohnung für ein Arbeiterhaus von Fritz Spannagel. In: VKM, XXXIV, Bd 1, 1919/20, S. 473 ff, Abb.
-r.: Hessische Landesausstellung für freie und angewandte Kunst Darmstadt 1908. In: DK, XI, 1908, S. 485 ff, Abb.
-r.: Der gegenwärtige Stand der Hausratbeschaffung. In: Hr, I, 1920, S. 3
R.: Vom Innen-Ausbau des Dampfers „Imperator". In: Id, XXIV, 1913, S. 319, Abb.
R.: Deutsche Schiffsbaukunst. Der Lloyd-Dampfer „Columbus". In: Id, XXXV, 1924, S. 267 ff, Abb.
Rading, Adolf: Wohngewohnheiten. In: F, II, 1927, S. 47 ff
Bruno Pauls Räume auf der „Großen Berliner Kunst-Ausstellung". In: Id, XVIII, 1907, S. 231 f
Rapsilber, M.: Ausstellung moderner Zimmereinrichtungen unter Leitung von Professor A. Grenander. In: DKuD, Bd 16, 1905, S. 395 ff, Abb.
Rau, Emil: Die Innenausstattung im Flugschiff DO X. In: FfH, XXV, 1930, S. 241 f, Abb.
Rauecker, Bruno: Die soziale Bedeutung der Typen-Normenbildung im Wirtschaftsleben. In: Hr, I, 1920, S. 73 ff, Abb.
Deutschlands Raumkunst und Kunstgewerbe auf der Weltausstellung zu Brüssel 1910, Stuttgart (1910)
Raven, F.: Das deutsche Museum für Kunst in Handel und Gewerbe und die Ausstellung der Vereinigten Werkstätten, Berlin Bellevuestraße. In: KgH, XIV, 1913, S. 5 ff
Rée, Paul Johannes: Richard Riemerschmid. In: DK, IX, 1906, S. 265 ff, Abb.
Reich, E.: Die Lehren einer Möbelausstellung. In: FfH, VII 1912, S. 63 ff, Abb.
Reinhardt: Billige moderne Möbel im Handel. In: F, IV, 1929, S. 532
Riemerschmid, Richard: Der Einfluß der Großindustrie auf die Formung unserer Zeit. Vortrag gehalten auf der Jahresversammlung des deutschen Werkbundes in Essen am 24. Juni 1926. In: F, I, 1926, S. 229 ff
Riezler, Walter: Qualität und Form. Beobachtungen zur deutschen Gewerbeschau München 1922. In: FM, I, 1922, Heft 1, S. 29 ff
Riezler, Walter: „Die Wohnung". In: F, II, 1927, S. 258 ff
Rischowski, Edith: Die Wohnung unserer Zeit. Räume aus der „Deutschen Bau-Ausstellung-Berlin 1931". In: Id, XLII, 1931, S. 251 ff, Abb.
Rolfs: Schiffseinrichtungen und Kunst im Handwerk. In: DK, VI, 1903, S. 20, 24
Rosenthal, John H.: Mein Heim, praktisch, behaglich, schön. Anregungen für die Gestaltung und Pflege der Wohnung, München (1932)
S.; Raumkunst im Schiffbau. In: FfH, XXVIII, 1933, S. 25, Abb.
Satzungen des staatlichen Bauhauses zu Weimar, Weimar 1921
Schaefer, Karl: Der Norddeutsche Lloyd und die moderne Raumkunst. In: DK, XI, 1908, S. 76 ff, Abb.

Schaefer, Karl: Die moderne Raumkunst im Dienste der Norddeutschen Lloyd. In: Id, XVIII, 1907, S. 293 ff, Abb.
Schaefer, Karl: Das moderne Kunstgewerbe im Dienste des Norddeutschen Lloyd. In: KH, LVIII, 1907/08, S. 37 ff, Abb.
Schaukal, Richard: Die Mietwohnung, eine Kulturfrage, Darmstadt 1907
Scheffler, Karl: Volkskunst. In: DK, IV, 1901, S. 140 ff
Scheffler, Karl: Das Möbel von heute und morgen. In: DBz, LXVI, 1, 1932, S. 201 f
Schliebener, W.: Das Aschenbrödel der Möbelindustrie. Betrachtungen zur Stuttgarter Möbelmesse. In: FfH, XVII, 1922, S. 100 f
Schliebener, W.: Wohnung und Siedlung. In: FfH, XX, 1925, S. 161 ff, Abb.
Schliebener, W.: Das Bauhaus in Dessau aufgelöst. In: FfH, XXVII, 1932, S. 241 ff
Schliepmann, Hans: Billige, geschmackvolle Wohnungs-Einrichtungen. Einige Worte zum Wettbewerb der „Innen-Dekoration". In: Id, XIV, 1903, S. 13 ff
Schmidt, Diether: bauhaus. weimar 1919 – 1925, dessau 1925 – 1932, berlin 1932 – 1933, Dresden (1966)
Schmidt, Karl: Das gute Typen-Möbel. Arbeiten der Deutschen Werkstätten A.G. In: Id, XLIII, 1932, S. 192
Schölermann, Wilhelm: Die hessische Ausstellung für Kunst und Kunstgewerbe in Darmstadt 1908. In: Kch N.F., XIX, 1908, S. 465 ff
Schulze, Otto: Jugendstil Sünden. In: KH, LII, 1902, S. 198 ff
Schulze, Otto: Die Wohnungs-Kunst auf der Kölner Ausstellung. In: DKuD, Bd 21, 1907/08, S. 19 ff, Abb.
Schulze, Otto: Hessische Landes-Ausstellung für freie und angewandte Kunst Darmstadt 1908. Raumkunst. In: DKuD, Bd 23, 1908/09, S. 121 ff, Abb.
Schulze, Otto: Bürgerliche Wohnungskunst. In: Id, XX, 1909, S. 346 ff
Schumann, Paul: Dresdener Werkstätten für Handwerkskunst. In: DK, III, 1900, S. 4 f
Schumann, Paul: Volkstümliche Ausstellung für Haus und Herd in Dresden. In: DK, III, 1900, S. 135 f, 212 ff, Abb.
Schur, Ernst: Die Raumkunst in Dresden 1906. In: Rh, VI, 1906, 2. Teil, S. 56 ff, Abb.
Schur, Ernst; Bruno Paul. In: KgH, VII, 1906/07, S. 265 f
Schur, Ernst: Bruno Paul auf der großen Kunstausstellung zu Berlin I. In: DK, X, 1907, S. 441 ff, Abb.
Schur, Ernst: Bruno Paul. In: Wk, III, 1907/08, S. 1 ff, Abb.
Schur, Ernst: Bruno Paul. In: DK, XIV, 1911, S. 57 ff, Abb.
Schur, Ernst: Die Werkstätten Bernhard Stadler in Paderborn. In: DK, XV, 1912, S. 281 ff, Abb.
Section Allemande. Exposition de la Société des Artistes Décorateurs, Berlin (1930)
Selle, Gert: Jugendstil und Kunstindustrie. Zur Ökonomie und Ästhetik des Kunstgewerbes um 1900, Ravensburg 1974
Siedle, Eduard: Die Ausstellung des Norddeutschen Lloyd (Bremen) auf der deutschen Gewerbeschau in München 1922. In: FfH, XVII, 1922, S. 177 ff, Abb.
Sigg, Joh.: Einfache Möbel der Kleinwohnung. In: FfH, XXIV, 1929, S. 1 ff, Abb.
Sinzheimer, Ludwig: Die Arbeiterwohnungsfrage, Stuttgart 1902
Söhlemann, H.: Einheitsmöbel. Von der Ausstellung für Kleinwohnungs- und Siedlungswesen veranstaltet vom Bund Heimatschutz, Erfurt 1918. In: FfH, XIII, 1918, S. 184 ff, Abb.
Sombart, Werner: Wirthschaft und Mode. Ein Beitrag zur Theorie der modernen Bedarfsgestaltung, Wiesbaden 1902
Sombart, Werner: Kunstgewerbe und Kultur, Berlin 1908
Sombart, Werner: Händler und Helden, patriotische Besinnungen, München, Leipzig 1915
Als der Staat noch keine Wohlfahrtsanstalt war... Vom Wohnungselend der guten alten Zeit – Seit langem abbruchreife Ruinen Jahrhunderte alter Wohnungen in der Berliner City. In: SB, XII, 1932, S. 174 ff, Abb.

Stängle, M.: Typen und Normen in der Möbeltischlerei. In: FfH, XIX, 1924, S. 81 ff, 106 ff, 118 ff, Abb.
Stahl, Fritz: Bruno Pauls „Gelbes Haus". In: DK, XVIII, 1915, S. 1 ff, Abb.
Stam, Mart: Das richtige Maß. In: Id, XL, 1929, S. 322
Stein, Georg: Das Bauhaus in Dessau. In: Nb, VIII, 1926, S. 277 ff, Abb.
Stoffers, Gottfried (Hrsg.): Die Industrie- und Gewerbe-Ausstellung für Rheinland, Westfalen und benachbarte Bezirke verbunden mit einer deutsch-nationalen Kunst-Ausstellung Düsseldorf 1902, Düsseldorf 1903
Stoffers, Gottfried: Deutschland in Brüssel. Die deutsche Abteilung der Weltausstellung, Köln 1910
Tamms, Friedrich: Bildende Künste und Baukunst auf der deutschen Bauausstellung Berlin 1931. In: Bg, XIII, 1931, S. 1086 ff, Abb.
Taut, Bruno: Die Einrichtung der Volkswohnung. In: Vwg, II, 1920, S. 235 ff, Abb.
Taut, Bruno: Arbeiterwohnhaus. In: F, II, 1927, S. 282 f
Tautz, Robert: Die neue Wohnung der Werkbundausstellung in Stuttgart. In: SB, VII, 1927, S. 249 ff, Abb.
Tautz, Robert: Wohnungsnot und Wohnungselend in Deutschland. In: SB, IX, 1929, S. 223 ff, Abb.
Tessenow, Heinrich: Der Wohnhausbau, München 1909
Tessenow, Heinrich: Hausbau und dergleichen, Berlin 1916
Tessenow, Heinrich: Handwerk und Kleinstadt, Berlin 1919
Tessenow, Heinrich: Das Land in der Mitte, Hellerau 1921
Thieme-Becker: Allgemeines Lexikon der bildenden Künstler, Bd 33, Leipzig 1939
Timm, Richard: Das Bauhaus Dessau. Seine Bedeutung für das Handwerk und die Industrie. In: FfH, XXIII, 1928, S. 145 ff, Abb.
Typenmöbel. In: FfH, XXI, 1926, S. 104, Abb.
Bruno Pauls Typenmöbel. In: DK, XII, 1909, S. 86 f, Abb.
Velde, Henry van de: Werkstätten für Handwerkskunst. In: Id, XIII, 1902, S. 153 ff, Abb.
Velde, Henry van de: Die verstandesmäßigen und folgerechten Konstruktionsprinzipien. In: Id, XIII, 1902, S. 101 ff, Abb.
Velde, Henry van de: Essays, Leipzig 1910
Der Verkehr. Jahrbuch des deutschen Werkbundes 1914, Jena 1914
Vetterlein: Hessische Landes-Ausstellung für freie und angewandte Kunst Darmstadt 1908. In: DKuD, Bd 22, 1908, S. 215 ff, Abb.
Vogel, Julius: Das Kieler Kriegermöbel. In: Id, XXX, 1919, S. 176 ff, Abb.
Vogel, Rud.F.: Einfamilienhaus und Mietskaserne. In: BA, VI, 1904, S. 217 ff
Vogt, Adolf: Möbeltypen und Künstlermöbel. In: Id, XXVII, 1916, S. 84 ff, Abb.
Wagner-Speyer, L.: Grundlagen modellmäßigen Bauens, Berlin 1918
Wagner-Speyer, L.: Farbiger Hausrat. In: Vwg, I, 1919, S. 144 ff, Abb.
Wagner-Speyer, L.: Eigenheim oder Mietwohnung? In: Vwg, II, 1920, S. 163 ff, Abb.
Walde, Karl: Beamten- und Arbeiter-Wohnungen. In: Id, XXI, 1910, S. 437 ff, Abb.
Waldmann, Emil: Moderne Schiffsräume des Norddeutschen Lloyd. Nach Entwürfen von Bruno Paul, R.A. Schröder und F.A.O. Krüger. Erweiterter Sonderdruck aus „Dekorative Kunst", München 1908
Waldmann, Emil: Die Gesellschaftsräume des Lloyddampfers „Prinz Friedrich Wilhelm". In: DK, XII, 1909, S. 57 ff, Abb.
Warnatsch, Max: Praktische Wohnungsfragen. In: FfH, XII, 1917, S. 79
Warnatsch, Max: Zweckmäßige Möbel für minderbemittelte heimkehrende Krieger. In: FfH, XIII, 1918, S. 90 ff, Abb.
Webstoffe der „Bremen". In: DKuD, Bd 65, 1929/30, S. 343, Abb.
Wegleitungen des Kunstgewerbemuseums der Stadt Zürich. Bauhaus-Wanderschau 20. Juli bis 17. August 1930
Weiß, Hermann: Die Kunstgewerbezeichner. In: FfH, VIII, 1913, S. 43 ff

Weltausstellung in Paris 1900. Amtlicher Katalog der Ausstellung des deutschen Reichs, Berlin 1900
Weltausstellung in St. Louis 1904. Amtlicher Katalog, Ausstellung des deutschen Reichs, Berlin 1904
Vom deutschen Werkbund. In: KgH, X, 1909/10, S. 61 f
Deutscher Werkbund (Hrsg.): Deutscher Hausrat. Eine Sammlung von zweckmäßigen Entwürfen für die Einrichtung von Kleinwohnungen, Dresden (o.J.)
Werkbund-Ausstellung, die Wohnung, Stuttgart 23. Juli bis 9. Oktober 1927. Amtlicher Katalog herausgegeben von der Ausstellungsleitung, Stuttgart (1927)
Werkbund-Ausstellung: Die Wohnung, Stuttgart Juli bis September 1927. In: F, II, 1927, S. 24 f
Noch einmal die Werkbund-Siedlung auf dem Weißenhof in Stuttgart. In: WMB, XII, 1928, S. 60
Deutsche Werkstätten A.G. Das deutsche Hausgerät, 13. Aufl., Hellerau, München, Dresden, Berlin 1919
Werkstätten für deutschen Hausrat, Theophil Müller Dresden, (1.) Preisbuch B, Dresden (1913)
Werkstätten für deutschen Hausrat, Theophil Müller Dresden, (2.) Dresden (o.J.)
Dresdener Werkstätten für Handwerkskunst. In: DKuD, Bd 15, 1904/05, S. 73, Abb.
Dresdener Werkstätten für Handwerkskunst. Dresdener Hausgerät. Preisbuch 1906, Dresden 1906
Vereinigte Werkstätten für Kunst im Handwerk A.G., Typenmöbel für Stadt und Land von Professor Bruno Paul, Berlin (1913)
Werner, Bruno E.: Bruno Paul-Möbel der vereinigten Zoo-Werkstätten für Kunst im Handwerk, Berlin. In: DK, XXXII, 1929, S. 153 ff, Abb.
Westheim, Paul: Vereinigte Werkstätten für Kunst im Handwerk. In: DKuD, Bd 28, 1911, S. 95 ff, Abb.
Westheim, Paul: Muß unser Hausrat mit jeder Saison ein anderes Aussehen haben? In: FfH, X, 1915, S. 61 ff
Westheim, Paul: Wohnungseinrichtungen für das zerstörte Ostpreußen. In: FfH, X, 1915, S. 181 ff, Abb.
Einen Wettbewerb... In: KH, LXII, 1911/12, S. 91 f
Widmer, Karl: Bürgerliche Wohnungs-Ausstellung in Elberfeld. In: Id, XX, 1909, S. 155 ff, Abb.
Willrich, Erich: Der neue Bodenseedampfer „Friedrichshafen". In: DK, XII, 1909, S. 537 ff, Abb.
Wingler, Hans Maria: Das Bauhaus, Bramsche 1962
Wohlfahrtseinrichtungen der Gußstahlfabrik von Fried. Krupp zu Essen an der Ruhr. Mit einem Anhang: Wohlfahrtseinrichtungen der Firma Friedrich Krupp Grusonwerk zu Magdeburg-Buckau, Bd 1 und 2, 3. Ausg., Essen 1902
Die schöne Wohnung. Beispiele neuzeitlicher deutscher Wohnräume mit einer Einleitung von Hans Eckstein, München 1931
Wohnung und Werkraum. Werkbund Ausstellung Breslau 1929. Ausstellungs-Führer, herausgegeben von der Ausstellungsleitung, Breslau (1929)
Die unerschwinglichen Wohnungseinrichtung. In: Hr, III, 1922, S. 60 ff
Einfache Wohnungseinrichtungen. In: FfH, VI, 1911, S. 181 ff, Abb.
Wolf, Georg Jacob: Paul Ludwig Troost's Haus Chillingworth in Nürnberg. In: DK, XIII, 1910, S. 201 ff, Abb.
Wolf, Georg Jacob: Die neue Ausstellung der „Vereinigten Werkstätten" In: DK, XV, 1912, S. 181 ff, Abb.
Wolf, Georg Jacob: Die deutschen Werkstätten in München. In: DK, XXV, 1922, S. 1 ff, Abb.
Wolf, Georg Jacob: Die deutsche Gewerbeschau in München. In: DK, XXV, 1922, S. 225 ff, Abb.

Wolf, Georg Jacob: Der ausgelieferte ,,Columbus'' des Norddeutschen Lloyd. In: DK, XXVI, 1923, S. 93 f, Abb.
Wolf, Georg Jacob: Die schöne Wohnung. Zur Ausstellung der Vereinigten Werkstätten in München. In: DK, XXX, 1927, S. 1 ff, Abb.
Wolf, Gustav: Die billige Einrichtung der Kleinwohnung. Einige Ausstellungsgedanken. In: FfH, XXVI, 1931, S. 49 ff
Wolfer, Oskar: Die Werkbundausstellung ,,Die Wohnung'' in Stuttgart. In: DK, XXXI, 1928, S. 33 ff, 57 ff, Abb.
Wolff, Fritz: Bruno Pauls Raumkunst auf der großen Berliner Kunst-Ausstellung 1907. In: DKuD, Bd 20, 1907, S. 244 ff, Abb.
Wulle, Otto: Wohnungs-Einrichtungen für Kleinhäuser, Dresden 1919
Zacher: Die Weltausstellung in St. Louis und das soziale Problem. In: Af, XLII, 1904, S. 397 ff
Zechlin, Josef: Siedlungen von Adolf Loos und Leopold Fischer. In: WMB, XIII, 1929, S. 70 ff, Abb.
Die neue Zeit. Schlußworte des Referats von Mies van der Rohe auf der Wiener Tagung des deutschen Werkbundes. In: F, V, 1930, S. 406
Aus der Zeit um 1900. Staatliche Kunsthalle Baden-Baden 1958
Zetsche, C.: Bauausstellung in Stuttgart 1908. In: AR, XXIV, 1908, S. 88 ff, Abb.
Zimmermann, Ernst: Die volksthümliche Ausstellung für Haus und Herd in Dresden. In: KH, L, 1899/1900, S. 145 ff, Abb.
Zimmermann, Ernst: Werkstätten für deutschen Hausrat. Geleitet von Theophil Müller – Dresden-Striesen. In: DKuD, Bd 16, 1905, S. 494 f, Abb.
Zimmermann, Ernst: Die III. deutsche Kunstgewerbe-Ausstellung Dresden im Jahre 1906. In: DKuD, Bd 17, 1905/06, S. 165 ff
Zimmermann, Ernst: Künstlerische Maschinenmöbel. In: DKuD, Bd 17, 1905/06, S. 247 ff, Abb.
Zimmermann, Ernst: Kunstindustrie und Kunsthandwerk und die neuen Bestrebungen der dekorativen Kunst. In: FfH, 1, 1906, S. 117 ff
Zimmermann, Ernst: Typisches und Neues in der Raumkunst auf der III. deutschen Kunstgewerbe-Ausstellung in Dresden 1906. In: DKuD, Bd 18, 1906, S. 747 ff

Zu III: Wohnungen im ,,Dritten Reich''

Arbeiterwohnstätten in Schleswig-Holstein. Preisgekrönte Entwürfe und Ankäufe. Herausgegeben vom Oberpräsidenten (Verwaltung des Provinzialverbandes) der Provinz Schleswig-Holstein, Landesstelle für Baukultur und Heimatschutz, Flensburg 1939
Deutsche Architektur- und Kunsthandwerk-Ausstellung. In: Id, XLIX, 1938, S. 159 ff, Abb.
1. Deutsche Architektur- und Kunsthandwerkausstellung im Haus der Deutschen Kunst zu München. 22. Januar bis 18. April 1938. Veranstaltet vom Haus der Deutschen Kunst (Neuer Glaspalast). Offizieller Ausstellungskatalog, München 1938
2. Deutsche Architektur- und Kunsthandwerkausstellung im Haus der Deutschen Kunst zu München. 10. Dezember 1938 bis 10. April 1939. Veranstaltet vom Haus der Deutschen Kunst (Neuer Glaspalast). Offizieller Ausstellungskatalog, München 1938
Ausstellungs- und Messeamt der Reichshauptstadt Berlin (Hrsg.): Erste internationale Handwerks-Ausstellung 1938. Berlin 1938, 28. Mai bis 10. Juli. Ausstellungsgelände am Funkturm. Amtlicher Katalog und Ausstellungsführer, Berlin 1938
Behme, Th.: Von der Deutschen Architektur- und Kunsthandwerkausstellung in München. In: FfH, XXXIII, 1938, S. 129 ff, Abb.

Der Berghof. In: Id, XLIX, 1938, S. 51 ff, Abb.
Berndt, Alfred Ingmar: Der Berghof, das Haus des Führers auf dem Obersalzberg. In: Si, III, 1937, S. 766, Abb.
Boeckler: Die Neue Reichskanzlei zu Berlin. In: DBz, LXXIII, 1939, S. K 309 ff
Bolz, Walter: (Herausgegeben im Auftrage der Firmen Krupp und Siemens) Nebenerwerbs-Siedlungen für Kurz- und Vollarbeiter, Berlin 1934
Brosius, Hans: Die Deutsche Botschaft in London. In: Si, II, 1936, S. 190 ff, 215, Abb.
Eichhorn, Karl: „Deutscher Hausrat" für Siedlungen und Kleinwohnungen. In: SB, XVIII, 1938, S. 759 ff, Abb.
Fauth: Der Siedlerhausrat als wirtschaftliche und kulturelle Aufgabe. In: SB, XVI, 1936, S. 325 ff, Abb.
Fuchs-Hartmann, Werner: Die nationale Sendung des Künstlers. In: KR, I, 1937, S. 8 ff
Günther, Sonja (Bearb.): Vereinigte Werkstätten für Kunst im Kunsthandwerk München. Archivbestände, Katalog I, München 1974
Günther, Sonja: Innenräume des „Dritten Reiches", Berlin 1978
Günther, Sonja: Salonwagen im „Dritten Reich". In: EuM, 1979, Folge 23 (Einzelheft)
Haenel, Erich: Neue Holzhäuser in Hellerau der Deutschen Werkstätten A.G. In: SH, VI, 1934/35, S. 3 ff, Abb.
Harbers, Guido: Einige „Wohnelemente" aus Halle II der Deutschen Siedlungs-Ausstellung München 1934. In: Bm, XXXII, 1934, S. 369 ff, Abb.
Harbers, Guido: Wohnkultur und „Wirkungsgrad". Erläuterung und innere Begründung zur „Deutschen Siedlungsausstellung München 1934". In: NSG, II, 1934, S. 79 f
Ein Haus in den bayrischen Bergen. Das Landhaus des Ministerpräsidenten, General der Flieger Hermann Göring am Obersalzberg bei Berchtesgaden. In: D, LXII, Heft 9, 1935, S. 4 f, Abb.
Deutscher Hausrat. Herausgegeben vom Reichsheimstättenamt der Deutschen Arbeitsfront, Berlin 1936
Hegner, H.S.: Die Reichskanzlei, Frankfurt/Main 1959
Heilmeyer, Alexander: Paul Ludwig Troost. In: KR, II, Ausg. B, 1938, S. 5 ff, Abb.
Deutsches Heimatwerk. Ausstellung für Volkskunst und bodenständiges Handwerk im Lichthof des alten Kunstgewerbemuseums in Berlin SW 11, Prinz-Albrechtstraße 7 vom 7. November bis 31. Dezember 1933
Mustergültige Heimstättensiedlung in Bietigheim. In: SB, XV, 1935, S. 436 ff, Abb.
Hellwag, Fritz: Handgearbeitete Möbel. Im neuen Hause der Deutschen Werkstätten in Berlin. In: SH, VIII, 1936/37, S. 329 ff, Abb.
Hellwag, Fritz: Schöne Werkstattmöbel von Felzer & Stahl, Berlin. In: SH, XV, 1943/44, S. 35, Abb.
Hoffmann, Herbert: Kleine Räume und ihre Möblierung. In: MB, XXXIII, 1934, S. 352, Abb.
Hoffmann, Herbert: Deutschland baut. Achtzig Bilder aus der „Ersten Deutschen Architektur- und Kunsthandwerk-Ausstellung zu München". In: MB, XXXVII, 1938, S. 181 ff, Abb.
Die Innenräume des Berghofes. In: Id, XLIX, 1938, S. 54 ff, Abb.
Kiener, Hans: Die erste Deutsche Architektur-Ausstellung im Hause der Deutschen Kunst in München 1938. In: KR, II, Ausg. A, 1938, S. 36 ff, Abb.
Klapheck-Strümpeli, Anna: Neuzeitliche Wohn- und Speisezimmer. In: SH, XIII, 1941/42, S. 217 ff, Abb.
Leitl, Alfons: Weiße Häuser – Heiteres Wohnen. In der Ausstellung „Schaffendes Volk". In: D, 1937, Heft 15, S. 16 f, 50, Abb.
Lieferbedingungen für Möbel und Innenausbau aus Holz (Gütebedingungen). In: FfH, XXXI, 1936, S. 307 f, 349 f
Lotz, Wilhelm: Deutsche Kunst in der deutschen Botschaft in London. In: SH, VIII, 1936/37, S. 353 ff, Abb.
Lotz, Wilhelm: Die deutsche Botschaft in London. Architekt Professor Albert Speer, London. In: MB, XXXVII, 1938, S. 345 ff, Abb.

Mussolini zu Gast in Karinhall. In: Si, III, 1937, S. 1012 f, Abb.
Orth, Karl: Möbel für ein Kleinsiedlungshaus. In: FfH, XXX, 1935, S. 11 ff, Abb.
Orth, Karl: Serienmöbel in selbständiger Form. In: FfH, XXXIII, 1938, S. 353 ff, Abb.
Deutsche Raumgestaltung der Gegenwart auf der 2. Deutschen Architektur- und Kunsthandwerkausstellung in München. In: Id, L, 1939, S. 109 ff, Abb.
Redlich, Lothar: Wohnmöbel in unseren deutschen Gauen. In: SB, XVIII, 1938, S. 778, Abb.
Die Rheinstrandsiedlung in Karlsruhe – Das Werden einer neuen Gemeinschaftssiedlung. In: SB, XVIII, 1938, S. 134 ff, Abb.
Riedrich, Otto: Arbeitszimmer des SS-Amtes für Rasse und Siedlung. In: DBz, LXX, 1, 1936, S. 85, Abb.
Riedrich, Otto: Deutsche Jugend und Wohnkultur. In: DBz, LXX, 2, 1936, S. 546, Abb.
Riedrich, Otto: Was ist deutsche Wohnkultur? In: Bz, XXXV, 1938, S. 529, Abb.
Rittich, Werner: Deutsches Kunsthandwerk. Zur ersten Deutschen Kunsthandwerksausstellung München 1938. In: KR, II, Ausg. A, 1938, S. 52 ff, Abb.
Rüdiger, Wilhelm: Deutsches Kunsthandwerk. Zur „Zweiten Deutschen Kunsthandwerk-Ausstellung" im Haus der deutschen Kunst. In: KR, III, Ausg. A., 1939, S. 20 ff, Abb.
Rußwurm, Hans: Aus der deutschen Botschaft in London. In: Id, XLIX, 1938, S. 76 f, Abb.
S.: Deutsche Bau- und Siedlungsausstellung Frankfurt a.M. 1938. In: FfH, XXXIII, 1938, S. 323 f
Schlenker, A.E.: Arbeiten von Professor Gerhard Graubner. In: SH, XV, 1943/44, S. 99 ff, Abb.
Schliebener, W.: Wohnung und Möbel auf der Ausstellung „Deutsches Volk – Deutsche Arbeit". In: FfH, XXIX, 1934, S. 145 ff, Abb.
Schliebener, W.: Das Tischlerhandwerk auf der Ausstellung „Schaffendes Volk" Düsseldorf 1937. In: FfH, XXXII, 1937, S. 245 ff, Abb.
Schliebener, W.: „Deutsches Wohnen 1938". Leistungsschau des deutschen Tischlerhandwerks in Leipzig. In: FfH, XXXIII, 1938, S. 113 ff, Abb.
Schliebener, W.: Deutscher Hausrat – Deutsche Möbel. In: FfH, XXXIII, 1938, S. 161 ff, Abb.
Schliebener, W.: Wohnkultur, Möbel und Raumkunst auf der Internationalen Handwerkausstellung Berlin. In: FfH, XXXIII, 1938, S. 193 ff, Abb.
Siedlermöbel. In: FfH, XXXII, 1937, S. 141 f, Abb.
Was sind Siedlermöbel? In: SB, XVII, 1937, S. 226, Abb.
Die Siedlung München-Ramersdorf. In: Bm, XXXII, 1934, S. 289 ff, 337 ff, Abb.
Deutsche Siedlungsausstellung München 1934. In: W, XXI, 1934, S. 340 ff, Abb.
Von der deutschen Siedlungs-Ausstellung München 1934. In: Id, XLV, 1934, S. 298 ff, Abb.
Speer, Albert: Erinnerungen, 10. Aufl. Berlin 1972
Als der Staat noch keine Wohlfahrtsanstalt war... Vom Wohnungselend der guten alten Zeit – Seit langem abbruchreife Ruinen Jahrhunderte alter Wohnungen in der Berliner City. In: SB, XII, 1932, S. 174 ff, Abb.
(Steinlein, G.): Berghof Wachenfeld auf Obersalzberg, das Heim unseres Führers. In: BZ XXXIV, 1937, S. 457, Abb.
Stolper, Hans: Mustermöbel des Amtes „Schönheit der Arbeit". In: FfH, XXXI, 1936, S.321 ff, Abb.
Stunden in Carinhall. In: D, 1937, Heft 22, S. 8 f, Abb.
Taufe in Carinhall. In: D, 1938, Heft 25, Abb. S. 39 f
Weitere Typen von Einfamilienhäusern in der deutschen Siedlungsausstellung München 1934. In: Bm, XXXII, 1934, S. 337 ff, Abb.
Walter, Paul: Kultur und Handwerk. Zur ersten internationalen Handwerksausstellung in Berlin. In: KR, II, Ausg. A, 1938, S. 204 ff, Abb.

Weingarten, Hans: Neue Wohnkultur. Auf der Reichsausstellung ,,Schaffendes Volk''. In: Id, XLVIII, 1937, S. 353 ff, Abb.

Die Wohnung des Meisters. Halle des Handwerks in der Ausstellung ,,Deutsches Volk – Deutsche Arbeit''. Berlin vom 21. April bis 3. Juni 1934. Überreicht vom Reichsbund Volkstum und Heimat und vom Deutschen Handwerksinstitut, Berlin (1934)

Wolbert, Klaus: Die Nackten und die Toten des ,,Dritten Reiches''. Folgen einer politischen Geschichte des Körpers in der Plastik des deutschen Faschismus, Gießen 1982

Nachbemerkung

„Luxusinterieurs und Arbeitermöbel" bildet einen Beitrag zur Erforschung der Alltagskultur, zu der uns noch viele Kenntnisse, Materialien und auch Darstellungen fehlen. Meine Ausbildung und meine über zwanzigjährige Tätigkeit als Architektin motivierten mich zu der im allgemeinen als unakademisch geltenden Weise der Betrachtung von Wohnungseinrichtungen. Künstler, Architekten und Designer neigten und neigen dazu, mit ihren Entwürfen exakte Vorschriften — Rezepte — zur Gestaltung der Wohnungseinrichtung zu geben und sind recht enttäuscht, wenn die von ihnen vorgegebenen Normen nicht eingehalten werden. Sie haben übersehen, daß sie an der Realität vorbeigeplant haben und Geschmackserziehung betreiben wollten, die ihnen aber — so unsere Erfahrung — nie geglückt ist. Was aus ihrer schöpferischen Produktion entsteht, sind Kunstwerke für Ausstellungen und Museen.

Der Alltag des Menschen spielt sich außerhalb dieser heiligen Hallen ab. Die Erfahrungen der Alltagswelt sind von sehr komplexen Mustern der Identifikation durchdrungen, wobei die soziale Lage und die politische Situation eine wesentliche Rolle spielen.

Es gibt Lebensformen — und das sind die der breiten Volksschichten — die bisher einer wissenschaftlichen Betrachtung kaum würdig erschienen und die in der bisherigen Geschichtsschreibung fast völlig fehlen. Diesen Fehler in Zukunft zu vermeiden, sollte Anspruch aller historisch arbeitenden Wissenschaft sein.

Fotonachweis

Abb. 1, 2, 6, 7	ZKGV, 1888, Tafel 36. – 1890, Tafel 28. – 1879, Tafel 22. – 1880, Tafel 5
Abb. 3	Offizieller Haupt-Katalog der Berliner Gewerbeausstellung 1896, vor S. 43
Abb. 4	Great Exhibition of the Works of Industry, Vol. 2, p. 774
Abb. 5	VKM, Bd 2, 1902/03, S. 199
Abb. 8, 9	Gh, 1880, Tafel 17. – 1881, Tafel 5
Abb. 11, 19, 38, 39, 40, 41, 42, 43, 48, 53	Id, 1907, S. 307. – 1903, S. 23. – 1934, S. 299. – S. 301. – 1937, S. 357. – S. 358. – 1938, S. 165. – S. 170. – S. 174. – S. 58
Abb. 10, 12	DKuD, 1909/10, S. 206. – S. 208
Abb. 13, 14, 15, 16, 25, 26, 27, 28, 45, 46, 47, 49	VW-Archiv VWD1PSW. – VWD14PSW. – VWD23PSW. – VWD 26PSW. – VWD22PSW. – VWT37PSW. – VWT46PSW. – DBL1PSW. – DBL6PSW.
Abb. 17, 20, 21	DK, 1900, S. 213. – 1904, S. 166. – 1903, S. 162
Abb. 18	Wohlfahrteinrichtungen, Bd 2, S. 61
Abb. 22, 23, 24	Architektursammlung der Technischen Universität München
Abb. 29	Illustrierter Katalog der hessischen Landesausstellung, Abb. (54)
Abb. 30	Deutschlands Raumkunst, S. 111
Abb. 31, 32, 33, 36	FfH, 1911, S. 124. – 1912, S. 65. – S. 61. – 1918, S. 150
Abb. 34	B, 1929, Heft 4, S. 24
Abb. 35	Bm, 1931, S. 190
Abb. 37	Hr, 1920, S. 123
Abb. 44, 52	KR, III, 1939, Ausg. A, S. 20. – VI, 1942, Ausg. B, S. 79
Abb. 50, 51	Bauer München

Verzeichnis der im Textteil genannten Personen

(Bei den Personennamen ohne Vornamen handelt es sich zumeist um Firmeninhaber)